그때는 전쟁,
지금은 휴전
6·25

KODEF
안보총서
91

그때는 전쟁, 지금은 휴전 6·25

김철수 지음

플래닛미디어
Planet Media

6·25전쟁은 1950년 6월 25일, 북한이 대한민국을 침공하여 발발했다.
정부를 수립한 지 2년이 채 안 된 대한민국이 소련으로부터 현대화된
무기와 장비를 지원받고 사단 및 군단 훈련까지 마친 북한군의 기습 공
격을 받은 것이다.

북한군은 3일 만에 서울을 점령했고, 한 달여 만인 1950년 8월 1일
국토의 90퍼센트를 장악하고 낙동강 선까지 진출했다. 우리나라의 운명
이 공산치하에 들어가는 절체절명의 위기에 처한 상황이었다.

다행히 미국과 유엔은 아시아의 작은 나라가 공산화되는 것을 외면하
지 않았다. 미국은 북한의 침공 3일 만인 6월 27일부터 해·공군 전력을
이용하여 북한군의 공격을 저지했다. 이어 7월 1일에는 일본에 주둔하
고 있던 미 지상군을 한국 전선에 투입했다. 이로써 국군과 유엔군은 낙
동강 방어선을 안정시키고, 9월 15일 인천상륙작전과 반격작전을 실시
하여 전세를 역전시킬 수 있었다.

그러나 6·25전쟁 모의단계부터 깊숙이 개입했던 중국의 마오쩌둥毛澤
東이 대규모 중공군을 10월 19일 압록강을 건너 북한 지역에 투입함으
로써 국군과 유엔군은 후퇴하지 않을 수 없었다. 이후 전선은 38도선에
연하여 교착상태에 빠졌고, 1953년 7월 27일 정전협정이 체결되어 3년

1개월간의 전쟁은 끝나지 않은 채 멈추게 되었다.

이처럼 6·25전쟁은 오래전의 역사가 아니다. 우리가 나서 자랐고 현재도 생활하고 있는 곳곳이 전쟁 당시의 격전지였다. 요즈음 지방자치단체에서는 6·25전쟁 격전지에 기념관을 세워 자라나는 후손들에게 전쟁의 참상을 알리고 있다. 서울 용산에 있는 전쟁기념관에는 많은 학생들이 선생님 또는 부모님과 함께 방문하고 있다. 또한 그곳은 외국인들이 가장 선호하는 관광명소이며 우리나라 역사를 한눈에 살펴볼 수 있어 수많은 관광객들이 찾고 있다. 이 중에는 6·25전쟁 중 유엔군으로 참전했던 국가들의 국민들도 많지만, 북한을 지원했던 중국 사람들이 더많다. 역사의 흐름 속에서 한때는 적대관계에서 총부리를 겨누어야 했지만, 이제는 전략적 동반자 관계로 전환되어 상호 이해의 공간을 방문하고 있는 것이다. 그러나 이들 역시 국가이익이 상충될 때는 언제든지 돌아설 수 있는 것이 냉엄한 국제정치의 현실이다. 근래 중국이 사드THAAD, Terminal High Altitude Area Defense(고고도 미사일 방어체계) 배치와 관련하여 우리나라에 보복조치를 하는 행태가 이를 잘 설명해주고 있다.

필자는 오랫동안 군에 몸담아왔다. 개인적으로는 군 재직 시절부터 6·25전쟁에 관한 몇 가지 의문을 가지고 있었다. 이를테면 전쟁의 원인과 배경을 어디서부터 찾아야 할까, 김일성은 왜 무력 적화통일을 시도했으며 스탈린은 왜 이를 승인했을까, 신생국 중국의 마오쩌둥이 6·25전쟁에 개입하게 된 진짜 목적은 무엇이었을까 등 주로 공산 측 관련 사항이었다. 과거 공산권 자료들은 우리가 접하기 어려웠다. 그러나 1990년 이후 구소련과 중국 자료 그리고 북한 자료(미국 노획 문서)들이 많이 공개되면서 전쟁의 원인에 대한 논란이 해소되었다. 북한과 소위 수정주의자들이 주장해왔던 '남한에 의한 북침설' 등은 명백한 허구였음이 자료를 통해 밝혀진 것이다.

이 책은 이러한 의문점에서부터 출발했다. 군사편찬연구소장으로 근무하면서 필자는 많은 국내외 1차 사료를 접할 수 있었고, 새로운 사실을 알게 되었다. 그리고 이를 단행본으로 엮어서 알리고 싶었다. 물론 이 책은 연구소에서 발간한 『6·25전쟁사』(전 11권) 등 많은 연구 성과물을 참고했다. 다만 독자들의 편의를 위해 주석을 병기하지 않고, 참고문헌에 근거를 제시했다.

또 다른 연구 배경은 6·25전쟁이 미래의 전쟁을 준비하는 데 참고가 되는 요소가 많다는 점에 주목한 것이다. 주지하듯이 이 땅에서 우리가 싸웠던 6·25전쟁은 전술·전략의 보고寶庫이다. 전쟁 발발 70여 년이 다 되어가지만 현재 우리가 수행하고 있는 전략 및 작전술, 전술을 구사하는 데 유사점이 많이 있다. 예를 들면 미국과 유엔의 정책결정 과정, 연합 및 합동작전, 제병협동작전, 소해 및 상륙작전, 후방지역작전, 부대 창설 및 재편성, 병력과 장비·물자 보충, 정부의 전쟁지도 및 총력전 수행, 포로 처리, 전후 복구, 전시 외교·정보·경제 요소 등 현대전 수행에 참고할 만한 자료들이 많이 있다. 다시 말해 우리가 장차 작전을 준비하는 데 있어 6·25전쟁의 전훈戰訓은 여전히 많은 시사점을 제공해주고 있다.

이 책에서는 먼저 6·25전쟁이 대한민국과 북한, 그리고 미국·중국·소련·일본 등 국제사회에 어떤 영향을 미쳤는가를 살펴보고, 전쟁의 모의과정과 전쟁준비, 정책과 전략의 결정, 전투 상황, 정전협정 및 전후처리까지 전 과정을 주요 사건별로 정리했다. 그리고 전쟁에 참여했던 당사국들의 의사결정 과정에서 자국의 국가이익이 어떻게 작용했는가도 관심을 갖고 분석했다.

이 책을 집필하면서 마음이 내내 무거웠던 것이 사실이다. 그때의 하계·동계 전투의 상황과 전장의 고통, 금방 대화를 나눴던 전우의 주검을 두고 발걸음을 옮겨야만 했던 장병들의 심정도 헤아려보았다. 매일 수백

명씩 죽어나가는 부하들을 생각하면 밤마다 남몰래 통곡하고 싶었다던 6·25전쟁 당시 사단장의 고뇌를 깊이 새겨보기도 했다.

미국과 유엔 참전국들에 대한 감사, 참전 군인들의 고귀한 희생정신, 그리고 아들을 전선에 보내놓고 늘 기도하며 애간장을 태웠을 가족들을 생각하면서 오늘의 대한민국을 있게 한 그분들에게 마음으로부터 존경과 감사를 담아 이 글을 적는다.

아울러 지금까지의 나를 있게 해준 국가와 군, 그리고 함께해준 가족에게 감사하고 하나님께 모든 영광을 올려드린다.

2017년 초여름
삼각지 연구실에서 김철수

차 례

상황도 지도 부호

❖ 주요 군부대 표식

	보병부대	●	포병부대
전차부대		공병부대	

 전차부대   공병부대

통신부대   수송부대

❖ 부대 규모 표식

I	중대	II	대대	III	연대
X	여단	XX	사단	XXX	군단
XXXX	군				

❖ 보기(예)

 제1군단   북한군 제1군단

 제6사단   중공군 제38군단

제6사단 7연대   북한군 제4사단

 미 제2사단   중공군 제124사단

제1장
6·25전쟁은 무엇을 남겼는가?

1. 참혹한 전쟁 피해

1953년 7월 27일 10시, 정전협정이 체결되고 그날 밤 22시에 발효됨으로써 3년 1개월 2일간의 전쟁이 멈췄다. 전쟁의 결과는 혹독했다. 국군은 전사자 및 사망자 13만 7,899명을 포함하여 부상자·실종자·포로가 약 62만 명에 이르렀고, 유엔 참전 16개국은 미군 전사자 3만 3,686명을 포함하여 약 15만 명의 사상자가 발생했다. 국군과 유엔군의 총 인명 피해는 약 77만 명에 이른다. 이에 비해 공산군 측은 북한군이 약 80만 명, 중공군이 약 100만 명으로 총 180만여 명의 손실을 입었다.

남북한의 민간인 피해는 더욱 컸다. 남한 국민의 피해는 사망 및 학살 37만여 명과 부상 22만여 명, 납치 및 행방불명 39만여 명 등 총 99만여 명에 이르렀고, 북한 주민은 150여 만 명의 사상자가 발생했다. 전쟁으로 인한 남북한 주민들의 인명 피해는 약 250만 명에 달한다. 남북한 군인 및 민간인 피해를 합하면 약 390만 명으로 당시 남북한 인구를 3,000만 명으로 추산했을 때 10명 중 1명꼴로 사상자가 발생한 것이다. 이것은 6·25전쟁이 우리 역사상 가장 피해가 컸던 비극적인 전쟁이었음을 나타낸다.

여기에 더해서 전쟁으로 재난을 입은 전재민戰災民이 340만여 명, 전쟁미망인 30만여 명, 전쟁고아 10만여 명을 포함하면 전쟁으로 인해 고통을 당한 남북한 주민들의 수는 더 늘어난다. 또한 북한에서 남한으로 피난해 온 사람의 수는 60만여 명이고, 이산가족의 수는 1,000만 명에 이르는 등 전쟁의 상처가 치유되지 않은 채 오늘에 이르고 있다.

인명 피해 못지않게 물적 피해 또한 매우 컸다. "이 나라가 복구되어 정상적인 나라가 되려면 앞으로 백 년은 걸릴 것이다"라고 한 참전 군인의 말처럼 도로, 철도, 교량, 항만, 산업시설 등 국가 기간시설이 거의 모

●●● 전쟁으로 폐허가 된 서울의 모습

두 파괴되었다. 학교, 병원 등 대부분의 공공시설과 가옥의 약 60퍼센트
가 파손되어 국가 기능이 마비되고 국민들의 일상생활이 곤란한 지경이
었다.

　이처럼 인적·물적 피해가 컸던 것은 남으로 낙동강에서 북으로 압록
강에 이르기까지 거의 전 국토가 전쟁터가 되었고, 인구가 밀집되어 있
던 서울을 중심으로 한 북위 38도선과 37도선 사이의 지역을 세 차례나
뺏기고 빼앗는 격렬한 전투가 벌어졌기 때문이다. 또한 제2차 세계대전
을 치르면서 더욱 현대화되고 가공할 위력을 가진 항공기, 대포, 전차 등
의 무기들이 상대적으로 좁은 한반도 전역에 투입된 것도 주요 요인이

었다.

거의 모든 산업시설이 파괴되고 인구의 10분의 1이 살상당하는 희생을 겪었지만, 다시 38도선이 휴전선으로 변경된 채 정전상태로 전쟁이 마무리됨에 따라 그 후유증이 지금까지 지속되고 있다.

2. 남북한의 극한 대립 초래

6·25전쟁 후 남북한 간에 심각한 불신과 적대감이 더욱 커졌다. 물론 그 책임은 김일성과 북한에게 있다. 김일성은 전쟁을 일으킨 1950년 6월에 '평화 통일' 협상을 두 차례나 제안했다. 이것은 스탈린Iosif V. Stalin이 김일성에게 제시한 선전술로서, 6·25남침 계획에 대한 남한의 경계심을 이완시키기 위한 평화 공세였다. 당시에는 몰랐지만 전쟁이 일어난 다음에 많은 국민들이 이를 깨닫게 되었다. 또한 전쟁 중에 북한이 서울과 전국의 주요 지역을 지배하면서 보여준 잔혹한 공산체제의 모습은 남한 국민들로 하여금 북한 공산주의자들에 대한 반감과 적대감을 갖게 만들기에 충분했다.

북한에 미친 영향
6·25전쟁이 끝난 후 김일성은 가장 먼저 정적들을 제거하면서 강력한 자신의 권력기반체제 구축에 나섰다. 그는 광복 직후 33세의 나이에 소련군 장교의 신분으로 평양에 입성한 후, 소련의 비호 아래 북한 공산당의 최고 직위에 올랐지만 전쟁 이전의 북한 공산당에는 국내파, 연안파, 소련파, 갑산파 등 4개 파벌이 있었다. 그 가운데 김일성은 지지 세력이 비교적 약한 갑산파의 우두머리였다. 이에 따라 김일성은 전쟁이 한창이

던 1950년 10월 중공군이 투입되자 연안파가 중공군과 연계할 것을 두려워한 나머지, 같은 해 12월 그들의 수도인 평양이 함락된 책임을 물어 연안파의 수장인 무정武亭을 숙청했다. 12월 4일 김일성은 평안북도 강계에서 조선노동당 중앙위원회 제3차 정기회의를 열고 지금까지 수행한 6·25전쟁의 전황을 분석했다. 그는 낙동강까지 밀고 내려간 시기와 미국과 유엔군의 참전으로 후퇴를 강요당한 시기의 작전을 각각 비판했다. 그리고 최후의 승리를 위해 더욱 맹렬히 투쟁할 것을 촉구했다. 그러나 김일성은 전쟁 상황임에도 불구하고 장차 정치적 부담이 될 북한 내 세력들을 제거하는 조치를 단행했던 것이다.

그리고 전쟁이 38도선에 연하는 선에서 전쟁 이전의 상태로 끝나자, 김일성은 전쟁에 대한 책임을 누군가에게 덮어씌우고자 했다. 그는 수많은 인명 피해와 산업시설의 파괴로 북한 전역을 회복 불가능한 상태로 만든 책임이 자신에게 있었음에도 불구하고 그 책임을 북한 공산당 내 최대 파벌인 남로당 계열로 돌렸다. 1952년 12월에 북한의 외상 겸 부수상인 박헌영과 남로당 출신 13명을 미국과 일본의 간첩으로 몰아 구금했고, 박헌영을 1956년 7월에 총살했다.

또한 소련에서 공산당과 정부의 고위관료로 활동하다가 광복 후 북한에 파견되어 당 정치국원 및 서기 등 권력 서열 3위였던 소련파 우두머리 허가이許哥而도 박헌영의 반당 행위와 관련이 있다는 이유로 함께 제거되었다. 북한은 그가 1953년에 자살했다고 발표했다.

1956년 여름에는 이에 반발하여 연안파와 소련파의 일부가 합세하여 반反김일성운동을 벌였다. 이때 연안파의 우두머리이자 북조선노동당의 초대 위원장 겸 최고인민회의 상임위원장직에 있던 김두봉과 부수상 최창익 등 연안파 지도부와 소련파인 부수상 박창옥·박의완, 주駐 소련 대사 이상조 등 소련파 지도부가 모두 제거되었다. 이후 2년여에 걸친 무자비하고 대대적인 숙청이 진행된 후인 1958년에 이르러 김일성의 유일 독재체제가 확립되었다.

또한 북한은 1954년부터 소련으로부터 10억 루블, 중국으로부터는 8억 원의 무상원조를 받는 등 외부로부터 약 5억 6,000만 달러를 지원받아 전후 경제복구 3개년 계획을 추진했다. 또한 소련 스탈린의 지시에 의해 공산권 국가들이 북한의 한 도시씩을 맡아 복구를 지원했다. 중국은 평양의 복구를 담당했고, 다른 도시들은 동독 등 동유럽 국가들이 복구를 지원했다. 이어 북한 당국은 1957년부터 5개년 계획을 수립하여 공업 분야의 복원사업을 추진하는 등 빠르게 경제 재건을 해나갔다. 이 과정에서 북한 공산당은 소위 '천리마 운동'을 전개하여 주민들을 강제 노역에 동원했고, 언제든지 미국이 침략할 수 있다고 선전하며 주민들이 항시 경계심을 늦추지 않도록 하여 주민통제를 강화했다.

한편 북한의 군사력은 6·25전쟁을 통해 급속히 팽창했다. 전쟁 직전에 약 18만 8,000명이던 병력이 휴전 직후에는 육군 44만 7,000명과 공군 1만 9,000명, 해군 4,000명을 포함하여 47만여 명 규모로 확대되었고, 현재는 128만여 명에 이른다. 1958년 10월에 중공군이 철수하면서 이듬해 1월에 창설한 준군사 조직인 노농적위군은 1960년대는 50만여 명이었는데, 현재는 570만여 명으로 확대되었다.

6·25전쟁 후 북한의 대외정책은 소련 중심에서 탈피하여 중국과 우의를 더욱 돈독히 해나갔다. 이것은 전쟁 기간 중 중국이 붕괴 위기에서 북한 정권을 구해준 것에서 비롯된 것이었다. 양국은 저우언라이周恩來와 김일성이 1961년 7월 '중·조우호협력상호원조조약'을 체결하여 현재에 이르고 있다.

대한민국에 미친 영향

1945년 8월 15일 광복 후 남한에는 좌·우익 투쟁이 치열했다. 1945년 12월 26일 모스크바 미·영·소 3국 외상회의에서 미국, 영국, 소련, 중국에 의한 5년간의 신탁통치 안이 제시되자 남한에서는 전국적인 반탁운동이 전개되었다. 남한 내 좌익 세력들도 처음에는 신탁통치를 반대하는 입장이었으나 조선공산당 북조선 분국(김일성)이 1946년 1월 2일 신탁통치 지지를 발표하자 찬탁으로 방향을 바꾸었다. 한국의 임시정부를 구성하기 위해 설치되었던 미·소공동위원회(1946년 3월~1947년 10월)가 2차에 걸친 활동에도 불구하고 아무런 소득 없이 결렬되자, 미국은 한국 독립 문제를 유엔에 위임하는 안을 상정했다. 이후 유엔 총회에서는 1947년 11월 14일 유엔한국임시위원단의 감시 아래 남북한 총선거 실시를 결의했다.

●●● 5·10총선거를 알리는 포스터를 보고 있는 한국인들 〈미 국립문서기록관리청(National Archives and Records Administration)〉

유엔의 남북한 총선거 결의 이후 소련과 북한은 유엔 결의를 묵살했고, 남한에서는 남조선로동당(남로당)을 중심으로 한 공산 좌익 계열에 의한 폭동과 소요사태가 계속 일어났다. 남한 단독 정부 수립을 위해 실시하는 5·10총선거의 감시를 위한 유엔한국임시위원단의 방한을 반대하는 명목으로 총파업(1948년 2월 7일)을 벌이기도 했다. 또 제주 4·3사건으로 제주 지역에서는 선거를 치르지 못하는 일도 발생했다.

　　이러한 좌파와 일부 우파들의 반대에도 불구하고 남한에서는 1948년 5월 10일 총선거가 실시되었다. 그 직전 4월 말 김구, 김규식 일행이 평양에서 개최된 남북회담에 참석했으나, 북한 공산주의자들의 선전 선동에만 이용되었을 뿐 별다른 성과를 얻지 못하고 5월 5일에 서울로 돌아왔다. 결국 5·10총선거에서는 최초 300석의 의원을 선출하도록 되어 있었으나, 북한 지역을 대표하는 100석의 의원들과 선거를 치를 수 없었던 제주도 2석의 의원들을 제외한 198명의 제헌국회 의원이 당선되었다. 이 제헌국회에서 이승만을 초대 대통령으로 선출하여 1948년 8월 15일 대한민국 정부가 수립되었다.

　　정부 수립 이후에도 남한에서는 좌익들의 발호로 사회 혼란이 끊이지 않았다. 1948년 10월 19일 여수, 순천 지역의 육군 제14연대에 침투해 있던 남로당계 간부들이 반란을 일으켰고(10월 27일 진압), 1949년 5월에는 남로당에 의한 국회프락치사건과 국군 2개 대대(제1여단 8연대 1·2대대)의 월북사건이 발생했다. 특히 국군 2개 대대의 월북사건은 군내·외에 커다란 파장을 일으켰다. 제14연대 반란사건 이후 1949년 1월부터 시작된 군 내부 좌익분자 색출 수사가 자신들을 향해 진행되자, 제8연대 1대대장 표무원과 2대대장 강태무가 훈련을 위장하여 38도선에 접근한 뒤 대대를 이끌고 월북한 사건이었다. 그러나 월북에 반대하던 중대장들의 저항으로 실제 월북한 병력은 각각 1개 중대 규모였다.

●●● 월북한 표무원부대 환영 행사 〈미 국립문서기록관리청〉

  광복 후 1946년 8월 29일 북조선노동당이 발족되면서 당시 남한에서
발생한 각종 폭동과 사회혼란은 대부분 남로당계를 중심으로 한 좌익
공산 세력에 의해 발생했다. 이러한 남로당에 대해 미 군정은 초기에는
정당으로 인정했다. 그러나 남로당이 1946년 5월 '서울 정판사 위폐사
건'의 주모자로 위조지폐를 발행하고, 뒤이어 '9월 총파업'과 '10월 대구
사건'을 일으키는 등 사회전복 활동을 하다가 조선공산당 간부 상당수
가 체포되었다. 이에 따라 미 군정은 박헌영과 그 일당에게 체포령을 발
령했고, 그들 중 많은 인원이 북한으로 월북했다. 박헌영은 6·25전쟁 발
발 시 북한의 부수상 겸 외상으로 김일성과 함께 전쟁을 계획하고 스탈
린과 마오쩌둥으로부터 전쟁을 승인받는 협상에도 김일성과 함께했다.
이처럼 공산 좌익 계열에 있었던 사람들이 대부분 전쟁을 전후하여 월
북하거나 납북되었고 또는 전쟁 중 빨치산 활동에 가담하기도 했다.

이러한 공산주의자들의 책동에 의한 정치혼란 속에서 북한의 침공을 받았던 신생국 대한민국이 미국을 중심으로 한 유엔에 의해 구출되었다고 생각하는 국민들의 인식은 전후에 우익적·반공적 정치질서를 구축하는 데 큰 역할을 하게 되었다. 또한 전쟁 기간 중 공산주의자들의 비인간적이고 불법적인 만행을 직접 체험한 대한민국 국민들은 공산주의자들의 책동에 넘어가지 않으려면 굳건한 반공태세가 무엇보다 중요하다는 점을 인식하게 되었다. 이러한 국민들의 반공의식은 전후 북한의 수많은 도발과 국가전복 책동에 대처할 수 있는 밑바탕이 되었다.

3. 국제사회에 미친 영향

미·소 대립과 냉전의 고착화

한반도에서 일어난 6·25전쟁은 중국·소련 국경을 넘어서 확산되지는 않았다. 소련군은 중공군과 북한군을 지원하기 위해 소련 전투기를 투입했지만 작전 지역을 한반도 최북단 지역으로 제한했다. 미국 정부는 기본적으로 압록강 이남 지역으로 유엔군의 진출선을 제한했다. 또한 군사적 필요, 즉 중공군의 추가 투입과 군수품 지원 차단을 위해 만주 일대의 비행장과 북한 지역으로 들어오는 보급로에 대한 폭격 승인을 요청하는 유엔군사령관 맥아더Douglas MacArthur의 건의를 승인하지 않았다. 이 전쟁은 북한, 중국, 소련 등 공산권 3개국과 자유진영의 대한민국, 유엔 참전 21개국(의료지원 5개국 포함) 등 총 25개국 이상이 참여한 국제전쟁 성격을 지니고 있었지만, 미국과 소련은 전쟁의 확대를 원하지 않았고 쌍방 간의 직접적인 군사적 충돌을 제한했다.

그러나 전쟁 기간 중에 미국과 자유 동맹국들의 군사력은 급속하게 팽창했다. 제2차 세계대전 이후 미군은 대규모 병력 감축과 함께 국방비를 대폭 삭감했다. 이러한 미국으로 하여금 군사적 위기감을 갖게 한 것이 1949년 가을 중국의 공산화와 1950년 10월 중국의 6·25전쟁 개입이었다. 미국은 그동안 정책의 시행 여부를 놓고 의회와 트루먼^{Harry S.} ^{Truman} 행정부 간의 논란이 있었던 1950년 4월에 작성한 국가안전보장회의 정책문서68(NSC-68)을 추진하기로 결정하면서 1951년 중반까지 미국의 군사력은 1년 전에 비해 약 두 배로 증강되었다. 미국의 연간 국방예산도 1950년에는 120억 달러였으나, 1953년에는 500억 달러로 네 배 이상 늘어났다.

냉전 초기에 유럽은 미국과 소련의 전략적 목표이자 대결의 장場이었다. 제2차 세계대전 후 소련이 유럽의 폴란드, 불가리아, 루마니아 등에 공산정권을 세우면서 미국과 소련의 관계는 급속히 악화되어갔다. 1947년 3월 미국의 트루먼 행정부는 그리스와 터키에 4억 달러의 경제·군사 원조를 배정하고, 6월에는 미 국무장관 마셜^{George C. Marshall}이 유럽의 대규모 경제 원조를 제안했다. 유럽에서 소련의 영향력을 봉쇄하기 위한 조치들이 단행된 것이다. 이것은 소련의 팽창주의에 대한 견제 조치이면서 동시에 동서 냉전의 서막이 되었다.

6·25전쟁이 시작될 무렵에 나토^{NATO}(북대서양조약기구)군은 육군 14개 사단으로 구성되어 있었지만 조직과 장비 면에서는 부실했다. 또한 미군 2개 사단은 1949년 북대서양조약이 체결되어 주둔하게 된 것이 아니라, 제2차 세계대전 후 독일의 일부를 미군이 점령하게 되어 유럽에 머물러 있었던 것이다. 당시 나토 11개 회원국의 방위비는 국민총생산량^{GNP}의 5.5% 수준이었다.

그러나 6·25전쟁이 발발하자 나토 이사회는 나토 상비군을 확대하기로 합의했다. 이후 3년이 지난 뒤 나토군은 서독에만 미군 6개 사단을

● ● ● B-47 전략폭격기 〈미 공군박물관〉

포함하여 15개 사단이 주둔하게 되었고, 나토 동맹국들의 총군사력은
700만 명에 이르렀다. 각 회원국의 방위비도 국민총생산량의 12% 이상
을 사용했다. 또한 서독의 재무장을 결정하고 서독을 서유럽의 일원으로
받아들였다. 1952년 가을에는 나토 강화의 일환으로 그리스와 터키가
나토에 가입하게 되었다.

　이러한 나토군의 증강에도 불구하고 미국의 군사지도자들은 유럽에
서의 군사력이 소련에 비해 열세라고 생각했다. 이에 따라 미국은 나토
지역에 배치된 전략핵무기strategic nuclear weapon로 재래식 무기의 열세를
보충하려고 했다. 6·25전쟁 초기 미국은 약 400개의 핵무기를 보유하
고 있었으나 휴전 무렵에는 1,000개 정도를 보유하게 되었다. 이때 소련
은 약 100~200개의 핵무기를 보유하고 있었을 뿐이었다. 핵무기 운반
수단에 있어서도 미국은 B-47 폭격기를 보유하는 등 소련에 대해 확실

한 우위를 점하고 있었다.

미국은 또한 호주 및 뉴질랜드와 앤저스ANZUS 조약을 체결했고 필리핀과 상호방위조약을 체결하는 한편, 동남아조약기구SEATO와 중앙조약기구CENTO를 결성했다. 한국과는 정전협정이 체결된 이후 1953년 10월에 한·미상호방위조약을 체결했다.

미국이 베트남에 군사개입을 하게 된 배경도 6·25전쟁 때문이었다. 1950년 2월 중·소 우호동맹상호원조조약이 체결된 이후에 6·25전쟁이 발발했고, 이러한 중·소동맹이 베트남을 공산화하기 위해 북베트남을 사주하여 남베트남을 침공하고 있다는 인식이 깔려 있었다. 만일 베트남 전체가 공산화되면 인도차이나 및 동남아가 소련의 수중에 넘어가게 된다는 이른바 '도미노 이론domino theory'에 입각하여 미국의 개입이 시작된 것이었다. 이처럼 6·25전쟁을 통해 미국은 막강한 군사력을 바탕으로 정치적 영향력을 확대해나갔으며, 실질적으로 세계 최강대국으로서의 지위를 굳혔다고 할 수 있다.

한편 제2차 세계대전에서 소련은 많은 인적·물적 피해를 입었다. 그러나 전후 세계질서를 재편하는 과정에서 미국 중심의 자유진영과 소련 중심의 공산진영은 서로 대립하며 냉전체제를 구축하고 있었다. 하지만 스탈린은 당시 최강의 전투력을 갖고 있는 미국과의 군사적 충돌은 피해왔다. 1949년까지 미국이 핵무기를 독점했고, 소련이 핵무기를 개발한 후에도 미국이 핵 우위를 점하고 있었기 때문이다. 경제력도 미국이 월등히 앞서 있었다. 따라서 스탈린은 동유럽에서 소련의 영향력을 확대하기 위해 자국 군과 위성국 군대를 사용하고자 했으나 미국과의 직접적인 대결은 피해온 것이다. 소련의 스탈린이 김일성의 남침계획을 승인하면서 중국 마오쩌둥의 동의를 받도록 한 것도 같은 맥락에서 이해할 수 있다. 다시 말해 소련은 이 전쟁에 직접 개입은 하지 않겠다는 것이고, 미국이 만일 개입하게 되면 한반도에서 중국으로 하여금 미국과 싸우도록 한다는 것을 염두에 두었던 것이다.

스탈린은 6·25전쟁에 소련이 개입하지 않았음을 위장하기 위해 북한군의 사단급 이하 제대에 있던 소련 군사고문관들을 전쟁이 일어나기 직전에 모두 후방으로 철수시켰고, 38선 이남으로는 소련군 고문관이 내려가지 않도록 명령했다. 1950년 6월 전쟁 직전 약 400명의 소련 군사고문관들과 약 4,300명의 소련군 군사전문가들이 북한군의 전쟁준비를 지도하고 있었다. 스탈린이 김일성에게 미군이 개입하기 전에 전쟁을 속전속결로 끝내라고 한 것도 그러한 맥락으로 이해할 수 있다. 그러나 일본에 주둔하고 있던 미 해·공군 전력이 남침 3일 만에 신속히 투입되었고, 미 24사단 1개 대대가 7월 1일 부산에 도착하여 7월 5일 오산 죽미령에서 북한군과 최초 교전을 벌였다. 미국의 개입과 관련하여 스탈린과 김일성이 잘못 판단했던 것이다.

또한 한반도에서 미군을 소모시키고 유럽에서 미국의 영향력을 약화시킬 수 있을 것으로 생각했던 스탈린의 예상과는 정반대의 상황으로 전개되었던 것이다. 6·25전쟁을 통해 소련의 팽창정책에 위협을 느낀 미국은 군사력을 대폭 증강했다. 결국 6·25전쟁은 1953년 3월 소련의 독재자 스탈린이 사망하면서 그동안 지지부진했던 휴전회담이 같은 해 7월 27일에 정전협정을 맺고 끝나게 되었다. 이후 스탈린의 후계자들이 소련의 정치·경제 개혁에 몰두하게 되면서 소련의 통제력이 약화되자 동구권 위성국가들에서 자유화운동이 일어났다. 1953년 동독에서 대규모 저항운동이 발생했고, 1956년에는 헝가리와 폴란드에서 소련에 반대하는 운동이 일어났다. 결과적으로 6·25전쟁 이후에는 냉전시대의 소련을 중심으로 한 공산권의 동맹체제가 약화되었고, 소련은 점차 신뢰를 잃게 되었다고 할 수 있다.

월리엄 스툭William Stueck이 지적한 것처럼 6·25전쟁은 "두 초강대국 사이의 긴장을 고조시키고, 그들의 동맹국들을 미·소 양국에 더욱 의존시켜서 양극체제를 강화시키는 결과"를 가져왔다. 또한 두 진영 사이에서 이 전과는 다르게 냉전을 군사화했고, 가끔 통제불능상태로 격화될 것처럼 위협하기도 했다. 그러나 위기의 마지막 단계에서는 강대국들이 전쟁에 직접 휘말려들 가능성이 적어졌다는 것을 보여주었다.

중국의 급부상과 타이완의 안전보장

1949년 10월에 탄생한 신생 중국이 6·25전쟁에 개입한 것은 모험에 가까운 것이었다. 1931년 일본의 만주 침략으로 시작된 중일전쟁이 1945년 일본의 패망으로 끝나고, 이후 4년 동안 장제스蔣介石의 국민당과 마오쩌둥의 공산당이 국공내전을 벌여 마오쩌둥이 승리함에 따라 건립된 신생 중국은 오랜 전쟁의 상처를 치유하고 대규모 경제건설을 계획하고 있었다. 이때 중국 내에는 공산당에 대한 저항 세력이 많이 남아 있었고, 신생 중국은 타이완을 비롯한 일부 지역을 장악하지 못한 상황이었다. 그럼에도 불구하고 중국 공산당은 김일성의 전쟁계획에 동의했고, 1950년 10월부터 1953년 7월까지 2년 9개월 동안 6·25전쟁에 참전했다. 전쟁이 끝나고 1958년 10월 북한에서 완전히 철수할 때까지 북한의 재건을 돕기도 했다. 이러한 6·25전쟁 개입을 통해 중국은 무엇을 얻었고, 무엇을 잃게 되었는가를 살펴보겠다.

먼저 중국 국내 정치에서 마오쩌둥의 입지가 확고해졌다. 전쟁을 치르면서 중국 공산당은 국가동원체제를 구축하고 애국주의와 민족정신을 선동하여 국내 국민당 잔존 세력을 무력화하고 전쟁수행에 따른 중국 인민들의 결속을 다져나갔다. 낙후된 무기와 장비로 무장한 중국군이 1950년 10월부터 1951년 1월 사이에 세계 최강의 전력을 가진 미군 중심의 유엔군을 압록강 지역에서 평택, 삼척에 연하는 선까지 밀고 내려감으로써 중국 내에서 마오쩌둥의 위상은 하늘을 찌를 듯했다. 이를 바탕으로 중국 공산당 내에서 권력을 장악한 마오쩌둥은 전쟁이 끝나면서 자신의 반대파이자 만주의 실권자였던 부주석 가오강高崗을 1955년 3월에 숙청할 수 있게 된 것이었다.

대외정치 면에서 보면, "6·25전쟁은 중국의 위상을 소련만큼 올려놓았다"고 한 윌리엄 스툭의 평가처럼 6·25전쟁은 국제사회에서 중국의 입지를 강화했다. 스탈린은 신생 중국을 유고슬라비아의 티토Josip B. Tito 정권 정도로 생각했으나, 마오쩌둥이 6·25전쟁 개입을 결정했을 때 소련 독재자의 모습은 공손하고 협조적인 모습으로 바뀌었다. 실제 소련은 중국의 제1차 5개년 경제계획을 추진하는 과정에서 많은 도움을 주었다. 1953년 9월까지 141건의 건설 사업을 도와주겠다고 약속한 데 이어 15개의 산업건설에 착수했고, 기술정보 교류를 위해 기술고문들을 지원했다. 또 소련은 중국의 대륙횡단철도 부설을 위해 1억 3,000만 달러의 차관을 제공했으며, 1955년 5월 말까지 뤼순旅順항에서 모든 소련 병력을 철수시켰다. 그러나 중국이 6·25전쟁 수행을 위해 소련에 진 20억 달러의 빚을 소련이 탕감해주는 것을 거부함으로써 차후 중·소 분쟁의 씨앗이 되기도 했다.

아무튼 중국이 멸망 직전에 있던 북한을 구출했다는 사실은 중국 지도자들의 자존심을 높여주고 국제사회에서 중국의 발언권을 한층 제고시켰다. 특히 1954년 4월부터 6월 사이에 인도차이나 문제와 한반도 문제를 다루기 위해 열린 제네바 19개국 회의에서 중국은 미국, 영국, 프랑스, 소련과 함께 5대 강국으로 인정받는 계기가 되었다.

또한 6·25전쟁을 통해 중국 지도자들은 "지금 중국 인민들은 이미 조직되었고 누구도 건드릴 수 없다. 우리를 화나게 하면 일이 어려워질 것이다"라고 한 마오쩌둥의 말처럼 19세기 말부터 시작된 서구 열강에 의한 굴욕의 역사를 일거에 씻어내는 계기가 되었다고 보았다. 그러나 중국은 국제사회로부터 침략자로 낙인찍히게 되어(1951년 2월 1일 유엔 총회) 그들이 갈망하던 유엔에서의 대표권 획득이 1971년에야 가능했고, 미국 등 서방 국가들과의 교역이 제한을 받아 경제개발 또한 훨씬 더디게 진행되었다.

한편 6·25전쟁 참전을 통해 중국군은 현대화된 무기와 장비, 부대 편성, 교리 발전 등 군의 대폭적인 전력증강을 이루었다. 중국의 군사과학원에서 발행한『중국군의 한국전쟁사』에 수록된 내용을 보면, 6·25전쟁에 참가한 중국군 규모는 290만 명으로 육군의 보병 27개 군단(총 55개 사단), 포병 10개 사단과 18개 연대, 고사포병 5개 사단과 10개 연대, 전차 3개 사단, 공군 요격기 10개 사단과 1개 연대, 폭격기 3개 대대 등이 참전했다. 그리고 철도병 10개 사단과 공병 15개 연대가 참가해 철도와 도로의 응급복구를 담당했다. 이 전쟁을 통해 중국군은 작전 개념을 보병 위주의 단일 작전에서 여러 병과의 협동작전과 육·해·공 입체작전 개념을 발전시켰으며, 전술적으로는 기동전과 진지전의 결합, 현대전에서의 후방 병참과 보급 보장 등의 개념을 발전시켰다고 분석했다.

이러한 자신감을 바탕으로 마오쩌둥이 진먼金門이나 마쭈馬祖와 같은 도서 지역에 있는 장제스의 국부군을 시험적으로 공격하기도 했다. 그러나 미국은 이를 두고 핵 보복을 논의하게 되었고, 결과적으로는 중국 공산주의자들로부터 타이완의 안전을 정식으로 보장하게 되었다. 다시 말해 6·25전쟁을 통해 미국과 중국이 직접적인 교전을 하게 됨에 따라 중국에 대한 미국의 적대감이 강하게 작용했고, 중국의 타이완 통합은 더욱 어려워지게 되었다.

일본의 경제 도약과 재무장

제2차 세계대전에서 패망한 일본은 미국의 점령통치 하에 경제적으로 매우 어려운 상황에 처해 있었다. 그러나 6·25전쟁은 일본 경제가 부흥하는 데 결정적인 역할을 했을 뿐만 아니라 정치·군사적으로 의미 있는 출발점을 제공했다.

당초 미국의 대일정책의 목표는 일본의 비군사화와 민주화였으나 6·25전쟁으로 인해 일본 재무장으로 선회했다. 소련의 사주를 받은 북한이 자유 대한민국을 침공하자, 미국은 일본에 주둔하고 있는 미군을 투입하기로 결정했다. 개전 2주 후인 7월 8일 맥아더 장군은 7만 5,000명의 일본 경찰예비대 창설과 해상보안청 병력 8,000명을 증원하라고 일본 정부에 요구했다. 이것은 일본에 주둔하고 있던 미군이 한국으로 빠져나감으로써 발생하는 치안 공백을 메우기 위한 조치이기도 했지만, 극동아시아에서 일본의 역할이 확대되는 것을 의미하는 것이기도 했다. 1950년 8월 10일 요시다吉田茂 일본 수상이 경찰예비대령을 공포함에 따라 8월 23일에는 1차로 7,000명이 입대했고, 이들은 미군 장비와 미군의 훈련체제를 갖추게 되었다. 이후 경찰예비대가 더 확충되었고 그 목적도 '치안유지'에서 '방위'로 전환되어 1952년 10월에 보안대, 1954년 7월에 현재의 자위대로 점차 증강하게 되었다. 이와 같이 일본의 재무장을 결정적으로 촉진한 것은 6·25전쟁이었다.

또한 미국은 1951년 9월 8일 제2차 세계대전 참전 49개 국가와 함께 '샌프란시스코 대일 강화조약'을 체결함으로써 일본을 국제사회에 복귀시켰다. 같은 날 미국은 일본과 '미·일 안전보장조약'을 체결하여 일본의 안전을 보장하기 위해 미군을 일본 내에 계속 주둔시키기로 합의했다. 이것은 미국이 일본의 요시다 수상이 주장한 경무장, 경제우선정책을 지지한 것이 되었고, 이로써 일본은 군사력 건설의 짐을 지지 않고 경제발전을 추진해나갈 수 있는 원동력을 얻게 되었다.

경제적인 측면에서는 가미야후지神谷不二 교수의 분석대로 일본은 '한국 전쟁 특수'를 통해 비약적인 발전을 이루었다. 제2차 세계대전 패망 후 일본 경제는 뚜렷한 동력을 찾지 못하고 있었다. 그러나 6·25전쟁 기간 동안 일본의 GNP는 연간 10% 이상 성장했고, 산업생산 지표는 50% 이상 수직 상승했다. 미국이 6·25전쟁 소요 군수품과 용역을 일본에서 조달함에 따라 1950년 6월부터 4년 동안 약 30억 달러를 일본에서 사용했다. 이것은 전후 일본의 무역적자 20억 달러를 메우기에 충분한 금액이었다. 또한 일본의 광공업 생산지수는 1950년 10월에 제2차 세계대전 이전 상태를 회복했고, 6·25전쟁 개전 후 1년간 생산 상승률은 무려 46%에 달했다. 이처럼 생산재 증가가 이루어짐에 따라 현재와 같이 일본의 산업구조가 고도화되었고, 중화학공업이 발전하는 계기가 되었다. 그리고 철강 및 전력 분야 개발이 이어지면서 대기업의 노후설비 확충 및 현대화가 이루어졌다. 이것은 '10년 후의 일본 경제의 고도성장'을 위한 초석이 되었다. 이러한 생산력의 증가와 함께 원자재의 확보와 수출시장의 확대는 일본으로서는 절실한 문제였으나, 이것 또한 미국과의 협력을 통해 동남아 및 미국 시장으로의 원활한 진출이 이루어짐으로써 해소되었다.

이와 같이 미국은 6·25전쟁을 전후하여 일본, 한국, 타이완, 필리핀 등과 함께 아시아에서 공산주의의 팽창을 저지하기 위한 봉쇄망을 구축하게 되었던 것이다.

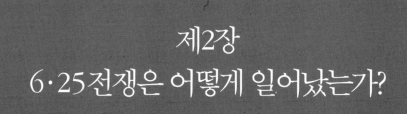

제2장
6·25전쟁은 어떻게 일어났는가?

1. 전쟁의 근원이 된 남북 분단

38도선 분할

1945년 8월 15일 일제로부터 광복이 되면서 한반도는 38도선을 경계로 남과 북으로 분단되었고, 이것이 결국 6·25전쟁의 씨앗이 되었다고 할 수 있다. 그러면 먼저 남북 분단 과정을 살펴보자.

제2차 세계대전이 미드웨이 해전Battle of Midway 이후 연합국의 승리로 기울게 되자 연합국은 전후 처리 문제를 논의하기 시작했다. 1943년 11월 이집트 카이로Cairo에서 미국, 영국, 중국의 수뇌들이 모여 일본의 지배하에 있던 한반도를 '적절한 절차in due course'를 거쳐 독립시키기로 합의했다. 비록 조건을 붙이기는 했지만, 이것은 국제적으로 한국의 독립을 최초로 언급한 회의였다는 데 그 의미가 있다. 이 회의에서 중국의 장제스는

●●● 카이로에서 함께 자리한 미·영·중 정상들. 왼쪽부터 장제스 중화민국 총통, 프랭클린 루스벨트 미 대통령, 윈스턴 처칠 영국 수상. 〈미 국립문서기록관리청〉

미국의 루스벨트Franklin D. Roosevelt 대통령에게 한국의 독립을 인정해야 할 필요성을 강하게 주장했다. 장제스가 그러한 주장을 하게 된 배경에는 안중근, 이봉창, 윤봉길 의사의 의거와 같은 한국인의 불굴의 독립정신을 직접 목도하고 항일투쟁에서 한국과 중국이 협력한 데 기인한 것이었다.

한편 1945년 2월 미·영·소 3국 수뇌들의 얄타 회담Yalta Conference에서 소련은 대對일본전 참전에 대한 대가로 미국으로부터 막대한 보상을 받게 된다. 즉, 소련은 러일전쟁으로 잃은 사할린 남부 및 쿠릴 열도Kuril Islands의 소련 반환, 동청·남만주 철도 및 다롄大連항의 우월적 이익 보장, 뤼순항의 조차 등을 약속받았다.

이것은 독일이 패망하면 2~3개월 후에 소련이 대일전에 참전하는 것을 전제로 하여 미국, 영국, 소련이 합의를 하되, 스탈린의 제의에 따라 합의 내용을 루스벨트 대통령이 중국 장제스의 동의를 받도록 했다. 또한 소련은 중국 국민당 정부와 '중·소 우호동맹조약'을 맺어 군사력으로 중국을 지원해 일본으로부터 해방되도록 돕는다고 합의했다.

제2차 세계대전의 종전을 앞두고 미국은 일본 본토 공격을 계획하면서 만주 지역에 있는 일본 관동군을 소련이 확실하게 구축해주기를 바랐던 것이다. 그러나 소련은 1945년 5월 독일이 항복한 이후에도 대일본전 참전을 주저했다. 하지만 일본의 무조건 항복을 요구하는 최후통첩인 포츠담 선언Potsdam Declaration(1945년 7월 26일)을 일본이 거부하자, 미국은 8월 6일과 9일에 히로시마廣島와 나가사키長崎에 원자폭탄을 투하했다.

그러자 전쟁 준비 부족을 이유로 참전을 미루어왔던 소련이 8월 9일에 대일본 선전포고를 하고, 소련 극동군으로 하여금 만주에 있는 일본 관동군과 한반도를 공격하게 했다. 극동군 총사령부는 약 157만 명 병력이 3개 방면군으로 구성되어 있어 만주를 세 방향에서 공격했다. 이 중 제1극동방면군이 중·소 국경을 따라 만주와 한반도로 진격하는 임무를 받았다. 1945년 8월 10일 제1극동방면군 사령관 메레츠코프^{K. F.} Meretskov는 예하 제25군으로 하여금 "8월 12일 아침까지 한반도 북부의 웅기와 나진항을 점령하라"는 구체적인 임무를 하달했다. 소련군 대장 치스차코프Ivan M. Chistyakov가 지휘하는 제25군은 육군 5개 사단 및 1개 여단, 태평양 함대의 해군, 기타 부대 병력을 포함하여 약 15만 명으로 편성되어 있었다. 이들은 웅기와 나진 점령에 이어 8월 13일에는 청진 항에 상륙작전을 펼쳐 일본군과 치열한 전투를 치른 후 16일에 청진을 완전히 점령했다. 이어서 소련군은 급속히 남진하여 8월 28일경에는 북한 전 지역을 점령했다. 소련은 이때부터 38도선에 연하여 검문소를 설치하고 남북한을 왕래하는 도로와 철도를 차단하며 인원 왕래 및 통신을 통제하기 시작했다.

●●●● 평양에 입성한 소련군 〈미 국립문서기록관리청〉

한편 미국은 일본이 8월 10일 연합국에 항복의사를 표명하자 일본 본토에 대한 공격을 해야 하는 부담을 덜기는 했으나, 한반도에 소련군이 빠르게 전개하는 상황에서 한국 문제와 관련하여 신속한 결정을 내려야만 했다. 우선 한반도에서 일본군의 무장해제와 군사점령의 한계선을 결정하기 위해 국무부, 육군부, 해군부로 구성된 3부조정위원회State-War-Navy Coordinating Committee, SWNCC를 구성했다. 이 위원회는 8월 11일 한반도에서 미국과 소련의 작전담당구역의 분할선을 북위 38도선으로 결정했고, 8월 14일 미 합동참모본부가 이를 트루먼 대통령에게 건의하여 승인을 받았다.

미 합참은 일본이 항복을 선언한 8월 15일 필리핀의 태평양지역 연합군최고사령관인 맥아더 장군에게 이를 전달했다. 이와 동시에 영국, 중국은 물론 소련의 스탈린에게도 통보했고, 소련은 8월 16일자 회신에서 이의를 제기하지 않았다.

이로써 38도선을 경계로 하여 북쪽에서는 소련군이, 남쪽에서는 미군이 일본군의 항복과 무장해제를 담당하게 되었다. 이것은 9월 2일 일본 도쿄 만東京灣의 미주리Missouri호 함상에서 일본의 항복문서 조인식이 있은 다음에 일반명령 제1호로 하달되었다. 즉, 이 명령서는 일본군 총사령부가 연합군의 지시를 받아 일본군에게 내린 '항복명령서'로 국내외 일본군이 어디에서 누구에게 항복할 것인가를 명시했다.

이와 같이 38도선은 단지 '일본군의 항복접수와 무장해제를 위한 책임구역의 할당'을 목적으로 설정된 경계선으로 미군과 소련군이 각각 남북으로 진주하게 된 근거가 되었다. 이처럼 최초 38도선은 순수한 군사적 조치를 위한 선이지 정치적 분할선은 아니었다. 그러나 북한을 점령한 소련군이 남북한의 인적·물적 왕래와 통신까지 차단하면서 한반도의 분단이 굳어지게 되었고, 결국 이것이 전쟁의 불씨로 작용하게 되었다.

북한의 소비에트 정권 수립

소련군 제25군사령관 치스차코프 대장은 1945년 8월 26일 평양에 민정관리총국을 설치하고 북한의 군정사령관으로 로마넨코A. A. Romanenko 소장을 임명했다. 이 기관에는 정치·경제·교육·문화·보건·위생·출판·보도·사법 지도부 등 군정에 필요한 9개 지도부가 있었으며 군사회의 (정치사령부)의 별도 통제를 받았다. 로마넨코는 극동에서 근무한 경험이 많은 정치공작가였고, 그의 휘하에는 소련 공산당 당원 자격을 가지고 있는 한인 1세 또는 2세가 중심이 된 약 300명의 정치행정요원들이 배치되어 있었다.

소련 군정당국은 9월 말까지 각 도에 인민위원회를 조직하고 초기에는 조만식과 같은 민족주의자들을 지도자로 내세웠다. 그러나 점차 민족진영 세력이 배제되면서 이 위원회는 친소련 공산주의자들이 장악하게 되었다. 로마넨코는 10월 10일 조선공산당 서북 5도 책임자 및 열성자 대회를 열고, 13일에 조선공산당 북조선분국을 세웠다. 이는 스탈린의 1국 1공산당 원칙에 따라 서울에 있는 조선공산당을 중앙당으로 받아들이고 평양에 분국을 설치한 것이다.

이러한 준비 작업을 마친 후에 소련 점령군은 10월 14일 김일성을 환영하는 평양시 군중대회를 열고 만 33세의 젊은이를 항일투사로 둔갑시켜 등장시켰다. 소련 자료에 의하면 김일성은 1931년 중국 공산당의 결정에 따라 반일유격대로 활동하다가 1940년 10월에 소련으로 넘어갔다. 광복이 된 후 1945년 9월 19일 원산항을 통해 입국했으며 소련 지도부에 의해 발탁되었다.

소련 군정당국은 11월 18일 5도 인민위원회를 관할하는 5도행정국을 설치하고, 12월 17일 김일성을 북조선공산당 책임비서에 앉혀 북한의 최고 권력자로 만들었다. 김일성은 지주들의 토지를 몰수하고 이를

● ● ● 평양시 군중대회에 참석한 김일성(앞줄 오른쪽)과 스티코프(뒷줄 오른쪽에서 세 번째 인물)

농민들에게 분배해주면서 공산주의에 대한 환상을 갖게 하며 계급투쟁을 전개했다. 그러나 분배된 토지는 북한 당국에 의해 곧바로 국가 소유로 환수되었다.

1946년 2월 '북조선임시인민위원회'를 구성하여 중앙정부에 해당하는 권력을 김일성이 장악했고, 11월에 시·군·면 단위 인민위원회 위원들을 선출했다. 그리고 1947년 2월 '북조선인민위원회'를 정식으로 구성함으로써 38도선 이북 지역에 대한 북한 단독정부 수립에 박차를 가했다. 11월에는 북한 공산정권 수립을 위한 이른바 '인민헌법' 초안을 기초한 후, 이를 남한의 5·10총선거에 맞춰서 통과시켰다.

이어서 북한은 1948년 8월 공산당의 단일후보만을 출마시킨 소련식 흑백선거를 실시했고, 9월 9일 '조선민주주의인민공화국'을 선포했다. 같은 날 김일성은 북조선인민위원회 위원장에서 조선민주주의인민공화국 초대 내각수상으로 선출되었고, 그가 임명한 내각은 최고인민회의의 승인을 받았다. 내각 성립 후 김일성은 9월 중순 최고인민회의에서 "북한 정권은 남북조선 인민의 총의로 수립되었으며, 단일 민주주의 국가와 조국통일과업을 제1차 목표로 삼는다"고 했다. 다시 말해 1948년 8월 15일 대한민국 정부가 수립되어 한반도에서의 유일한 합법정부로 유엔에서 승인을 받은 사실을 김일성은 부정하고 있는 것이다. 또한 북한 정권이 적화통일을 제1차 목표로 삼았다는 것은 정권의 태생 때부터 김일성이 남침전쟁을 생각하지 않았을까 하는 의구심을 갖게 만드는 대목이다.

북한 정권이 수립되자 소련은 1948년 10월 중순에 북한을 공식 승인했고, 이어서 동구권의 몇몇 공산국가들이 지지했다. 소련은 초대 주 북한대사에 북한 점령군사령부의 전 군사위원이며 미·소공동위원회 소련 측 수석대표였던 스티코프Teren Fomitch Stykov 대장을 임명했다. 이처럼 소련의 북한 점령은 치밀한 계획을 통해 이루어졌고, 김일성을 내세운 친소비에트 정권이 북한에 들어서면서 최초 일본군의 항복접수와 무장해제 등을 위한 군사적 편의에 의해 설정되었던 38도선이 남북 분단선으로 고착화되어갔다.

미 군정과 대한민국 정부 수립

일본이 항복하고 한반도에 광복이 찾아왔을 때, 미 합동참모본부로부터 일반명령 제1호를 통보받은 맥아더 장군은 오키나와沖繩에 주둔하고 있던 하지John R. Hodge 중장의 미 제24군단(미 제6·7·40보병사단)을 한반도의 북위 38도선 이남 지역에 진주시켜 일본군의 무장을 해제하도록 명령했다. 이에 따라 9월 8일 미 제7보병사단이 인천항에 도착했고, 이어서 제40사단과 제6사단이 10월 16일까지 남한에 전개했으며 총병력은 약 7만 7,600명이었다. 그러나 남한에 진주한 미군은 북한의 소련군에 비해 준비가 부족하여 시행착오를 범하기도 했다. 대표적인 것 중의 하나가 1945년 9월 9일 일본의 항복접수식 직후에 가진 기자회견에서 하지 중장이 아베 노부유키阿部信行 총독을 포함한 일본 관리들을 당분간 현직에 유임시키겠다는 발표를 하여 많은 반발을 사게 되었다. 사흘 뒤인 12일에 곧바로 취소되었으나 이것은 한국인의 정서를 이해하지 못한 데서 비롯된 일이었다. 같은 날 미 제7사단장 아놀드Archibald V. Arnold 소장이 군정장관에 임명되었고, 9월 20일 미 국무부 관리 베닝호프H. M. Benninghoff를 정치고문으로 하는 군정청 기구가 출범했다.

그러나 야전부대에서 주로 근무했던 하지 장군으로서는 미 본국으로부터 명확한 지침이 내려오지 않은 상황에서 군정을 이끌어가는 데 많은 어려움이 있었다. 무엇보다도 미 군정 당국은 일제 강점기 광복을 위해 민족의 구심점 역할을 해왔던 대한민국 임시정부의 존재를 부인했다. 이에 따라 10월 16일 이승만, 11월 23일 김구와 임시정부 요인들이 개인 자격으로 귀국하게 되었다.

광복 후 혼란기에 우리 민족을 이끌어갈 수 있었던 지도자들을 인정하지 않으면서 미 군정은 좌·우익 모든 정파의 정치활동을 허용하는 법령을 공포했다. 이에 따라 사회의 여러 정당과 단체들이 민주와 공산 진영으로 나뉘어 심각하게 대립하면서 남한 사회는 큰 혼란을 겪게 되었다. 이것은 소련의 군정 당국이 김일성을 내세워 공산체제를 신속하게 구축해나갔던 북한과는 매우 큰 차이가 있었다.

미국과 소련은 카이로 선언Cairo Declaration에서 합의한 '적절한 절차'를 거쳐 한국을 독립시키기 위한 신탁통치를 실시하려고 했다. 1945년 12월 26일에 모스크바 미·영·소 3국 외상회의에서는 "조선 주재 미·소 양국 군사령관은 양국의 공동위원회를 설치하여 조선임시민주정부 수립을 원조한다. 또 미·영·소·중 4국에 의한 신탁통치를 실시하고 조선의 독립 준비, 신탁통치 기간을 최고 5년으로 한다. 미·소공동위원회는 조선의 각종 민주적 단체와 협력하여 정치적·경제적 발달을 촉진하고 독립에 기여하는 수단을 강구한다"라고 하여 신탁통치안을 구체화했다. 이에 대해 우익은 물론 좌익 세력까지 극명하게 반대했다. 그런데 1946년 1월 초 좌익은 찬탁으로 갑자기 입장을 변경하면서 좌·우익 간에 심각한 갈등이 초래되었다.

1946년 1월 16일 미·소공동위원회의 예비회담이 개최되어 소련 측 위원으로는 스티코프 중장, 로마넨코 소장 등이 참석했고, 미국 측에서는 하지 중장과 아놀드 소장 등이 참가하여 1개월 이내에 양측 대표를 5인으로 하여 서울에 공동위원회를 두기로 합의했다. 3월 20일 1차 본회의가 덕수궁에서 열렸다. 이 회의에서 미·소 양국은 한국의 민주주의 정당 및 사회단체와 협의할 조건과 실천에 관한 순서, 장래 임시정부의 정

●●● 제1차 미·소공동위원회 개최 장면 〈미 국립문서기록관리청〉

강, 법규 문제에 관한 준비 토의 등을 위한 3개 분과위원회를 설치하기로 합의하는 등 진전이 있는 것 같았다.

그러나 4월 18일 발표한 제5호 공동성명서에서 "협의 대상으로 참가하는 정당과 사회단체는 모스크바 3상회의 결정을 전적으로 수락해야 한다"고 하여 우익의 심각한 반발을 불러왔다. 우익 세력의 통합 비상국민회의는 "미·소공동위원회에 참가는 하되 신탁통치를 전제로 하는 모든 문제는 절대 배격한다"고 결정했다. 그러나 소련은 신탁통치를 반대하는 세력의 공동위원회 참가를 거부하는 입장이었기 때문에 결국 미·소공동위원회는 무기 휴회되고 말았다. 1947년 5월에 제2차 미·소공동위원회가 재개되었으나 미·소 양측은 협의대상이 될 정당 및 사회단체의 조건에 대해 합의하지 못했다. 미국은 우익을 배제하려는 소련의 의도를 들어주게 되면 한반도에 좌익 정권이 수립될 것을 우려하여 반대했다.

1947년 9월 하지 장군의 정치고문 제이콥스J. Jacobs는 국무장관 마셜에게 "소련은 한국에 좌익 정부가 수립되지 않는 한 미·소공동위원회를 진척시킬 의지가 없음이 분명하다. 한국이 미국의 대소 봉쇄정책에 긴요할 경우 모스크바 협정을 포기하고 남한의 발전을 위한 계획 수립에 착수해야 한다"고 보고했다.

결국 미·소공동위원회는 결렬되었고, 미국은 모스크바 협정 노선을 포기하고 10월 18일 한국의 독립 문제를 유엔의 제2차 총회에 제기하여 다자간 해결 방안을 모색했다. 유엔은 11월 14일 미·소 양국군을 1948년 1월 1일까지 철수시키자는 소련의 안을 부결시키고, 9개국으로 구성된 '유엔한국임시위원단UNTCOK'을 한국의 총선을 감시하기 위해 파견하기로 했다. 그러나 소련군사령관이 유엔한국임시위원단의 북한 입국을 거부하였기 때문에 1948년 2월 26일 유엔 소총회에서는 접근이 가능한 지역에서라도 선거 감시에 임해야 한다고 의결하였다. 이에 따라

● ● ● 대한민국 정부 수립 기념행사 국방경비대 사열 〈미 국립문서기록관리청〉

1948년 5월 10일 유엔한국임시위원단의 감시 하에 남한에서 총선거가 실시되었고, 1948년 8월 15일 대한민국 정부가 수립되었다.

유엔은 파리에서 개최된 제3차 총회에서 유엔한국임시위원단의 보고를 논의한 후 1948년 12월 12일 48 대 6(기권 1)의 압도적 지지로 대한민국을 한반도에서의 유일한 합법정부로 승인했다. 이것은 당시 대한민국 정부의 정통성을 나타내기에 충분하다고 할 수 있다.

그러나 안타깝게도 우리나라는 미·소 냉전의 구도 속에서 민족이 바라던 하나의 독립국가로 탄생하지 못했고, 결국 체제 경쟁적인 분단 구조가 만들어져 6·25전쟁의 싹을 키우게 되었던 것이다.

2. 미국의 한국 지원과 소련의 북한 지원

미국 극동방위선 밖의 대한민국

제2차 세계대전이 끝날 무렵 미군의 총병력은 해외주둔군 750만 명을 포함하여 1,200만 명이었다. 그러나 전쟁이 끝난 후 미국은 신속하게 동원해제와 군비감축을 단행했다. 이에 따라 6·25전쟁이 일어났을 때 미군은 146만 명으로, 소련군의 3분의 1 수준이었다. 당시 소련은 전후 군사력의 3분의 2를 감축했으나, 175개 사단 430만 명을 유지하고 있었다. 맥아더 원수가 지휘하는 미 극동군의 병력은 1947년 30만 명에서 1950년 6월에는 10만 5,000명 수준으로 감소했다.

6·25전쟁 당시 미국의 국가안보체제는 대통령 트루먼을 정점으로 국방장관 존슨Louis A. Johnson, 합참의장 브래들리Omar N. Bradley 원수, 육군장관 페이스Frank Pace Jr., 육군참모총장 콜린스Joseph Lawton Collins, 해군장관 매튜스Francis P. Matthews, 해군참모총장 셔먼Forrest P. Sherman, 공군장관 핀레터Thomas K. Finletter, 공군참모총장 반덴버그Hoyt S. Vandenberg, 그리고 해병대사령관 셰퍼드Lemanul C. Shepherd Jr. 등이었다. 맥아더 원수는 미 극동군사령관 겸 일본 점령연합군사령관, 미 극동육군사령관직을 수행하고 있었다.

인류 역사상 가장 큰 인명 피해와 경제적 손실을 가져왔던 제2차 세계대전이 끝나고 세계 각국은 항구적 평화유지를 위해 1945년 10월 24일 국제연합United Nations, UN을 창설했다. 그러나 전후 세계는 미국과 소련을 중심으로 자유 진영과 공산 진영으로 분열되어갔다. 특히 소련은 동유럽의 동독, 폴란드, 헝가리, 루마니아, 불가리아, 유고슬라비아, 체코슬로바키아, 알바니아, 그리고 아시아의 만주, 북한에 소련군을 주둔시키고 이들 지역에서 공산 정권의 수립을 적극 지원하고 있었다.

이러한 소련의 팽창정책 위협에 대해 영국의 전前 수상 처칠Winston

Churchill은 1946년 3월 5일 미국 웨스트민스터 대학의 명예 박사학위를 받는 자리에서 '철의 장막Iron Curtain'에 대한 연설을 했다. "소련은 팽창주의 국가이다. 발트 해Baltic Sea의 슈체친Szczecin에서부터 아드리아 해Adriatic Sea의 트리에스테Trieste에 이르기까지 철의 장막이 대륙을 가로지르고 있다"고 하면서 소련의 침략행위를 비난했다. 이에 대해 소련 수상 스탈린은 처칠을 '전쟁 선동가'로 매도하면서 철의 장막 연설에 대해서는 '소련과의 전쟁을 요구하는 행위'라고 비난했다. 이것은 1946년 이후 미국으로 하여금 소련의 스탈린이 세계 공산화를 노리고 있는 것으로 믿게 만들었다.

1945년 9월 이란을 지배하고 있던 영국과 소련이 이듬해 3월까지 각각 철수하기로 합의했으나, 소련이 병력을 오히려 증강하여 터키로의 진출을 모색했다. 또한 제2차 세계대전 후 영국의 지원을 받고 있던 그리스는 그리스 공산당과 내전을 벌이고 있었으나, 영국이 자국의 경제 사정 악화로 인해 1947년 3월 31일 이후 그리스를 더 이상 지원할 수 없음을 미국에 통보했다.

이에 따라 미국의 트루먼 대통령은 1947년 3월 12일 미국 상하 양원 합동회의에서 공산주의의 위협을 받고 있는 터키와 그리스에 대한 원조를 요청하는 트루먼 독트린Truman Doctrine을 발표했다. 이로써 미국은 터키에 1억 달러의 군사원조를 지원했고, 그리스에는 3억 달러의 경제 및 군사원조와 함께 군사 및 민간 전문가를 파견했다. 이것이 지중해뿐만 아니라 전 세계에서 소련의 팽창을 막는 미국의 경제 및 군사원조를 통한 봉쇄정책Containment Policy의 시작이었다.

이러한 정책에 따라 미국은 1947년까지 유럽에 약 90억 달러의 경제 지원을 했으나, 유럽의 경제는 회복되지 못했고 소련의 위협은 계속되었다. 따라서 미국의 정책결정자들은 일시적인 경제 및 군사원조로는 전쟁으로 피폐해진 유럽의 경제적 위기를 해결할 수 없다고 판단했다.

1947년 6월부터 시작된 마셜 플랜Marshall Plan은 이러한 배경에서 출발했다. 즉, 보다 근원적이고 완전한 유럽의 경제 지원책을 펼치기로 한 것이다. 이렇게 하여 유럽의 경제는 전쟁 이전의 상태를 회복하게 되었고, 더 이상 소련의 공산주의 세력이 침투할 수 없게 되었다.

한편 미국 합동참모본부는 1946년 여름 미·소 간의 관계가 악화되어 가자 '핀셔PINCHER'라는 대소련 전쟁계획을 수립했다. 이것은 소련이 재래전을 실시하여 유럽과 중동의 대부분을 점령하게 되면 소련의 20개 도시에 50개 핵무기를 투하하여 소련 산업시설의 50%를 파괴한다는 것이었다. 이어 수립된 '문라이즈MOONRISE' 계획에서는 전쟁 개시 20일 이내에 한반도가 소련의 수중에 들어가게 될 것이므로 주일 미군을 한반도에 투입하는 것은 일본의 방위에 위협이 될 수 있다고 판단했다. 따라서 남한에 주둔하고 있는 미군을 일본으로 철수시켜 취약한 지역으로 전환할 계획을 만들었다.

1948년 3월 미 극동군사령부에서 작성한 작전계획 '건파워GUNPOWER'에는 '문라이즈' 계획을 거의 그대로 반영했다. 이후 작성된 '오프태클OFFTACLE' 계획에서는 미국이 아시아 대륙으로 총반격하는 경우 한반도를 우회하여 중국 대륙을 공격한다는 전략 개념을 갖고 있었다.

이상에서 살펴본 바와 같이 미국은 제2차 세계대전 이후 한반도에 군사력을 주둔시키거나 군사기지를 건설할 의도가 없었던 것이다.

또한 미국은 아시아 극동 지역 방위를 위해 알류산 열도Aleutian Islands에서 일본과 필리핀을 연결하는 도서방위선상의 해·공군 기지를 활용하여 우세한 해군과 공군력을 이용하는 방어 개념인 '도서방위전략'을 1947년에 채택하여 대소련 전쟁계획을 수립했다. 이 계획이 공개된 것은 1950년 1월 12일 애치슨Dean G. Acheson 미 국무장관이 미 기자클럽에서

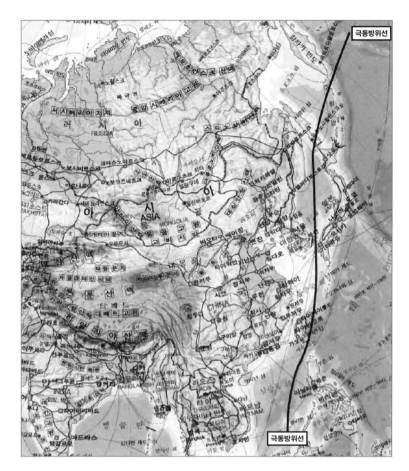

●●● 미국의 극동방위선

행한 '아시아의 위기Crisis in Asia'라는 제목의 연설에서였다. 여기서 발표된 미국의 극동방위선은 알류산 열도-일본 본토-오키나와-필리핀을 연결하는 선으로 한국과 타이완은 이 방위선에서 제외되었다.

미국의 극동방위선은 알류산 열도에서 일본을 거쳐 오키나와로 연장되는 선에서 다시 필리핀을 연결하는 선으로 결정한다. … 이 방위권 밖에 속하는 모든 지역에서 야기되는 군사적 공격에 대해서는 아무도 이를 보장할 사람은 없다. … 먼저 공격을 받는 국가에 대해서는 차후 유엔 헌장에 의하여 전 문명 세계의 원조에 의존하지 않으면 안 될 것이다.

애치슨 선언은 미 국무장관이 취임하게 되면 관례적으로 실시하는 기자클럽 연설이었고, 1947년에 수립된 미국 극동방위전략의 일부를 발표한 것이었다고는 하지만, 공산권과 대치하고 있는 한국과 타이완에 미치는 영향은 매우 컸다. 이것은 그 일주일 전에 트루먼 대통령이 발표한 "미국은 중국의 내부 분쟁에 말려들지 않도록 하며 타이완의 국민당 정부에 군사원조나 군사고문을 제공하지 않는다"는 개념과도 일치하는 것이었다.

후일 애치슨 선언은 6·25전쟁 발발의 한 빌미가 되었다는 측면에서 많은 비난을 받기도 했다.

미국의 한국 군사원조와 주한미군 철수

미국의 한국에 대한 전략적 평가는 1947년 4월 29일 미 합동참모본부가 작성한 '국가안보 면에서 본 미국의 대외원조'라는 보고서에 잘 나타나 있다. 당시 미국이 원조하고 있는 16개국 가운데 지원의 필요성과 미국 안보의 중요성을 동시에 고려한 한국의 지원 우선순위는 13위였다. 같은 해 9월 26일 미 국무부가 '미국의 군사안보 관점에서 본 미군 주둔의 이익에 관한 견해'를 문의했을 때에도 미 합참은 "미국은 한국에 군대나 기지를 유지할 전략적 이해관계가 거의 없다. … 장차 미국이 아시아 대륙에서 수행하게 될 어떠한 지상 작전에서도 한반도를 우회할 것이다"라고 명확히 밝혔다.

이러한 맥락에서 주한미군의 철수 문제에 대한 검토가 이루어졌고, 미 국무부·육군부·해군부·공군부의 4부 정책조정위원회에서 이를 다루게 되었다. 여기서 결정한 문서를 미 국가안전보장회의NSC가 '한국에 관한 미국의 입장'이라는 미 국가안전보장회의 문서(NSC-8)로 채택하여 1948년 4월 8일 트루먼 대통령의 승인을 받았다. 이 NSC-8 문서에서 미국은 주한미군의 철수에 따른 악영향을 최소화하기 위해 남한에 수립될 정부에 대한 지원을 규정했다. 또한 한국이 자국의 안전을 지킬 수 있는 능력을 갖출 수 있도록 주한미군 철수에 앞서 한국군의 훈련 및 장비에 관한 필요한 조치를 하도록 권고했다. 그리고 미국은 한국 경제의 붕괴를 막기 위해 한국에 경제원조를 제공해야 한다고 규정했다.

그러면서 주한미군의 철수 시한은 소련이 주장하는 대로 1948년 12월 31일까지로 했다. 주한미군 철수에 대한 보완 조치로 한국군의 전신인 국방경비대 5만 명에 대한 편성과 훈련, 그리고 장비이양 문제도 규정했다. 그 당시 미국은 베를린 사태 등 유럽의 상황 악화로 인해 주한미군의 철수가 더욱 필요하다고 보았던 측면이 있었다.

그러나 대한민국은 1948년 8월 15일 정부 수립 이후에도 여수·순천 10·19사건 등 좌익사건이 계속 발생하여 정국이 불안정했다. 이때 이승만 대통령은 한국군이 대내외적인 위협에 대처할 수 있는 능력을 갖출 때까지 주한미군의 철수를 연기해줄 것을 트루먼 미 대통령에게 요청했다. 1948년 11월 20일에는 이범석 국방장관의 요청에 따라 국회에서도 '미군의 남한 주둔의 필요'를 결의했다.

한편 미 국무부는 1949년 1월 25일 한국 상황을 고려하여 주한미군의 철수 완료 시기를 연기해줄 것을 미 육군부에 정식으로 요청했다. 미국 정부는 1949년 3월 22일 제36차 국가안전보장회의(문서 NSC-8/2)에서 주한미군의 철수 완료 시기를 1949년 6월 30일로 연기했다. 문서 NSC-8/2에는 한국 정부가 내부 질서 유지와 국경의 안전을 보장할 수 있도록 잘 훈련된 6만 5,000명의 병력을 갖출 수 있게 하는 미국의 군사

●●● 한국에서 철수하는 주한미군 병사들 〈미 국립문서기록관리청〉

원조를 규정하고 있다. 그리고 경찰 3만 5,000명, 해안경비대 4,000명에 대한 추가적인 군사원조를 제공하도록 했다. NSC-8보다는 한국군의 병력 규모가 증가했으나, 한국이 독자적인 해군과 공군을 보유하는 것은 인정하지 않았다.

이에 따라 주한미군은 1948년 10월부터 감축하기 시작하여 1949년 6월 29일 철수를 완료했다. 다만 한국군의 편성과 훈련을 지원하고 미국의 군사원조를 효율적으로 진행하기 위한 주한미군사고문단KMAG이 1949년 7월 1일 발족되어 약 500명이 그 임무를 수행하게 되었다.

미국의 한국 군사원조는 국내 치안질서 유지와 38도선에서의 소규모 충돌에 대응할 수 있는 최소한의 규모로 이루어졌다. 1950년 회계연도의 미국의 대외군사원조 총액은 13억 1,400만 달러였으나, 한국에 할당된 금액은 1,020만 달러(0.8% 수준)에 그쳤고, 주로 정비품과 부속품이 제공되었다. 그러나 미국의 군사원조는 계획대로 추진되지 못했다. 한국군의 규모는 10만 명으로 계획보다 늘어나 있었지만, 군의 장비와 무기가 편제에 비해 부족했고 정비품과 부속품도 고갈상태에 있었다.

이때 대한민국 정부는 남한 지역에 대한 북한군의 게릴라 침투와 38도선에서의 무력도발, 전차·항공기 등으로 편제된 북한군의 현대식 무기에 대응하기 위해 미국 정부에 한국군의 중무장을 요청했다. 그러나 미국 정부는 전차, 155mm 곡사포, 기타 중장비에 대한 원조가 최초 군사원조계획안에 포함되어 있지 않다는 이유로 이를 거절했다. 이것은 미국의 군사원조금액이 제한되기도 했지만, 한국의 지형 여건상 도로 및 교량이 협소하여 전차 운용에 적합하지 않다는 주한미군사고문단의 주장에 따른 것이기도 했다. 1950년 1월 26일 한미 양국이 '한·미상호방위원조협정'을 체결했으나, 미국의 군사지원은 여전히 제한된 수준에 머물렀다.

이와 같이 미국의 군사원조는 매우 제한적이었으며, 북한군이 소련으로부터 전차, 대포, 항공기 등 공격용 현대 무기를 지원받은 것과 큰 대조를 이루었다. 이로 인해 전쟁 발발 당시 국군은 무기와 장비 면에서 북한군에게 크게 뒤져 있었다.

소련의 팽창정책과 북한군 전력증강 지원

소련은 제2차 세계대전 후 동유럽 국가들을 위성국으로 만들어 철의 장막을 치고 서유럽으로 세력을 확장하고자 했으나 미국의 지원과 서유럽의 결속으로 실현되지 못했다. 이처럼 소련의 팽창정책이 북대서양조약기구(나토NATO)의 결성과 미국의 봉쇄정책으로 유럽에서 길이 막히게 되자, 소련은 아시아 지역으로 목표와 방향을 전환했다. 이것은 과거 제정 러시아 시대부터 추진해오다가 러일전쟁으로 인해 중단되었던 러시아의 남진정책과도 맥을 같이한다고 할 수 있다. 당시 중국이 공산화되었고 북한에 소비에트 정권을 수립한 소련으로서는 극동 지역에 대한 팽창정책의 추진이 훨씬 용이하게 된 상황이었다.

소련의 대對한반도 정책 방향은 '한반도 내 소련에 우호적인 국가 수립'이었다. 이것은 소련 외무성 극동과에서 제2차 세계대전이 종착점을 향해가던 1945년 6월 29일에 작성한 '한국의 조사보고'를 보면 알 수 있다.

한국이 장차 일본뿐만 아니라 극동으로부터 소련에 압박을 가하려는 임의의 다른 강대국이 소련을 공격하는 전초기지로 전환되는 것을 저지할 수 있을 만큼 한국의 독립은 효과적이어야 된다. 소련과 한국의 우호적이고 긴밀한 관계를 확립하는 것이야말로 한국과 소련 극동 지역의 안전을 보증하는 보다 현실적이고 올바른 방향이 될 것이다.

소련이 1945년 8월 9일 대일 선전포고와 함께 만주와 한반도에 왜 그렇게 빨리 진격했는가를 이해할 수 있는 대목이다. 소련은 북한에 소비에트 위성국가를 만들려는 계획을 이미 구상하고 있었던 것이다.

소련은 북한 정권이 수립되기 7개월 전인 1948년 2월 8일 북한 정규군 창설을 선언하고, '북조선인민집단군(1947년 9월 창설)'을 '조선인민군'으로 개편하여 북한군 총사령부를 설치했다. 이후 소련은 북한에 대한 군사원조를 강화하고 북한군에 대한 훈련체제를 정비했다.

한편 소련은 미·소 양군을 한반도에서 1948년 12월 말까지 철수 완료하자는 주장을 하면서도 일부 소련군을 북한에 잔류시키고 또 소련

군사고문단을 북한에 파견하여 북한 정규군의 편성과 훈련을 전담하고 소요 장비를 제공했다. 각 사단에는 대좌급 사단장 고문관이 편성되었고 중대급까지 소련 군사고문관이 배치되어 활동했다. 전차·항공부대에도 전문고문관을 파견하여 전술훈련과 장비교환 및 정비분야까지 지도했다. 또한 소련군이 1948년 10월부터 12월 말까지 철수하면서 북한군에게 장비를 이양하여 북한군은 4개 사단으로 증편되었고, 제105전차대대의 창설 및 항공연대의 증편이 이루어졌다. 소련은 철군 이후에도 4,000여 명의 군사전문가와 군무원이 북한군에 남아서 활동했던 것으로 소련군 총참모부가 작성한 1949년 2월 18일자 보고서에 나타나 있다.

또한 소련은 북한에서 소련군을 철수시키면서 북한군 전력증강 대책을 마련하고 있었다. 1948년 12월 25일 모스크바Moskva에서 소련 국방상 불가닌Nicholai A. Bulganin 주관 하에 소련·중국·북한의 군사대표자 전략

●●● 사열 중인 북한군

회담을 개최하여 향후 18개월 이내에 북한군을 강력한 군사력으로 육성하기로 합의했다. 즉, 북한군을 14개 보병사단과 2개 기갑사단으로 편성·강화한다는 것이었다.

이에 따라 소련은 초대 주 북한 소련대사로 임명된 스티코프 대장을 단장으로 하여 장군 5명, 대령 12명 등 총 40여 명으로 구성된 군사사절단을 12월 말에 북한에 파견했다. 이들과 함께 제2차 세계대전 참전 경험이 있는 소련군 출신 한인 약 2,500명이 입북하여 민족보위성(북한의 국방부)과 북한 인민군 사단에 배치되었다. 이처럼 소련은 군정을 시작하면서 소련의 한인 1, 2세들을 대동하여 북한의 정부기구에 배치했던 것처럼 북한군에도 소련군 출신 한인들을 최고위 사령부에서부터 일선부대까지 배치함으로써 북한군 전력 강화와 함께 소련의 통제체제를 강화했던 것이다.

3. 남침 음모 : 북한·소련·중국의 남침 결정

김일성의 무력남침 제의와 스탈린의 반대(1949년 1월~12월)

김일성은 1949년 두 차례에 걸쳐 스탈린에게 군사적 수단에 의한 공산화 통일을 건의했으나 모두 거절당했다. 러시아 자료에 의하면 1949년 3월 5일 김일성, 박헌영 일행이 스탈린을 방문하여 북한에 대한 경제지원 및 군사력 증강 문제를 논의했는데, 스탈린은 김일성의 요구를 대부분 들어주었다. 북한의 무기 구매를 위한 2억 루블, 즉 4,000만 달러의 차관도 그 자리에서 승인했다.

그러나 김일성이 제안한 '무력통일 방안'에 대해서는 단호하게 반대했다. 스탈린은 "북한군이 국군보다 확실히 우세한 전력을 갖고 있지 않으

며, 미군이 아직 남한에 있기 때문에 남침하면 미군이 당연히 개입할 것이다. 아직은 소련과 미국의 38도선 분할 협정이 유효한 상황이기 때문에 먼저 위반하면 미군의 개입을 막을 명분이 없다"는 것을 강조했다. 그리고 "이 시점에서 남한에 대한 공격은 한국군이 38도선 이북으로 공격해오는 경우에 반격만 가능하다"고 북한의 군사력 사용을 제한했다.

회담 이후 1949년 내내 북한은 소련으로부터 항공기 94대, T-34 전차 87대, 각종 포 139문, 소총 1만 5,000정, 탄약 및 기타 전쟁물자 등을 들여옴으로써 남북한 간의 군사력 격차를 더 크게 만들었다. 이후 소련 무기와 장비, 물자가 북한에 공급되는 양과 진행 정도에 대해서는 스탈린이 직접 보고를 받고 확인했다.

1949년 6월 한국에서 주한 미군이 철수를 완료하자, 김일성은 북한 주재 소련대사 스티코프를 통해 무력남침 의도를 8월에 스탈린에게 다시 건의했다. 이에 대해 9월 24일 소련 공산당 중앙위원회는 "북한군이 남한을 공격하는 것은 군사적·정치적으로 준비가 되어 있지 않기 때문에 이를 승인하기가 매우 어렵다"고 결정하여 다음과 같이 북한에 통보했다.

조선인민군을 남쪽으로 진격시키겠다는 귀측의 제안은 군사적 및 정치적 측면에서 정확하게 평가할 필요성이 있다.

군사적 측면에서 볼 때 이러한 공격을 위해 충분한 준비가 되어 있다고 볼 수 없다. 준비가 부족한 공격은 지구전이 될 수 있으며, 이러한 작전은 적을 패배시키지 못하고 도리어 북조선에 심각한 정치 및 경제적인 파탄을 초래할 것이므로 용납될 수 없다. 현재 북조선은 남조선에 비해 무력면에서 우세한 위치에 있지 않기 때문에 대남 공격작전은 전혀 준비가 안된 상태다. 따라서 군사적 견지에서는 대남 공격작전을 허용할 수 없음을 인정하지 않을 수 없다.

정치적 측면에서 보아도 귀측은 남조선에 대한 공격을 준비하지 않았다. … (중략) … 현재로서는 남조선에서 빨치산 운동을 전개하고 전 인민적 봉기를 준비하는 데 아직 할 일이 많기 때문에 귀측에서 제기한 대남 공격은 정치적 측면에서도 준비가 되지 않았다는 것을 인정하지 않을 수 없다.

이외에도 북조선의 주도로 군사행동이 시작되어 전쟁이 지구전 성격을 띨 때 이것은 미국이 적극 개입하는 구실을 줄 수 있을 것이다.

또한 북한의 삼척 '해방구' 건설 문제와 옹진반도 점령계획 등 제한적인 공격계획도 준비가 불충분하기 때문에 승인할 수 없다고 했다. 소련은 38도선상에서 남북간의 충돌이 발생하면 이를 자세히 보고하도록 스티코프 대사에게 지시했다.

아울러 스탈린은 "한국의 통일을 위한 투쟁 과제로 첫째, 남한에서의 빨치산 활동을 강화해 해방구를 설치하고 전 인민의 무장봉기를 확산시켜야 하며 둘째, 향후 조선 인민군을 전면적으로 한층 더 강화시키는 데 최대한으로 모든 역량을 집중시키는 것이 필요할 것"이라고 강조했다. 이러한 스탈린의 지시를 통보받은 김일성과 박헌영은 초조해하면서 이를 수락했다. 그리고 그들은 남한에서 빨치산 활동을 보다 광범위하게 전개해야 할 것이라고 하면서 빨치산을 지도하기 위해 약 700명을 남파시켰다고 스티코프에게 말했다.

이처럼 소련이 김일성의 제안에 거듭 반대하는 배경에는 두 가지 이유가 있었던 것 같다. 첫째, 1949년의 시점은 미국과 소련이 유럽과 아시아에서 국제질서를 재편하고 있었던 중요한 시기였다. 아시아에서는 중국 및 인도차이나 반도에서 각각 공산당이 내전을 치르고 있는 상황이었다. 따라서 소련은 북한이 섣불리 국지전 성격의 전쟁을 일으켜 자기들의 '세계 공산화'와 같은 큰 전략을 망가뜨리지 않도록 하려는 의도를 가지고 있었던 것이다.

둘째, 스탈린은 북한의 무력도발로 인해 발생할 수 있는 미국과의 직접적인 군사적 충돌을 최대한 피하려고 했다. 이것은 두 번에 걸친 김일성의 무력통일 제의에 대한 소련의 일관된 반응을 보면 쉽게 알 수 있다. 당시 소련은 제2차 세계대전에서의 인적·물적 피해로 인해 국력의 약 30%를 상실한 상태였고 이를 복구하지 못한 상황이었다. 그러나 미국은 세계 유일의 핵무기 보유국이면서 군사력과 경제력에서 소련에 비해 월등히 우위에 있었다. 이것이 스탈린으로 하여금 미국에 대한 두려움을 갖게 만든 요인으로 보인다.

그러나 소련은 북한군에 필요한 무기와 장비의 지원, 군사고문단에 의한 부대 편성 및 훈련 지도 등을 통해 북한군의 전력증강과 전쟁준비를 적극적으로 도왔다. 이것은 한반도에 친소 정부가 성립되어야 한다는 기본전략과 국제 정치적 여건이 성숙되면 언제든지 무력 적화통일을 승인할 수 있다는 세계 공산화 전략에 따른 것이었다.

마오쩌둥의 지원 약속과 조선인 중공군의 북한군 편입

1945년 8월 제2차 세계대전 종료 후, 중국에는 하나의 통일정부가 없었다. 장제스의 국민당 정부는 일본이 점령했던 남부 중국과 동부, 서남 지역에 한정되어 있었다. 북부 중국은 마오쩌둥의 공산당이, 동북 지역은 소련이 각각 장악하고 있었다.

1946년 5월 소련이 철수한 동북 지역을 중국 공산당이 장악하자, 이에 항의하여 장제스의 국민당 군대가 쓰핑四平, 창춘長春, 지린吉林 등 도시를 점령했다. 그리고 1946년 6월 장제스가 공산당과의 정전협정 파기를 선언하며 공산당이 점령한 지역에 대해 공격을 개시하여 중국의 국공내전이 시작되었다. 국민당군은 병력 면에서 중국 공산군(중공군)보다 두 배나 많고, 병력수송은 미 해군을 이용하여 실시했으며, 미국의 장비와 보급품까지 지원을 받았다. 국민당군은 훈련과 장비, 기동성과 전투력에 있어서 중공군보다 월등히 앞서 있었다. 그럼에도 불구하고 장제스의 국민당군은 관료정치의 부패와 군벌제도의 모순 등으로 인해 마오쩌둥의 공산군에 의해 패퇴를 거듭했다.

1948년 11월부터 국민당군은 290만 명으로 약화되었고, 중공군은 300만여 명으로 전력戰力이 역전되기 시작했다. 1949년 4월 스탈린이 양쯔강의 도강을 반대했음에도 불구하고 마오쩌둥의 중공군은 성공적으로 도하를 실시하여 난징南京을 점령했다. 이러한 중공군의 진격에도 미군이 개입하지 않자, 마오쩌둥은 미국을 '종이 호랑이'paper tiger'로 간주하며 중국 공산화에 박차를 가했다. 이어 5월 27일 중공군이 상하이上海를 장악하고 장제스가 타이완으로 피신하면서 국공내전은 사실상 공산

측의 승리로 끝났다.

1949년 10월 1일 마오쩌둥은 '중화인민공화국'을 수립한 후 주석에 취임함으로써 중국이 공산화되었다. 그 과정에서 미국의 개입이 크게 작용하지 않았고, 그러한 사실이 김일성으로 하여금 6·25전쟁을 일으키는 데 자신감을 갖게 했다.

한편 북한은 중국의 국공내전 시기에 만주 지역의 중공군을 지원하기 위한 후방기지 역할을 했다. 1946년 하반기 국민당군이 남만주 일대로 진격해오자, 중공군이 단둥丹東과 통화通化에서 철수하면서 1만 8,000명의 부상병과 군인가족, 군수지원 병력을 북한 지역으로 철수시켜 보호했다. 또한 국민당군이 선양瀋陽·창춘長春에 이르는 철로 및 주요 도로를 장악하자, 단둥-신의주-난양南陽-투먼圖們, 통화-지안集安-만포-투먼圖們에 이르는 육상보급로와 다롄-남포, 나진으로 이어지는 해상보급로를 통해 1947년 7월까지 21만 톤, 1948년에는 30만 톤 이상의 물자를 만주로 수송했다. 또한 북한은 2만 톤 이상의 물자를 중공군에게 직접 지원하기도 했다.

김일성은 자신의 무력남침 제의가 스탈린의 반대에 부딪히자, 1949년 5월에 김일(중앙위원, 조선인민군 정치부 주임)을 단장으로 하는 특사를 마오쩌둥에게 보냈다. 여기에는 두 가지 목적이 있었다.

첫째는 중국의 국공내전 당시 중국 공산군에 편성된 조선인 사단들을 북한군에 편입시킬 것을 요청하는 것이었다. 이들은 중국의 동북 지역과 만주 일대에 주로 거주하던 조선인들로서 중국의 공산군으로 모집되어 장제스의 국민당군과 싸웠다.

김일성의 첫 번째 제안에 대해 마오쩌둥은 흔쾌히 동의했다. 당시 동북 지역에 주둔하고 있는 2개 사단은 즉각 보내줄 수 있고, 1개 사단은 중국의 남부 지역에 투입되어 전투 중이기 때문에 종료 후 보내주겠다고 약속했다. 마오쩌둥이 이를 수락한 배경에는 국공내전이 막바지에 이르면서 중공군을 점차 감축하고 생산인력으로 전환할 필요가 있었기 때문이기도 했다. 이에 따라 1949년 7월부터 9월까지 중공군 제164사단과 제166사단이 북한에 들어와서 북한군 제5사단과 제6사단으로 편성되었다.

김일성은 1950년 1월 김광협 등을 중국에 보내 항일전쟁과 중국내전에 참가했던 조선 국적의 병사들을 추가로 귀국시켜줄 것을 요청하여 1만 4,000명을 돌려받았다. 같은 해 4월에는 원산에서 중공군 제156사단 및 제15사단이 북한군 제12사단으로 개편되었다. 마오쩌둥은 이들을 북한에 보내면서 편제 화기와 장비를 함께 보냈다. 이처럼 실전 경험을 갖춘 조선인 중공군 6만 3,000여 명이 북한군에 편입하게 되어 남침 시 북한군의 3분의 1 전력을 차지하게 되었다. 이것은 김일성으로 하여금 남침전쟁에서 승리할 수 있다는 확신을 갖게 해준 결정적 요인이 되었다.

김일성이 특사를 보낸 두 번째 목적은 무력통일 방안에 대해 마오쩌둥의 승인을 받기 위함이었다. 이 회담에서 마오쩌둥은 "만약 한반도에서 전쟁이 발발한다면 중국은 능력이 닿는 한 모든 것을 제공해줄 것이고, 특히 조선인 사단의 무기와 보급품을 제공할 것이다"라고 하면서 김일성의 남침계획에 대해 지지를 표명했다. 그러나 마오쩌둥은 "미군을 철수시켜야 하고 일본인도 아직 돌아가지 않은 상태에서 남한을 공격하지 말고 보다 유리한 정세를 기다리자"고 했다. "현 단계에서는 남한에서 먼저 공격을 할 경우에만 북한은 자위적 조치로서 대응 공격을 해야 한다"고 마오쩌둥은 강조했다. 이와 같이 남침 시기에 대해서는 마오쩌둥의 관점도 스탈린과 정확하게 일치하고 있었다.

또한 마오쩌둥은 북한이 단기전뿐만 아니라 장기전에도 대비를 해야 하며 지역을 포기하더라도 병력은 보존해야 한다고 조언했다. 그리고 북한이 남한으로 공격해 들어가는 행동은 1950년 초 국제정세가 유리한 시점에서만 비로소 채택될 수 있다고 판단했다. 그 이유는 중국 공산당이 중국을 완전히 장악하지 못한 상태이므로 성실한 지원을 할 수 없기 때문이라고 했다. 마오쩌둥은 1950년 초가 되면 중국 공산당이 중국을 완전히 장악할 수 있을 것으로 판단했고, 이를 김일성이 남침할 수 있는 유리한 국제정세로 이야기하고 있다. 또한 중국의 북한 지원과 중공군 개입의 모든 과정은 당연히 모스크바의 승인을 받아야 가능한 것이라고 했다. 그리고 마오쩌둥은 북한이 도발한 것으로 밝혀지면 미국이 일본군을 동원하여 대응할지 모른다는 점을 우려했다.

결과적으로 마오쩌둥은 조선인 중공군 사단들을 북한군에 편입시키기로 약속했고, 김일성의 남침계획에 대해서도 조건을 달기는 했지만 원칙적인 면에서 지지함으로써 북한 당국을 고무시켰다.

그러면 마오쩌둥은 왜 김일성에게 '장차 지원'을 약속했던 것일까?

여기에 대해 중국 학자 데이비드 쑤이David Tsui는 그의 저서 『중국의 6·25전쟁 참전』에서 이념적 요인, 도의적 책무, 중국의 국가이익 등 세 가지 측면에서 분석했다. 첫 번째, 이념적 요인으로 마오쩌둥은 프롤레타리아 국제주의에 입각해서 북한을 도와주었다고 1964년에 밝혔다. "만일 그렇게 하지 않았으면 실수를 범한 것이며 더 이상 공산주의가 아니었을 것이다"라고 했다.

또 다른 관점은 마르크스 레닌주의에 따른 마오쩌둥의 전쟁관으로, "진보적인 모든 전쟁은 정의의 전쟁이며, 진보를 방해하는 모든 전쟁은 부정의 전쟁이다. 우리는 정의의 전쟁에 반대하지 않을 뿐만 아니라 적극적으로 정의의 전쟁에 참여해야 한다"라고 1938년 그의 글에서 밝힌 바 있다.

따라서 한반도의 통일을 목적으로 하는 전쟁은 북한이 먼저 도발했다 하더라도 내전으로 분류되며, 적극적인 혁명적 지원을 받아야만 하는 전쟁으로 마오쩌둥은 간주했던 것이다. 마치 중국 공산군이 장제스의 국민당군을 공격하여 중국을 공산화했던 것처럼 북한의 남침전쟁도 같은 맥락에서 합리화하려 했다고 볼 수 있다.

두 번째, 도의적 책무 면에서 마오쩌둥과 중국 공산당은 제1차 국공내전(1927~1937), 항일전쟁(1937~1945), 제2차 국공내전(1945~1949) 기간 동안 많은 조선인들이 중국의 공산혁명을 위해 자원하여 희생되었다는 사실을 고려할 때, 김일성의 요청을 거절할 수 없었을 것이다. 1950년 7월 초 평양 주재 중국 대사관 무관으로 파견되는 차이청원柴成文을 만난 저우언라이는 "김일성에게 중국인민의 감사를 전하라"고 당부하면서 "중국은 북조선이 요청할 경우 북조선의 전우를 위한 지원에 최선을 다할 것"이라고 말했다. 즉, 중국의 공산지도자들은 북한의 전우들로부터 많은 빚을 졌기에 이 빚을 갚아야만 한다는 것을 인식하고 있었던 것이다.

세 번째, 중국의 국가이익 측면으로 김일성이 마오쩌둥에게 자신의 남침 구상을 관철시키기 위해 노력하고 있던 그때 한국의 이승만 정부는 장제스의 국민당 정부와 긴밀한 관계를 유지하고 있었다. 실제 대한민국 임시정부가 1919년 상하이에서 수립된 이후, 중국의 국민당 정부는 외교적·재정적·군사적 지원을 오랫동안 제공했다.

1949년 8월 장제스는 한국을 공식 방문하여 동아시아 반공동맹을 만들자고 제안했다. 이 회담의 또 다른 주제 중 하나는 장제스의 국민당군이 한반도 남부 지역에 공군기지를 건설하여 중국을 정기적으로 공중폭격할 수 있도록 하자는 것이었다. 물론 이것은 이승만 대통령으로부터 거절당했고 회담은 결렬되었다.

이러한 사실을 종합해볼 때 마오쩌둥이 조선인으로 구성된 중공군

사단을 북한에 이양한 것, 그리고 김일성에게 장차 전쟁지원을 약속한 것은 장제스의 국민당군의 위협에 대응하기 위한 측면이 있었다는 것이다. 마오쩌둥이 생각했던 이 위협은 6·25전쟁이 발발하자 국민당군을 한반도에 투입하자는 장제스와 맥아더의 제의를 1950년 6월 말과 1951년 초에 두 번 모두 미국 트루먼 대통령이 거절할 때까지 소멸되지 않았으며, 이런 점에서 보면 마오쩌둥이 정확한 예측을 했다고 볼 수 있다는 것이다.

그러나 쑤이의 세 번째 견해는 6·25전쟁에 대한 중국의 공식적인 역사관과 무관하지 않은 것 같다. 중국은 자신들이 6·25전쟁에 개입한 것은 미국의 세 방향에서의 위협—한국, 타이완, 인도차이나—에 대응하기 위함이었다고 주장한다. 그러나 이것은 당시 중국의 상황을 종합해볼 때 무리가 있는 해석이다. 우선 타이완의 장제스가 중국 본토를 공격할 것에 대비했다는 것은 1949~1950년 국민당군과 중국 공산군의 능력을 비교해보면 가능성이 희박하다고 보아야 한다.

또한 한국을 통한 미국의 중국에 대한 위협과 관련해서는 6·25전쟁 기간 중에 국군과 유엔군이 압록강을 건너 중국에 위협을 가한다는 의도를 표명했거나, 중국 국경선 너머에 군사작전을 진개한 적이 없었기 때문에 이것 또한 억측이 아닐 수 없다. 또 미국 트루먼 대통령은 1950년 9월 1일 연설에서 한국전쟁의 어떠한 확대도 예방할 것을 촉구하면서 "우리는 타이완이나 아시아의 어느 부분도 우리들 자신을 위해 획득하려는 뜻이 없다"고 분명하게 밝힌 바 있다.

그리고 당시 미국이 베트남 전쟁에 개입하는 상황은 아니었다. 베트남에 대한 미국의 군사적 개입은 1964년 8월 통킹만 사건Gulf of Tonking Incident 이후 시작되었다. 따라서 마오쩌둥이 세 방향에서 중국에 대한 미국의 위협에 대응하기 위해 6·25전쟁에 개입했다고 하는 것은 역사를 결과론적으로 해석하려는 중국의 입장이라 할 수 있다.

아무튼 북한의 남침이 결정되는 과정에서 중국의 개입은 알려진 것보다 훨씬 이전부터 이루어졌다는 사실을 확인할 수 있다. 1949년 5월 초 김일성의 특사가 중국을 방문하여 김일성의 남침계획을 설명하는 자리에서 마오쩌둥은 조선인 중공군을 북한군에 편입시키는 것을 수락했고, 남침전쟁이 발발하면 북한을 지원하겠다고 약속하는 등 6·25전쟁의 최초 검토 단계부터 깊숙이 개입했던 것이다.

스탈린과 마오쩌둥의 남침계획 승인과 전쟁지원 보장

1949년 12월 16일부터 이듬해 2월 17일까지 마오쩌둥은 모스크바를 방문하여 스탈린과 회담을 갖고 '중·소 우호동맹상호원조조약', '창춘 철도·뤼순 및 다롄에 관한 협정', '차관 협정' 등을 체결했다. 이 회담이 진행되던 1950년 1월에 스탈린은 김일성의 남침 제의를 승인하기로 마음을 바꾸었다.

1950년 1월 19일 스티코프 북한 주재 소련대사가 스탈린에게 전한 보고에 의하면 "김일성은 북한의 무력남침 계획과 관련하여 스탈린을 다시 만나기를 희망하고 있다. 자신이 모스크바를 방문했을 때 스탈린은 이승만의 군대가 북쪽으로 공격하는 상황에서 그 공격에 반격만 하면 된다고 했는데, 이승만은 지금까지 공격을 가해오지 않고 있으니 통일에 시간이 오래 걸릴 것이다"라고 하면서 스탈린과의 두 번째 면담을 원한다고 했다. 이에 대한 1월 30일 답신에서 스탈린은 "김일성이 남조선 해방에 관해 회담을 원한다면 언제든지 만나 이야기할 의향이 있다. 이 뜻을 김일성에게 전하고 그를 도와줄 용의가 있다고 말하라"고 지시했다. 다만 그것은 비밀회담이어야 한다는 점을 강조했다.

또한 소·중 회담 직후 스탈린이 스티코프에게 하달한 전문에 의하면

●●● 마오쩌둥이 1949년 12월 21일 스탈린의 70회 생일에 초대되어 모스크바를 방문해 스탈린과 함께 발레 공연을 관람하는 모습

"마오쩌둥 동지와의 회담에서 우리는 북조선의 군사력과 방어능력을 증대시키기 위해 이를 도울 필요성과 방안에 대해 논의했음"을 통보했다. 따라서 스탈린과 마오쩌둥이 북한군의 전력 증강과 관련하여 협의했음을 알 수 있다.

더군다나 마오쩌둥은 회담이 진행되고 있는 1950년 1월 초 중공군 제4야전군 예하 7개 사단 10만여 명의 병력을 북한과 인접한 중국의 북부와 동북 지역으로 서둘러 이동시킬 것을 지시했다. 왜냐하면 한반도에서 전쟁이 일어나면 미국에 의해 일본군이 지원군으로 투입될 것이고 그 규모는 약 6~7만 명이 될 것으로 판단했기 때문이었다. 이것 또한 이회담에서 두 사람이 김일성의 남침계획에 대해 심도 있는 논의를 했다는 것을 방증하는 것이기도 하다.

이처럼 마오쩌둥이 모스크바에서 스탈린과 회담하는 도중에 북한의 남침에 대한 지원과 관련하여 실제적인 조치를 취한 배경에는 두 가지 측면이 있었다. 첫째, 신생 중국으로서는 경제회생과 안정적 정권유지를 위해 소련의 지원이 절대적으로 필요했고, 이를 위해 소·중 우호협력이 요구되었던 것이다. 이러한 소련과의 관계회복을 위해서 마오쩌둥은 스탈린과의 악연을 해소할 필요가 있었다.

1940년 초 독일과의 전쟁에서 압박을 받고 있던 스탈린은 중국 공산군에게 소련의 극동 지역을 일본이 위협하지 못하도록 일본 관동군을 공격하라고 지시했다. 이어 모스크바는 1941~1942년 스탈린그라드 전투Battle of Stalingrad를 치르면서 중공군이 더 적극적으로 공격하기를 반복해서 요청했다. 그러나 마오쩌둥이 이를 냉정하게 거절함으로써 비롯된 스탈린과의 불신관계를 회복하기 위해서는 실질적인 행동 조치가 필요했던 것이다. 이에 따라 마오쩌둥은 중국이 북한의 남침전쟁을 확실히 지원할 것이라는 것을 보여주기 위해 조선인 중공군을 북한군에 편입시키고, 대규모 중공군을 북한과의 국경 지역으로 이동시켰던 것이다.

실제 스탈린이 마오쩌둥을 제2의 티토 정도로 평가했던 것을 회복하게 된 것은 중국이 6·25전쟁에서 북한을 지원하고 난 이후였다고 마오쩌둥과 저우언라이가 회고하고 있다.

그리고 1950년 2월 스탈린은 중국에 50개 산업프로젝트를 제공하겠다고 약속했고, 스탈린 사망 후 소련 지도자들도 1953년에 91개, 1954년에 15개 등 총 156개의 산업프로젝트를 지원했다. 이와 같이 소련이 중국을 지원한 산업프로젝트는 중국이 산업화하는 데 핵심적인 역할을 했다.

또한 1950년 10월 중국이 한반도에 개입하기로 한 이후 중공군은 100개 보병사단에 달하는 장비를 소련으로부터 제공받았다. 그리고 스탈린은 중공군의 공군과 해군력의 건설과 군수산업 발전에도 많은 도움을 주었다.

두 번째는 세계 공산화 전략에서 소련과 중국의 역할 분담 부분이다. 스탈린은 1949년 8월 중국 공산당의 정치국원이며 중앙위원회 위원인 류사오치劉少奇의 모스크바 방문 시 "중국 공산당은 이제 동아시아 각국의 혁명에 대한 책임을 지고 이행해야 한다"고 하면서 아시아 지역의 공산화에 대한 중국의 역할을 강조했다. 이것은 스탈린이 김일성의 남침 제의를 승인하면서 반드시 마오쩌둥의 사전 동의를 받도록 한 것에서도 나타났고, 비슷한 시기에 중국이 북베트남을 지원했던 사실 또한 이러한 견해를 뒷받침한다고 할 수 있다.

1950년 4월 김일성은 모스크바를 방문하여 스탈린과 비공개 회담을 가졌다. 여기에서 스탈린은 "국제환경이 유리하게 변하고 있음을 언급하고 북조선이 선제 남침공격을 개시하는 것에 동의"했다. 다만, 이 문제의 최종 결정은 "중국과 북조선에 의해 공동으로 이루어져야 하며 만일 중국 측의 의견이 부정적이면 새로운 협의가 이루어질 때까지 결정을 연기한다"고 했다.

스탈린이 김일성의 남침계획을 조건적으로 수용함에 따라 김일성과 박헌영은 5월 13일 베이징北京의 마오쩌둥을 방문하여 스탈린과의 회담 결과를 설명했다. 이때 마오쩌둥은 이 내용에 대해 스탈린으로부터 직접 듣고 싶다고 했다. 스탈린은 이튿날 주중 소련대사 로신N. V. Roshin을 통해 다음과 같이 답신했다.

마오쩌둥 동지!
북조선 동무들과 회담에서 우리 동지들과 본인은 국제정세가 변화했으므로 통일 과업을 수행하겠다는 북조선 동무들의 의견에 동의한다고 말했다. 그러나 중국과 북조선 동무들이 함께 최종적인 결정을 해야 하며 중국 동무들이 찬동하지 않는다면 다시 조선 통일 문제를 검토할 때까지 연기해야 한다는 단서 조건을 붙였다. 자세한 회담 내용은 북조선 동무들이 귀하에게 이야기할 것이다.

필리포프(스탈린의 가명)

여기서 말하는 국제정세의 변화는 마오쩌둥의 중국 공산당 정권 수립(1949년 10월), 주한 미군의 철수(1949년 6월)와 미 국무장관 애치슨Dean Gooderham Acheson의 미국 극동방위선에서 한국 제외 발표(1950년 1월), 남한 내의 좌익폭동 등이었을 것이다. 또한 스탈린은 1949년 8월 소련이 핵무기 실험에서 성공한 것도 고려했을 것이다.

김일성은 마오쩌둥과의 회담에서 세 단계 목표 실현 계획을 제시했다. 1단계로 38도선 근처의 병력 증강과 집중, 2단계로 한국에 평화통일 제의, 3단계로 한국이 이 제의를 거부하면 남침을 개시한다는 것이었다. 이 설명을 들은 마오쩌둥은 중국이 타이완을 먼저 함락시킨 후에 당신들의 나라를 통일하는 데 도움을 주고 싶었다고 말했다. 그러나 이 계획이 모스크바로부터 승인되었기 때문에 한반도 통일 문제를 우선시한다고 말하면서 "중국과 북조선은 공동의 혁명 임무를 수행하는 것이기 때문에 필요한 협조를 제공하겠다"고 약속했다.

그리고 북한 국경지대에 중공군을 배치하는 것과 무기와 탄약이 필요하지 않느냐고 물었다. 그러나 김일성은 이러한 마오쩌둥의 제안에 대해 감사를 표했지만 받아들이지는 않았다. 이미 모스크바가 모든 필요한 원조를 제공하겠다고 약속했기 때문에 추가 지원은 불필요하고 다만 스탈린의 지시에 따라 마오쩌둥의 동의만 받으면 되는 것으로 여겼다. 결국 김일성 일행은 스탈린의 남침 승인 조건인 마오쩌둥의 동의를 얻고 5월 16일 평양으로 복귀했다.

이러한 북한의 남침전쟁 협의 과정에서 김일성, 스탈린, 마오쩌둥은 한반도에서 전쟁이 발발하면 미국이 일본군을 투입시킬 수 있다고는 예상했지만, 대규모 미 지상군이 투입되지는 않을 것으로 판단했다. 그렇다고 미군의 투입 가능성을 완전히 배제한 것은 아니지만, 그 가능성이 낮다고 본 것이다. 마오쩌둥은 만일 미국이 그렇게 한다면 중국은 지원부대를 파견하여 도울 것이라고 김일성에게 약속했다.

그러나 『스탈린Stalin』을 저술한 드미트리 볼코고노프Dmitri Volkogonov가 평가한 것처럼 스탈린은 '지극히 신중한 정치가'였기 때문에 미국의 개입까지 염두에 두었는지도 모른다. 중국을 전면에 내세웠던 것도 그러한 경우의 수를 염두에 두고 미국과 중국의 충돌까지 계산한 것인지 명확히 알 수는 없다. 다만 김일성이 호언한 대로 "북조선군이 한 달 이내에 남한 지역을 속전속결로 장악한다면 미군이 투입되기 이전에 전쟁을 종결할 수 있을 것"으로 판단했던 것이다.

소련의 북한군 증강 지원과 남침계획 수립

1950년 2월 소·중 회담 직후 소련은 북한군 추가 3개 사단용 각종 장비 및 탄약을 북한에 지원하기 위해 1951년에 계획한 차관 1억 3,000만 루블을 앞당겨 제공하기로 했다. 이에 대해 김일성은 지하광물로 지불하기로 했다.

지하광물	톤수	시가
황금	9톤	5,366.29만 루블
백은	40톤	488.76만 루블
몰리브덴 정광	1만 5,000톤	7,950만 루블
계		1억 3,805만 루블

김일성으로부터 전략적 물자를 제공받은 스탈린은 감사를 표하고 군사 분야에서 김일성의 요구사항을 완전하게 이행할 것을 약속했다. 그러면서 전쟁물자와 장비가 소련에서 북한으로 계속 들어갔고 북한군의 전쟁준비가 착착 이루어졌다.

이렇게 소련에서 공급한 무기와 장비로 편제된 북한군은 소련군 장교들로부터 훈련을 받았다. 1950년 전쟁 직전의 북한군은 육군 10개 보병사단, 해군 3개 위수사령부, 공군 1개 비행사단 규모로 성장했다.

김일성은 1950년 4월에 소련에서 돌아와 남침공격계획을 수립하라고 북한군 총참모부에 지시했다. 그러나 남침공격계획은 제2차 세계대전 참전 경험이 있는 소련 군사고문단장 바실리예프 중장이 중심이 되어 소련군 고문관 10여 명이 모여 전쟁계획과 북한군 운용계획을 1950년 5월 29일에 완성했다.

이 계획은 6월 16일 소련대사 스티코프를 통해 스탈린의 승인을 받은 후 남침공격 일자가 6월 25일로 정해졌다. 스티코프가 16일 스탈린에게 보낸 전문은 아래와 같다.

대남 군사작전을 위한 준비는 5월에 소련에서 추가로 도입한 무기와 장비가 도착하자, 김일성은 새로 편성된 사단을 점검하고 6월 말까지 작전준비를 완료하라고 지시했다. 북조선 인민군 사령부가 소련 군사고문단장 바실리예프 중장과 함께 총괄적인 계획을 수립했고 김일성이 이를 결재했다. 부대편성은 6월 1일까지 완료하고 6월에 인민군을 총동원시켰다. 김일성은 38도선에서의 공세는 6월 말경으로 예정했다. 더 연기하면 공격계획이 남조선에 알려지고 7월에는 우기가 시작되기 때문이다. 각 작전 지역에 6월 8~10일까지 병력을 배치했다. 6월 15일에는 세부적인 작전계획이 준비되었다. "첫 공격은 6월 25일 새벽에 옹진반도를 시작으로

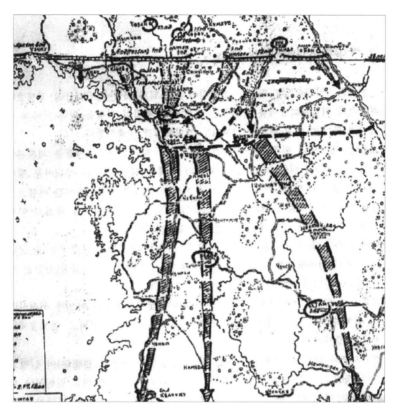

●●● 북한군 남침계획 요도

서해안을 집중 타격해 서울을 점령하고 한강을 장악하며 동시에 동부 지방에서는 춘천과 강릉을 해방시킬 계획이다."

6월 21일 스티코프는 김일성이 남침공격계획의 일부를 변경했다고 보고했다. 김일성은 "6월 25일에 38도선 전 지역에서 동시에 공격을 하겠다"는 것이었다. 스탈린은 이를 즉각 승인했다.

북한의 남침공격계획은 1개월 기간 동안에 3단계 작전을 실시하여 남한 전체를 점령하는 것으로 되어 있다. 이 계획에 의하면 북한군은 일일 15~20km를 진격할 수 있고, 작전 기간 22~27일 이내에 중요한 군사행동이 완성될 수 있다고 판단했다. 소련 군사고문단이 북한군 사단에 이 계획을 하달한 것은 공격 개시 5일 전인 6월 20일이었다.

- 제1단계: 국군의 방어선 돌파 및 주력 섬멸 단계로서 3일 내에 서울을 점령한다. 수원-원주-삼척 선까지 진출한다.
- 제2단계: 국군 증원병력 격멸 및 전과확대 단계로서 군산-대구-포항 선까지 진출한다.
- 제3단계: 남해안 진출 및 국군 잔적소탕 단계로서 부산-여수-목포 선까지 진출한다.

북한 김일성의 남침계획은 1950년 8월 15일 광복 5주년 기념식을 통일된 공산 정권을 수립하여 서울에서 한다는 것이었다. 즉, 6월 25일 전면 공격으로 서울을 신속히 점령하여 한국 정부를 전복시킨 다음, 북한군을 빠르게 남해안까지 진출시켜 미군의 한반도 상륙을 막아 1개월 내에 전쟁을 종결한다는 목표를 설정했던 것이다.

이렇게 하여 북한의 김일성과 소련의 스탈린, 중국의 마오쩌둥이 공동으로 계획한 6·25 남침전쟁의 결정과 공격준비가 완료되었다.

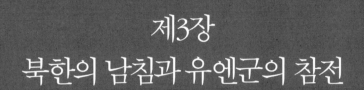

제3장
북한의 남침과 유엔군의 참전

1. 암호명 '폭풍': 북한군의 6·25 기습 남침공격

1950년 6월 25일 새벽 4시를 전후하여 38도선 전 전선에서 북한군 대포와 박격포가 일제히 남쪽 국군을 향해 사격을 시작했다. 초여름 비가 부슬부슬 내리는 가운데 북한군은 20~40분간의 공격준비사격을 실시한 후에 서쪽의 옹진반도로부터 개성, 동두천, 포천, 춘천, 주문진에 이르는 38도선 전 지역에서 지상 공격을 개시했고, 강릉 남쪽의 정동진과 임원진에 북한군 육전대와 유격대가 상륙했다.

소련제 무기와 장비로 무장하고 사단 기동훈련까지 마친 북한의 군사력은 육군이 10개 보병사단(제1·2·3·4·5·6·10·12·13·15사단)과 제105전차여단, 제603모터사이클연대, 독립포병연대, 독립 고사포연대, 통신·공병·경비연대, 4개 경비여단, 3개 군사학교 등으로 편성되어 있었으며, 총병력이 17만 5,200명이었다. 해군은 T-5급 어뢰정 5척, 예인선 3척, 250~800톤급 함정 7척, 2,000톤급 수송선 1척, 2개 육전대, 해안 방어 포병연대, 고사포연대, 해군 군관학교 등으로 편성되어 총병력은 1만 297명이었다. 공군은 1개 항공사단으로 전투기 84대, 저공습격기 113대, 기타 항공기 29대 등 총 226대를 보유하고 있었으며, 총병력은 2,800명이었다.

국군의 전력은 육군이 8개 보병사단(제1·2·3·5·6·7·8·수도사단)이었으며, 이 중 4개 사단은 각각 1개 연대씩 미편성되어 있었다. 사단의 전투준비 상황은 대대급 전술훈련을 다 마치지 못하여 주한미군사고문단이 분석한 자료에 의하면 전투력이 50% 미만 수준이었다.

전쟁 발발 당시 38도선에 배치된 부대는 4개 사단(제1·7·6·8사단)이었고, 제17연대가 옹진반도를 방어하고 있었다. 나머지 사단은 1948년 11월부터 1950년 3월까지 10차례에 걸쳐 북한에서 남파한 '인민유격대'

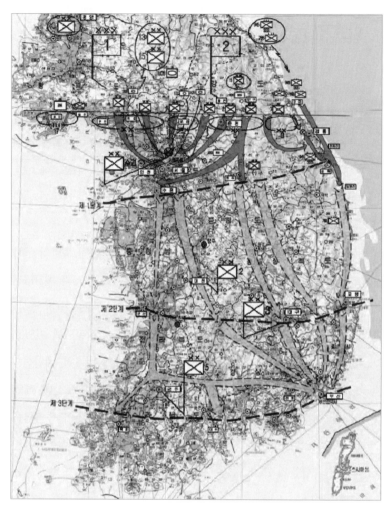

●●● 북한군의 전쟁계획

와 남한 내의 남로당 게릴라들을 토벌하기 위해 오대산, 지리산 등에 투
입되어 있었다.

한편 사회 각 분야에 침투한 공산주의 세력들은 1949년 3월 김일성
과 박헌영이 모스크바 방문 시 스탈린에게 말했던 것처럼 군 내부까지
침투해 있었다. 이러한 군내 공산주의자들이 반란사건과 월북사건 등을

일으키자 이들을 솎아내는 숙군작업이 진행되었다. 1948년 10월 여순 사건을 계기로 문제의 심각성을 인식한 정부는 1948년 12월 1일 국가보안법을 제정했다.

숙군작업은 이듬해 1월 20일부터 1954년 10월까지 7차에 걸쳐 단행되었는데, 이때 처벌을 받은 인원이 1,677명(군인 1,120명, 군무원 31명, 군관계 민간인 526명)에 달했다. 6·25전쟁 발발 이전까지 4차에 걸쳐 단행된 대규모 숙군작업에서는 1,327명을 식별하여 주모자와 단순 가담자를 구분하여 처벌했다. 이러한 숙군작업을 통해 6·25전쟁 초기 국군이 내부 혼란을 방지하고 전투임무를 수행할 수 있었다.

1948년 11월부터 시작된 38도선 인근 지역에서 계속된 북한의 도발에 따라 국군은 1950년 3월에 방어계획을 확정했고, 사단 방어계획이 5월까지 완성됨에 따라 방어준비가 시작되었다. 사단마다 다소 차이가 있으나 38도선 주요 경계진지에는 콘크리트나 통나무로 만든 유개호가 구축되었고, 일부 지역에는 철조망과 대인지뢰가 매설되었다. 그러나 일선형의 선방어진지가 주로 구축되었고 종심방어진지(다중방어진지) 편성이나 적 전차 방어대책은 전무한 상태였다.

6·25전쟁 직전의 국군이 보유한 병력과 장비는 북한군에 비해 현저하게 부족했다. 특히 주요 축선별로 투입된 국군과 북한군의 전투력 비율을 비교해보면, 북한군의 주공 방향인 철원-의정부-서울 축선의 경우는 1 대 4.4였으며 개성-문산-서울 축선의 경우는 1 대 2.2로 국군이 열세했다. 조공 방향인 화천-춘천과 인제-홍천 축선의 경우는 1 대 4.1이었고 양양-강릉 축선의 경우는 1 대 2.5로 역시 국군이 열세했다. 설상가상으로 전방 사단의 많은 병사들이 농번기 휴가를 갔고, 주말에 외출한 병력이 많아 실제 북한군이 공격을 개시한 일요일(6월 25일) 새벽의 실제 전투력 비율은 의정부-서울 축선이 1 대 7.1이었고, 문산-서울 축

선이 1 대 4.2로 훨씬 더 열세해진 것으로 분석되었다.

전력의 내용 면에서 볼 때 북한군의 무기와 장비는 소련으로부터 도입한 신형 장비로, 전투예비량까지 확보되어 있었다. 반면에 국군은 대부분 미군이 철수하면서 인계한 것들로, 제2차 세계대전 때 사용하던 노후 장비였다. 수리부속품도 부족하여 병기 장비의 약 15%가 작동할 수 없는 상태였다.

또한 해·공군의 전력도 매우 빈약했다. 해군은 JMS(소해정) 10척, YMS(소해정) 15척, PC(구잠함) 4척 등 군함 36척을 보유했고, 병력은 6,956명(해병대 1,241명 포함)이었다. 공군은 T-6기 10대, L-5기 4대, L-4기 8대 등 훈련기와 연락기만 총 22대를 보유하고 있었고, 전투기와 폭격기는 단 1대도 없었으며, 병력은 1,897명이었다. 이 중 훈련기 10대는 국민들의 헌금으로 1950년 5월에 캐나다에서 구입한 것이었다.

이렇게 전력이 상대적으로 열세한 상황에서 북한군이 기습남침을 감행하여 파죽지세로 밀고 내려왔다. 개전 3일 만에 개성-문산 축선과 의정부 축선이 돌파되면서 대한민국의 수도 서울이 적의 수중에 넘어갔다. 다행히 춘천-홍천 축선에서 북한군 제2군단의 공격을 3일 이상 지연시키면서 가평-서울 동남부 방향으로 진격하여 국군을 포위 섬멸하려던 적의 기도를 차단함으로써 국군은 전열을 가다듬어 한강 방어선을 형성할 수 있었다.

한편 북한은 6월 25일 오전 11시경 평양방송을 통해 "남조선이 북침했기 때문에 자위 조치로서 반격을 가해 전쟁을 시작했다"는 내용의 허위선전을 유포하기 시작했다. 이어 오후 1시 35분에는 김일성이 직접 방송을 통해 "남조선이 북조선의 모든 평화통일 제의를 거절하고 이날 아침 옹진반도에서 해주로 북조선을 공격했으며, 이는 북조선의 반격을 가져왔다"고 발표했다.

●●● 전차를 앞세우고 남침 중인 북한군

　북한은 치밀한 사전 준비에 따라 남침공격을 해놓고도 책임을 남한에 떠넘기려는 전형적인 공산주의의 선전선동전술을 구사했던 것이다. 그러나 이러한 것이 모두 허위라는 사실이 러시아의 6·25전쟁 관련 비밀외교문서가 공개되면서 더욱 명확하게 드러나게 되었다. 1950년 6월 26일 주 북한 소련대사 스티코프가 소련군 총참모부에 보고한 보고서를 보면 전쟁 개시 단계의 진실된 상황이 상세하게 설명되어 있다.

　조선인민군의 군사행동 준비와 진행 과정에 대해 보고합니다. 인민군은 38도선 지역에 6월 12일 집결을 시작하여 6월 23일 완료했습니다. 각 부대의 이동은 조직적이었고 의외의 상황은 발생하지 않았습니다. 각 사단의 작전계획 작성과 지형정찰 과정에는 모두 소련 고문관이 참여했습니다. 전투를 위한 모든 준비는 6월 24일에 완성되었으며, 이날 각 사단장에게 '공격개시일'과 '공격개시시간'에 관한 명령이 내려졌습니다. (중략)
각 부대는 6월 24일 24시 공격출발진지로 진입했습니다. 군사행동은 현지시간 04시 40분에 시작되었습니다. 공격 전 공격준비사격은 20~40분간 실시되었는데, 여기에는 10분간의 정조준 포격이 포함되어 있습니다. 이어 보병들이 행동에 들어갔고 신속히 전개하여 공격했습니다. 공격이 시작된 지 3시간 후, 각 부대와 군단은 3~5km 추진되었습니다. 인민군의 공격은 완전히 기습이었습니다.

남조선군은 겨우 옹진, 개성 그리고 서울 방향에서 완강한 저항을 할 뿐이었습니다. 비교적 조직적인 저항은 12시간이 지난 이후에야 비로소 시작되었습니다. 전투 첫날 점령한 도시는 옹진, 개성, 송우리입니다. (중략)

이 첫날, 북조선 해군 2개 상륙부대가 동해 연안에 상륙했습니다. 강릉과 울진 지구에 각각 1,000명과 600명의 유격대원이 6월 25일 05시에 순조롭게 상륙했습니다.

6월 26일 인민군은 계속 진격하여 전투를 치르면서 남조선 영토 종심 깊숙이 계속 추진되었습니다. 6월 26일 하루 동안 옹진반도와 개성을 철저히 소탕했습니다. 인민군 제6사단은 강습 도하하여 김포공항 방면의 거점을 확보했습니다. (후략)

이상의 정황은 소련이 북한의 남침공격을 계획, 준비, 실시하는 과정에 깊숙이 참여했음을 나타내고 있다. 다만 미국의 간섭을 유발시키지 않도록 하고 세계 여론의 질타를 피하기 위해 스탈린은 이를 철저하게 은폐하고자 했던 것이다. 전쟁 개시 5일 전 김일성이 공격 및 상륙에 필요한 함정을 조종할 소련 고문관 10명을 요청했으나, 스탈린은 이를 거절했다. 또한 스탈린은 북한군이 남침공격을 시작하면 전선부대에 있는 모든 소련 군사고문관들은 철수하라고 지시했다. 혹여 소련 군사고문관들이 전선에 투입되어 포로가 될 가능성을 차단하기 위함이었다.

그럼에도 불구하고 6·25전쟁 초기 북한군에 배속된 소련 군사고문단은 극비리에 38도선 접경 지역에서 국군의 무선통신 내용을 감청하는 소련군 부대를 운용했다. 이 사실은 1950년 10월 북진 과정에서 노획한 '무르친Murzin 중위의 감청보고서'를 통해 알려지게 되었다. 이러한 감청 결과를 통해 국군의 부대이동과 작전상황을 정확히 파악하여 이를 북한 군에 제공함으로써 초기 전투에서 국군이 많은 어려움을 겪게 되었다. 이것은 소련이 6·25전쟁 준비단계부터 작전계획의 수립, 남침 공격작전 실시 등 전 단계에 이르기까지 개입했음을 입증하는 것이다.

2. 국군의 초기 방어와 서울 함락

지상군 및 해·공군과 경찰의 대응

1950년 6월 25일 전면적 남침을 개시한 북한군은 제1단계 작전 목표를 '서울 점령과 국군 주력의 격멸'에 두고 서울, 수원, 원주, 삼척에 연하는 선까지 진출하기로 했다. 북한군의 주공인 제1군단은 연천-동두천-포 천과 철원-운천에서 의정부-서울에 이르는 축선과 개성에서 문산-서울 로 이어지는 접근로에 전투력을 집중했다. 조공인 북한군 제2군단은 화 천-춘천 접근로에 중점을 두고 국군의 38도선 방어진지를 돌파했다.

당시 국군은 제17연대가 옹진반도에, 제1사단이 청단-연안-개성-고 랑포 정면에, 제7사단이 동두천-포천 정면인 중서부에, 제6사단이 가 평-춘천-어론리 정면의 중동부 산악 지역에, 제8사단이 동해안 지역에 각각 배치되어 있었다. 또한 후방 지역의 치안유지와 공비소탕작전을 위 해 수도경비사령부와 독립 기갑연대가 서울에 배치되어 있었고, 제2사 단이 청주, 대전, 온양에, 제3사단이 대구, 부산 지역에, 제5사단이 전주, 광주 등지에 분산 배치되어 있었다.

북한군은 강력한 화력지원 하에 전차를 앞세우고 물밀 듯이 밀려왔

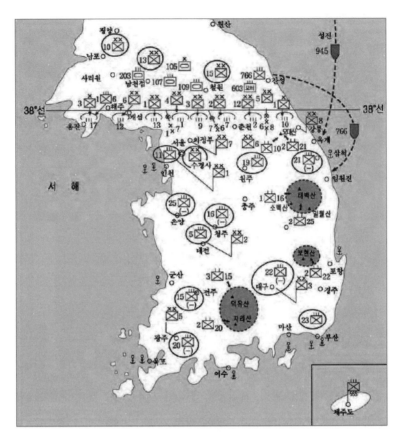

●●● 6·25전쟁 초기 전선 상황

다. 북한군의 전차를 파괴시킬 수 있는 대전차화기를 갖추지 못한 국군은 육탄으로 적 전차를 저지하기도 했지만 한계가 있었다. 또한 북한군의 야크^{Yak} 전투기 4대가 25일 오전 10시에 서울 상공에 출현하여 용산역, 서울 공작창, 통신소 등에 기총소사를 하고 폭탄을 투하하여 서울 시민들을 불안에 떨게 했다.

이처럼 북한군은 옹진반도에서 동해안에 이르기까지 약 300km의 38도선 전 전선에서 일제히 남침했으나, 아군은 최초 적의 공격 상황을 정확하게 파악하지 못했다. 육군본부는 적이 동두천과 포천 일대에서 보병·전차·포병의 협조된 공격으로 급속히 밀려오고 있다는 긴급보고가 올라온 후인 05시 30분에 전군에 비상령을 하달했다. 채병덕 총참모장이 신성모 국방장관에게 적의 침공 상황을 보고한 것은 07시였다. 적의 공격준비사격으로 통신선이 두절되어 각 부대 간 연락이 단절된 곳이 많아 전방 상황을 정확하게 파악하는 것이 어려웠다.

이에 따라 당일 10시에 총참모장 채병덕 소장은 의정부 지구의 제7사단 사령부를 방문하여 전황을 파악하고, 서울에 있는 부대를 즉각 투입하고 후방에 있는 3개 사단(제2·제3·제5사단)을 전방 지역으로 이동하도록 명령을 하달했다. 북한군이 남침함에 따라 비상소집이 시작되었지만, 장병들의 부대복귀는 신속하게 이루어지지 않았다. 서울을 비롯한 주요 도시에서 가두방송을 실시하고 정규방송을 통해서도 독촉했지만 전선에서는 북한군과 맞서 싸울 병력과 장비가 부족하여 전선은 무너지기 시작했다.

초기 북한군은 기습과 기동, 집중돌파를 실시하여 4~5km의 아군 후방진지까지 공격했고, 아군은 최초 주저항선을 적에게 내준 채 임시 방어선으로 철수할 수밖에 없었다.

해군은 25일 09시에 해군본부 작전명령 갑 제18호를 하달하여 서해의 제1정대와 동해의 제2정대 및 각 경비부에서 해상 경계를 강화하고 적 상륙에 대비했다. 개전 초 해군은 제1(인천)·제2(부산)·제3(목포)함대 및 훈련함대(여수, 진해)가 근해에 출동하여 철수작전 지원과 적 게릴라부대 상륙을 저지하는 데 기여했다. 특히 제2함대는 진해의 훈련함대와 합동으로 동해와 남해에서 작전을 하던 중 백두산함이 6월 25일 밤 20시경 부산 동쪽 50km 해상의 대한해협에서 적 게릴라부대 요원 600명을 태운 1,000톤급 대형 선박을 발견하고 끈질긴 추격 끝에 26일 새벽 01시경 격침시켰다. 이로써 개전 초기 부산으로 상륙하여 대한민국 최대의 항구도시를 교란시키려는 적의 계획은 수포로 돌아갔다. 부산항은 대한민국이 필요로 하는 모든 전쟁물자를 들여올 수 있는 곳이었다. 실제로 전쟁 기간 동안 미군과 유엔군의 병력과 장비가 대부분 부산항을 통해 들어왔다. 북한군으로서는 뼈아픈 초기 전투 손실이었고, 6·25전쟁의 승패를 가늠할 수 있을 정도로 결정적인 작전 실패였다.

그러나 제2함대는 정동진(강릉 남쪽 15km)과 임원진(울진 북방 20km) 근해에서 6월 25일 새벽 05시경 상륙하는 북한군 제945육전대와 제766 게릴라부대를 저지하지는 못했다. 6월 26일 인천의 제1함대는 옹진지구의 국군 제17연대의 해상철수를 지원했다.

국군 공군은 여의도·김포·수원·대전·대구·군산·진해·김해 등에 기지를 두고 있었으나, 항공기는 겨우 22대를 보유하고 있었다. 공군은 25일 10시에 전투태세로 돌입하여 T-6 및 L형 항공기로 적의 접근로에 대한 정찰임무를 담당했다. 개전 초기 미 공군이 투입되기 전까지 제공권이 적에게 있었기 때문에 북한의 야크 전투기가 25일 12시에 김포와 여의도 비행장을 폭격했다. 우리 공군기들은 즉각 출격하여 문산 지역과 동두천, 포천, 의정부 지역의 북한군 보병, 차량, 그리고 보급품 등을 폭격했다. 26일에도 국군 공군 조종사들은 맨손으로 폭탄을 투하하는 등 사력을 다해 전방 지원을 하다가 27일부터는 한강 방어선에 투입되었다.

한편 이승만 대통령과 맥아더 원수 간의 합의에 따라 공군은 F-51기(머스탱Mustang) 10대를 미 극동공군사령부로부터 인수하여 가장 먼저 한강 방어선 작전에 투입했다.

국립경찰은 6월 10일 경찰사령부(내무부 치안국)가 판단한 '북한의 대거 남침 징후 포착'에 따라 38도선 일대의 경찰에 대해 갑호 비상경계령을 하달했다. 그러나 당시 경찰의 지휘권이 경찰사령부에 있었기 때문에 초기에 군경협동작전이 원활하게 이루어지지는 않았다. 이후 "각 전투경찰대대는 해당 지역의 군부대와 협조하라"는 지시를 하달하여 이 문제를 해소시켰다.

6월 26일 의정부 지역에 역습을 실시할 때 서울시경 소속 1개 전투경찰대대가 군에 증원되어 육사 생도대대와 함께 퇴계원 지역에 투입되었고, 부평 지구의 전투경찰대대가 김포지구전투사령부와 협조하여 방어작전을 수행하기도 했다. 그러나 경찰은 후방 치안과 주요 시설 경비임무를 주로 담당했다.

옹진반도와 개성–문산 지역 방어

옹진반도에서 개성–문산 축선에 이르는 서부 지역은 국군 제17연대와 제1사단이 압도적으로 우세한 전력을 갖춘 북한군 주력부대를 한강선 이북에서 저지하기 위해 혈전을 치른 전역이었다.

옹진반도의 국군 제17연대는 45km의 넓은 정면을 담당하고 있었다. 이곳은 6·25전쟁 이전에도 북한군의 무력도발이 많았고, 제17연대는 그때마다 적을 격퇴했다. 남침 전날 백인엽 연대장의 지시로 전방의 전 병력이 진지에 투입되어 경계에 임하고 있었다. 그러나 북한군 제3경비여단과 제6사단 1개 연대가 협공했고, 122mm 곡사포 등 196문의 각종 포로 무장한 1만 1,000여 명에 이르는 적을 1개 연대가 상대하기에는 역부족이었다. 북한군은 25일 새벽 04시에 공격준비사격을 실시하고 서측부터 공격을 개시했다. 제17연대는 적의 움직임에 따라 경계태세를 강화하고 있었지만 ,전면적 공격은 예상하지 못했다. 적은 SU-76 자주포(직사포)와 장갑차를 앞세워 오후 13시에 제17연대의 주방어선을 돌파했다. 제17연대는 돌파된 지역에 역습을 실시하는 등 완강하게 저항했다. 그러나 26일 01시 해군 LST-801함과 민간선박 대성호의 지원을 받아 해상으로 철수하기 시작했다. 이들은 27~28일 인천을 경유, 수원에 집결하여 육군본부의 예비가 되었다.

한편 북한은 소위 '북침'을 주장하면서 그 근거로 해주 진공설, 옹진 포격설 등을 예로 들고 있다. 먼저 '해주 진공설'은 국방부가 6월 25일 "옹진의 제17연대가 해주로 돌입했다"고 잘못 발표한 것이 화근이었다. 이것은 당시 연합신문사 최기덕 기자가 옹진의 북한군 침공 상황을 취재하고 서울로 돌아와서 국방부 보도과장 김현수 대령을 만나 연대장과의 대화 내용을 전했는데, 그 내용을 방송하는 과정에서 '해주 진격'으로 와전되었던 것이다. 이것은 북한의 기습남침으로 불안해하던 국민들을 일시적으로 안심시키기도 했지만 전세가 급격히 악화됨에 따라 오히려 혼란을 가중시켰고, 북한이 북침설을 날조하는 데 이용되기도 했다.

당시 최 기자가 보도과장에게 전했던 요지는 "서울에 가거든 이 말 한 마디만 전해주소. 백인엽은 부대를 지휘하여 해주로 진격하겠다"라는 것이었다. 이에 대해 당시 제17연대장 백인엽 대령은 "최 기자가 연대를 방문했을 무렵에는 적에게 돌파당하여 고전을 면치 못하고 있는 긴급한 상황 하에서 최 기자와 장황하게 얘기할 마음의 여유도 없었으려니와 해주 진공이라는 말은 당시 정황으로 보아 상상도 할 수 없는 일이다"라고 이를 부인했다. 어떻든 이것은 북한에게 남한이 선제공격했다는 구실을 제공했고, 북한은 이를 합리화하기 위해 6월 23일부터 국군이 은파산과 가천면 일대에 포격을 가해왔다고 주장했다.

다음으로 '옹진 포격설' 문제다. 북한은 6·25전쟁의 개전 책임이 남한에 있다고 하면서 국군이 23일부터 25일 미명까지 700여 발의 105mm 대포와 81mm 박격포 사격을 옹진의 북한 지역에 가했고, 이에 따라 북한이 25일 반격을 하게 되었다고 주장했다. 이 내용이 평양발 AFP특보, 조선중앙통신사, 건설통신 등을 통해 일본의 아사히신문, 교도통신사 등에 26일 보도되었다.

이것은 북한의 명확한 억지 주장으로 6월 23일에는 유엔한국위원단 일행이 제17연대를 방문하고 있었고, 또한 제17연대에는 미 군사고문관 5명이 배치되어 군사자문을 실시하고 포탄사격도 통제하고 있었다. 따라서 연대장이 독자적으로 적 지역에 포탄사격을 할 수 있는 상황이 아니었다. 또한 북한은 25일 생포했다는 한서한 중위를 제17연대의 작전지도 담당이라고 하며 그의 수기를 근거로 제시하고 있지만, 이것 또한 한 중위가 생포된 지 4일 뒤에 발표한 것으로 그 내용은 명백히 조작된 것이었다.

개성에서 문산을 거쳐 서울에 이르는 접근로에는 국군 제1사단(사단장 백선엽 대령)이 청단에서 고랑포까지 94km의 넓은 정면을 방어하고 있었다. 이곳을 공격하는 북한군은 제203전차연대(-)의 지원을 받는 제6사단과 제1사단이었다. 25일 개성을 적에게 내준 국군 제1사단은 주저항선인 임진강에 연하는 선에서 치열한 공방전을 전개했다. 적은 문산 돌출부와 파평산의 국군 주저항선을 돌파하는 데 큰 출혈이 있었다. 26일 국군 제11연대가 역습을 실시하여 문산을 회복하기도 했으나, 파평산의 제13연대가 무너지면서 국군 제1사단의 주력은 27일 봉일천 북쪽의 최후 저항선을 점령했다. 이어 국군 제1사단은 문산-서울에 이르는 도로를 중심으로 제13연대와 제15연대를 전방에, 제11연대를 예비로 배치하여 28일 오전까지 서울 방어의 최후 보루로서 4일 동안 적의 공격을 한강 북쪽에서 저지함으로써 적의 작전 기도를 무력화했다.

한편 6월 25일 개성을 점령한 북한군 제6사단은 강화도와 김포반도에 상륙하여 김포비행장을 확보한 다음, 시흥-영등포 방면으로 우회하여 경부국도에서 국군의 퇴로를 차단하고 배후를 기습하려고 했다. 이 지역은 개성에서 철수한 제1사단 제12연대가 방어 중에 있었고 이곳이 돌파되면 서울이 큰 위협을 받을 수 있기 때문에, 육군본부는 김포지구

전투사령부를 편성했다. 보병학교에서 교육받고 있던 계인주 대령을 남산학교장으로 복귀시켜서 사령관으로 임명하고 제12연대 2대대와 한남동에 위치한 기갑연대, 보병학교의 학생연대 후보생(갑종간부) 1개 대대, 귀순 장병 174명으로 편성된 육군 보국대대 등으로 긴급 편성된 부대를 김포반도에 투입했다.

27일 날이 밝자 적은 강녕포와 통진으로 도하공격을 감행했다. 대구에 있던 제3사단 제22연대 3대대가 김포지구전투사령부에 증원되어 김포읍의 최후 저지선에 투입되었다. 28일 적이 재차 공격을 감행하여 김포읍을 장악하고 김포비행장을 계속 공격했다. 이때 시흥지구전투사령부 김홍일 소장은 돌연 행방불명된 김포지구전투사령관 후임으로 제3사단 참모장 우병옥 중령을 임명하고 김포비행장 탈환을 명령했다. 김포비행장은 그 자체로도 중요했지만 행주에서 철수 중인 제1사단의 철수로를 확보하기 위해서도 매우 중요했다. 29일 여명을 기해 김포비행장 탈환 작전이 시작되었으나 장비와 병력의 열세로 인해 많은 피해를 입고 목표 탈취에 실패했다. 그러나 김포지구전투사령부는 7월 3일까지 소사-영등포 부근에서 적과 수차례 공방전을 전개하여 적 공격을 최대한 지연시킴으로써 한강 이북의 국군 퇴로가 차단되는 위기를 막았다.

동두천·포천·의정부 지역 방어

북한군의 주공이 지향된 중서부 지역 작전은 국군 제7사단(사단장 유재흥 준장)이 북한군 제4사단 및 제3사단, 제105전차여단(-)과 25일부터 27일까지 3일 동안 실시한 전투를 말한다.

북한군은 남침계획의 제1단계 작전목표인 "2일차에 서울을 점령하고 한강 이북 지역에서 국군을 포위 격멸한다"는 계획에 따라 북한군 제1군단의 주력을 이 지역에 집중 투입했다. 북한군 제4사단과 1개 전차대

●●● 북한군 주공이 지향된 의정부 지역

대가 동두천 축선에, 제3사단과 제105전차여단(-)이 포천 축선에 투입
되었고, 제13·15사단이 제2제대로서 후속했다. 이 지역에 투입된 북한
군은 국군에 비해 병력 면에서는 7배, 화력면에서는 무려 18배나 우세
했다.

　당시 국군 제7사단은 적성에서 도평(일동)까지 47km의 정면을 담당
하고 있었는데, 6월 15일부로 예비인 제3연대가 수도경비사령부로 전
환되었고 온양에 있는 제3사단 제25연대가 도착하지 않아 2개 연대만
가용했다. 따라서 38도선상의 경계부대는 동두천, 포천 축선에 각각 1
개 대대씩 배치된 상태였다.

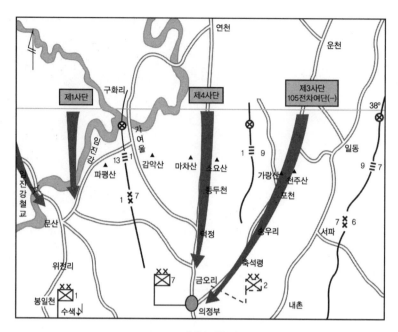

●●● 의정부 지역 전투

　북한군은 전차를 앞세워 아군의 경계진지와 주저항선을 무너뜨린 다음 25일 오전에 북한군 제3사단이 포천을 점령하고, 제4사단이 해질 무렵에 동두천에 진입하게 되자 의정부가 위태롭게 되었다. 이에 따라 육군본부는 대전의 국군 제2사단, 대구의 제3사단, 광주의 제5사단을 출동시켰다. 그러나 이들 부대는 다급히 출동하면서 완전한 편성을 갖추지 못한 상태로 대대 단위로 전선에 도착하게 되어 부대를 축차적으로 투입하는 전술적 과오를 범하게 되었다. 따라서 대부분의 부대들이 전투력을 제대로 발휘하지 못했다.

　이러한 상황에서 육군 총참모장 채병덕 소장이 26일 01시에 제7사단과 제2사단으로 동두천과 포천에 대한 역습 명령을 하달했다. 제7사단은 예하 제1연대와 증원된 제18연대를 투입하여 동두천을 탈환하기도 했으나, 제2사단이 포천 역습에 실패하고 북한군 제3사단에 의해 의정부가 26일 함락됨으로써 동두천에 투입된 부대들의 퇴로가 차단되었다. 이에 따라 국군 제1연대는 창동 지역으로, 제18연대는 고양을 경유하여 28일 김포반도로 각각 철수했다.

춘천·홍천 지역 방어

중동부 지역을 담당한 제6사단(사단장 김종오 대령)은 제7연대를 춘천, 제2연대를 홍천 북동쪽에 배치하고 제19연대를 예비로 원주에 위치시켜, 가평 북방 적목리에서 현리 동쪽 진흑동까지 84km를 방어하고 있었다.

북한군은 신속히 춘천, 가평을 점령하고 수원으로 우회 기동하여 서울 동측방에서 전선 지역의 국군을 포위 섬멸하고 국군의 퇴로 및 병력증원을 차단하여 남침 1단계 작전목표 달성에 기여하도록 북한군 제2군단을 투입했다. 춘천 축선에는 북한군 제2사단이, 인제–홍천 축선에는 제12사단과 제603모터사이클연대가 투입되었고, 제5사단(-)은 예비로 이들 부대를 후속했다. 이 지역에 투입된 북한군의 전력은 국군에 비해 병력 면에서는 4배, 화력 면에서는 10배나 우세했다.

북한군 제2사단은 25일 새벽 공격준비사격에 이어 SU-76자주포(직사포)를 앞세우고 경계진지를 돌파한 다음 오후 14시에 소양교 북방 5km 지점인 옥산포에 이르렀다. 이때 제7연대 대전차포소대장 심일이 57mm 대전차포를 가지고 적 SU-76자주포의 캐터필러Caterpillar(궤도)를 명중시켜 기동을 불가능하게 한 다음, 헤치hatch를 열고 휘발유와 수류탄으로 파괴시켰다. 선두에서 공격하던 SU-76자주포 3대가 파괴되자, 적은 후방으로 퇴각했다. 옥산포 남쪽 4km 떨어진 곳에는 제6사단 16포병대대와 105mm 탄약 5,000발이 있었다. 춘천 지역 전투를 지원할 수 있는 화력지원 수단이 적에게 피탈될 뻔한 절체절명의 위기를 넘겼던 것이다. 실제 16포병대대의 포격으로 적 기동부대는 심대한 피해를 입었고, 이로 인해 1일차 북한군 제2사단의 공격이 좌절되었다고 포로들이 진술했다. 한편 16포병대대가 오후 5시에 소양강 이남으로 진지를 변환할 때 춘천 지역 호국단 학생들과 제사(방직)공장 여직원, 춘천 시민들이 직접 포탄을 운반하기도 했다.

26일 새벽에 북한군 제2사단은 강력한 포병 및 박격포 사격을 실시한 다음 대대적인 공격을 재개했다. 적 이청송 사단장은 김일성으로부터 25일 당일에 춘천을 점령하고 가평까지 진출하여 서울의 동북방에서 국군을 협공하라는 명령을 이행하지 못한 데 대한 강박감이 있었다.

국군 제6사단은 26일 소양강을 도하 공격하려는 적에 대해 소양강에 연하여 하천선 방어를 실시했다. 적 SU-76자주포가 소양강 남안의 보병 참호선에 직접조준사격을 가하고 10시경 소양교 도하를 시도했다. 이때 심일 중위가 이끄는 대전차포소대가 적 SU-76자주포 3대를 추가로 파괴함으로써 적의 예봉을 꺾을 수 있었다. 결국 국군 제6사단은 27일까지 춘천에서 3일간 적을 저지했고, 30일 홍천이 적의 수중에 들어갈 때까지 효과적인 방어작전을 펼침으로써 국군이 한강 남안에서 방어선을 구축할 수 있는 시간을 확보하게 되었다. 이는 미군과 유엔군을 투입할 수 있는 시간을 벌어줌으로써 6·25전쟁 전반에 큰 기여를 했다.

반면에 북한군으로서는 1단계 공격목표인 서울을 3일 만에 점령했지만, 국군의 주력을 한강 이북에서 포위 섬멸하지 못함으로써 남침작전에 큰 차질을 빚게 되었다. 화가 몹시 난 김일성은 북한군 제2사단장(이청송)과 제2군단장(김광협)을 갈아치웠다.

동해안 지역 방어

동해안 지역 방어를 담당한 국군 제8사단(사단장 이성가 대령)은 제10연대를 폭 26km에 달하는 전방에 배치하고, 제21연대를 예비로 삼척에 운용하고 있었다. 제8사단은 6월 중순에 침투한 북한군 무장유격대를 토벌하기 위해 오대산과 계방산에 각각 1개 대대씩을 투입했기 때문에 실제 4개 대대만 가용했다.

이곳에 투입된 북한군은 38경비 제1여단(이하 제1경비여단)에 제5사단 1개 연대를 배속시켜 국군 제10연대를 공격하게 하고, 강릉(정동진)과 울진(임원진) 일대에 25일 상륙한 각각 2개 대대 규모의 제945육전대와 제766부대로 하여금 국군 제21연대의 증원을 차단하고 전방의 제10연대를 협공하려고 했다. 이러한 북한군의 공격에 대해 제8사단 10연대는 화상천에서 적을 1차 저지하고 사단의 주저항선인 연곡천(강릉 북방 약 12km) 일대로 철수했다. 제8사단은 적 제1경비여단과 상륙부대로부터 협격을 받게 되자, 안인리-언별리에 연하는 군선강(강릉-정동진 사이)에 제21연대의 일부 병력을 투입하여 북한군 상륙부대의 공격을 저지했다.

이 당시 국군 제8사단의 전투기록은 적측 자료에 잘 나타나 있다. 적은 개전 당일 동덕리(주문진 후방 4km)까지 진출하려 했으나 아군의 기관총, 박격포 및 포병 사격 등 격렬한 저항에 부딪혀 실패한 것으로 분석했다. 또한 죽헌리-학산리, 강릉 시가전, 군선강 유역 등에서 국군이 끈질기게 반격해옴에 따라 많은 피해가 발생했다고 기록하고 있다. 이에 따라 적은 최초 계획보다 5일 늦은 7월 3일 제1단계 남침목표인 삼척을 점령할 수 있었다.

결론적으로 제8사단은 동해안 지역 초기 전투에서 병력과 장비가 열세함에도 불구하고 산악지형을 잘 이용하여 끈질긴 방어와 효과적인 역습을 통해 동해안 7번 국도를 따라 부산으로 신속히 진출하려던 적의 공격 기도를 분쇄하는 데 큰 역할을 했다. 6월 28일 제8사단은 육군본부의 철수명령에 따라 대관령과 대화를 거쳐 제천으로 이동하게 되었다.

서울 방어와 북한군의 서울 점령

6월 26일 의정부가 적의 수중에 들어가자 다급해진 육군 총참모장은 오후 17시에 제7사단장 유재흥 준장을 의정부지구전투사령관으로 임명하고 국군 제2사단과 모든 잔여병력을 가지고 우이동-창동 선에서 북한군을 저지한 후, 국군 제3사단과 제5사단으로 반격하도록 명령했다. 그러나 실제 병력은 1개 연대에도 미치지 못했고 화력도 105mm 곡사포 6문과 57mm 대전차포 8문이 전부인 상황에서 효과적인 방어 작전을 수행하기도 어려웠다.

북한군은 27일 제4사단이 수유리에, 제3사단이 광진구 화양동에, 제105전차여단(-)이 정릉 유원지까지 각각 진출한 상황이었다. 27일 새벽 04시에 북한군이 창동 방어선을 기습 공격하자, 의정부지구전투사령부는 철수한 병력과 증원 병력으로 적을 저지했으나 지탱하지 못하고 오후 14시에 서울 최후방어선인 미아리-태릉 선으로 철수했다. 이곳에는 전남 광주에서 올라온 제5사단장(이응준 소장)이 26일부터 미아리지구전투사령관으로 임명되어 예하의 제15연대 2대대 및 제20연대 1대대, 그리고 수도사단 제8연대 2대대를 지휘하여 방어진지를 편성하고 있었다. 이에 따라 미아리 방어선의 좌측은 미아리지구전투사령관 겸 제5사단장인 이응준 소장이, 우측은 의정부지구전투사령관 겸 제7사단장 유재흥 준장이 각각 지휘하여 서울을 방어하게 되었다.

그러나 미아리 방어선은 적의 강력한 보병·전차·포병의 협동공격을 방어하기에는 전투력이 부족했다. 28일 01시에 전차를 앞세운 적의 공격으로 방어선이 돌파되었고, 02시에 적이 시내에 돌입했다는 보고를 받은 채병덕 육군 총참모장이 전방 부대의 철수와 서울 시민의 피난조치를 취하지 않은 채 육군본부 공병감 최창식 대령에게 한강교 폭파를 명령하여 6월 28일 새벽 02시 30분경 한강 인도교와 2개의 철교가 절

● ● ● 경인 상·하행선 및 경부선 철교와 인도교

단되었고, 광진교는 04시에 폭파되었다. 당시 한강에는 5개의 교량(이촌
동-노량진 간의 한강대교, 3개의 철교, 광나루의 광진교)이 있었는데, 철교 중 1
개가 완전히 파괴되지 않았다. 이 철교를 이용하여 국군의 공병 단정 일
부와 상당수의 병력과 차량이 노량진으로 철수했다. 그러나 이촌동 일대
한강변에 북한군 전차가 나타난 28일 오전 10시경부터는 이것마저 이
용할 수 없게 되었다. 북한군도 7월 3일 이 철교를 복구하여 전차를 도
하시켰다. 당시 한강교 조기 폭파로 인해 많은 국군의 전력손실이 발생
했고 피난을 떠나는 서울 시민들에게도 큰 혼란이 초래되었다.

한강교 폭파는 북한군의 진출을 차단하기 위해 반드시 필요한 조치였
으나 그 시기가 문제였다. 당시 한강 이북에서 철수명령을 받지 못하고
적과 싸우고 있던 국군의 퇴로가 차단됨으로써 국군 총병력의 절반이
분산되는 결과를 가져왔다. 또한 강북에 있던 부대들이 중장비와 차량,

●●● 서울로 들어오는 북한군 〈미 국립문서기록관리청〉

곡사포와 박격포, 기관총 등 무기들을 대부분 유기한 채 나룻배 등 소형 선박을 이용하거나 수영을 하여 개인 및 소부대 단위로 한강을 도하함으로써 차후 작전이 더욱 불리해지게 되었다. 서부 및 중서부 전선에 투입되었던 105mm 곡사포 45문(총 91문) 중 한강을 도하한 것은 3문뿐이었다. 그나마 광나루와 뚝섬, 한남동과 서빙고의 도선장, 마포 및 서강 나루터, 행주와 이산포 나루터 등으로 도강한 장병들은 28일 밤과 29일 아침 사이 시흥과 수원에 집결했고 시흥지구전투사령부에 편성되어 한강 방어선에 투입되었다.

북한군 제4사단은 28일 아침 08시경 신촌, 마포 일대를, 제3사단은 오후 4시경에 이촌동, 한남동 일대를 각각 점령했다. 북한군 제6사단은 영등포와 인천을 점령한 후 이곳에 머물다가 제4사단이 수원을 공격할 때 후속했다.

한편 북한군 제105전차여단은 한강교를 최우선적으로 장악하라는 임무를 부여받고 공격을 시작했다. 그러나 6월 27일 김일성이 의정부 북쪽에서 서울로 공격하는 제105전차여단에게 한강교를 장악하는 대신 중앙청을 비롯한 서대문형무소, 방송국 등 주요 시설들을 점령하도록 지시함으로써 전략적으로 커다란 실수를 범하게 되었다. 이때 적이 한강교를 먼저 확보했다면 국군의 퇴로가 차단되어 국군이 섬멸적 타격을 입었을 수 있다. 또한 서울 점령 후 북한군이 도하장비 부족으로 공격을 지체하는 일도 발생하지 않았을 것이다.

북한군의 소련 군사고문단장 라주바예프Vladimir Nikolaevich Razuvaev 중장은 전투결과 분석에서 "인민군 각 사단장들이 서울에서 퇴각하는 적을 적극적으로 추격하거나 한강 도선장들을 점령하지 않은 채, 결단을 내리지 못하고 모호하게 행동했다. 또한 제105전차여단(서울 점령 후, 제105전차사단으로 승격됨) 예하부대들도 서울을 점령한 후 3일 동안 적을 추격하지 않은 채 아무런 행동도 취하지 않음으로써 적에게 한강의 남쪽 강변을 강화하고 교량을 파괴할 수 있는 여유를 주었다"라고 당시 상황을 질타했다.

6월 28일 12시경 서울을 점령한 김일성은 방송을 통해 축하연설을 하고, 서울 인민위원회를 설치하여 북한의 사법상 이승엽李承燁을 위원장으로 임명했다. 북한군은 중앙청·서울시청·대사관·신문사·방송국·통신시설 등을 장악했고, 정부요인 및 지도층 인사들을 체포하고 사유재산을 몰수하는 등 미리 준비한 점령계획대로 대한민국의 수도를 유린했다. 또한 마포·서대문 형무소와 각 경찰서에 수감 중인 죄수들에게 '인민의 영웅' 칭호를 붙여 풀어주면서 공무원, 경찰 및 군인가족, 지도층 인사들을 색출하는 데 앞장서도록 했다.

북한군이 서울을 점령한 6월 28일, 북한군은 김포-봉일천-서울-홍천-대관령-강릉에 연하는 선까지 진출했다. 그러나 힘없이 무너질 것으로 예상했던 국군이 강력하게 저항함에 따라 북한군은 초기 전투에서 많은 피해를 입게 되었다. 그리고 유엔과 국제사회로부터 제재를 받게 되어 그들이 계획한 전쟁은 초기 단계부터 차질을 빚게 되었다.

한편 6월 25일부터 7월 2일까지의 전투결과를 분석해보면 국군은 대한민국의 수도인 서울을 포함한 많은 지역을 적에게 내주었고, 서울 방향에 집중 투입되었던 국군의 주력이 와해되다시피 했다. 북한군의 진출속도는 1일 평균 10km로 약 75~80km를 진격했다. 그러나 북한군은 서울 방향의 공격부대가 계획보다 늦은 속도로 공격을 했고, 춘천-홍천 방향의 북한군 제2사단 및 제12사단과 제603모터사이클연대가 서울을 우회하여 수원을 점령함으로써 국군의 주력이 남쪽과 남동쪽으로 철수하는 것을 차단하려 했으나, 국군 제6사단에 막혀 전체적인 북한군의 공격목표 달성에 차질이 생겼다. 압도적인 전력의 우세와 사단 기동훈련까지 실시했던 북한군이었지만, 실전에서 초기 북한군 공격은 효과적이지 못했다.

　그렇다면 당시 북한군의 공격속도가 둔화된 원인을 공산 측은 어떻게 분석했을까? 1956년 소련 국방부에서 발간한 『러시아가 본 한국전쟁』을 보면, 첫 번째 요인은 6월 27일부터 시작된 미 공군의 계속된 폭격 때문이었다고 지적한다. 미 공군에 의한 폭격은 북한군의 부대와 참모부, 통신선 및 주보급로 등에 집중되어 적 공격부대에 많은 피해를 입혔다. 두 번째 요인은 북한군 총참모부의 지휘 결함으로 총참모부가 직접 사단을 통제하려 한 점, 북한군 제1·2군단 간의 단결력 부족, 적절한 통신수단의 부재 등을 들었다. 또한 북한군 예하지휘관들은 상급 및 인접부대와 협조된 통신지원을 하지 않았을 뿐만 아니라 자기 예하부대에 대해서도 적극적으로 지휘통제하지 않았으며 정찰임무도 게을리했다고 지적했다. 만일 북한군이 서울 방향의 국군을 포위 섬멸했다면 그로 인해 북한군에게는 아주 유리한 상황이 조성되고, 이후 작전은 더욱 순조롭게 진행되었을 것이라고 소련군 총참모본부는 분석했다.

　북한군의 진격속도에 대해 스탈린도 못마땅하게 생각했다. 1950년 7

월 1일 핀시Finsi(스탈린의 암호명으로 주로 국방성에서 사용)의 지시를 받아 소련군 총참모본부가 주 북한 소련대사 스티코프에게 보낸 전문을 보면, "조선 인민군이 남으로 계속 전진을 하려는가? 아니면 전진을 중지하기로 했는가? 우리 판단은 전진을 계속해 남조선을 빨리 해방시키는 것이 외국의 무력간섭을 약화시키는 방법이다"라고 제시하며 북한군이 서울 점령 후 지체하는 것을 질책하고 있다.

3. 유엔군의 참전과 낙동강까지 지연전

미국과 유엔의 참전 결정

북한의 남침 소식이 미국에 전달된 것은 전쟁 발발 약 5시간 후인 6월 25일 09시 30분(미국 시각 6월 24일 밤 20시 30분)이었다. 주한 미국대사 무초John J. Muccio는 "북한의 공격은 그 양상으로 보아 남한에 대한 전면 공격임에 틀림없다"고 하면서 6월 25일 09시 개성 피탈 상황을 포함하여 미 국무부에 보고했다.

미 국무부는 이 문제를 유엔에 제기하기로 하고 유엔사무총장(트리그브 할브란 리Trygve Halvdan Lie)에게 통보했다. 애치슨 국무장관은 주말 휴가 중인 트루먼 대통령의 승인을 받아 유엔 안전보장이사회의 소집을 요청했다. 또한 미국은 26일 정오경 블레어 하우스Blair House(임시 백악관)에서 대통령을 비롯한 국무·국방·각군 장관·합참의장·각군 참모총장 등이 참석한 국가안전보장회의NSC를 개최하여 "사태를 파악하기 위해 조사반을 파견하고 미국 국민의 철수를 보호하기 위해 해·공군을 운용하라"는 명령을 미 극동군사령관에게 하달했다.

한편 이승만 대통령은 25일 11시 35분에 무초 대사를 불러 사태에 대해 논의하면서 한국군에 필요한 무기와 탄약 지원을 요청했다. 무초는 오후 15시에 미 국무장관에게 이 대통령과의 회담 결과를 보고하고 도쿄東京의 맥아더 극동군사령관에게 "한국군을 위한 특정 탄약 10일분을 즉시 부산으로 보내달라"는 긴급 전문을 타전했다. 이와 함께 105mm 곡사포 90문, 60mm 박격포 700문, 카빈소총 4만 정을 요청했다. 이 대통령은 장면 주미 대사에게 지시하여 미 국무부를 직접 방문하여 원조를 요청하도록 했다.

유엔에서는 현지 시각 6월 25일 오후 14시(한국 시각 26일 04시)에 안전보장이사회가 소집되어 미국이 제안한 '북한군의 침략중지 및 38도선 이북으로의 철수'를 요구하는 결의안을 채택했다. 이 결의안은 당시 거부권을 가지고 있던 소련 대표 말리크Yakov A. Malik가 유엔에서의 중국의 대표권 인정을 요구하며 1950년 1월부터 이 회의에 참석하지 않는 가운데 찬성 9, 반대 0, 기권 1(유고슬라비아)로 가결되었다.

유엔의 결의에도 불구하고 북한군이 계속 공격하여 서울을 위협하자, 미국 시각 6월 26일 저녁 19시(한국 시각 6월 27일 08시) 미국은 제2차 블레어 하우스 국가안전보장회의를 열어 "미 해·공군이 38도선 이남의 북한군 부대·전차·포병에 대한 공격을 포함하여 한국군을 최대한 지원한다"고 결정하고 극동군사령부에 이를 훈령으로 하달했다.

한편 트루먼 대통령은 "북한의 한국에 대한 공격은 공산주의가 독립국가를 지배하기 위해, 단순한 체제전복의 단계를 넘어 무력침공을 시도한 것으로 국제평화와 안보를 유지하려는 유엔 안전보장이사회의 노력을 무시했다"고 전쟁 상황을 받아들이고 있었다. 이에 따라 미국은 이 문제를 유엔 안전보장이사회에 다시 상정하게 되는데, 현지 시각 6월 27일 오후 14시(한국 시각 6월 28일 04시) "북한의 침략을 격퇴하는 데 필요한 군사원조를 대한민국에 제공한다"는 결의안을 찬성 7, 반대 1(유고슬라비아), 기권 2(인도, 이집트)로 통과시켰다.

이 결의에 따라 미국 해·공군의 작전범위가 한국 시간으로 6월 30일부터 한반도 전역으로 확대되었고, 7월 1일 미 지상군이 한국에 전개하게 되었다. 또한 이것은 1945년 10월 24일 유엔이 창설된 이래 국제평화를 파괴하는 행위에 대해 군사적 제재를 가하여 평화를 회복하려는 유엔 최초의 집단안전보장 조치였다. 이를 근거로 유엔군 21개국(의료지원 5개국 포함)이 전쟁에 참전하게 되었고, 이로써 6·25전쟁은 국제전쟁으로 치닫게 되었다.

국군의 한강선 방어

북한군은 6월 28일 서울을 점령한 후 왜 곧바로 국군을 추격하지 못하고 제3사단이 7월 2일 아침까지, 제4사단이 7월 3일 아침까지, 그리고 제105전차사단이 7월 4일에야 도하를 완료할 수 있었을까? 물론 북한군에는 도하장비가 충분하지 못했고, 한강의 교량이 파괴되어 이를 복구하기 전까지는 전차 및 주요 장비의 도하가 불가능했던 것도 주요 요인이었다.

그러나 무엇보다도 서울이 실함失陷된 이후 육군이 김홍일 소장을 시흥지구전투사령관으로 임명하고, 개인 및 소규모로 한강을 도하해 온 장병들을 수습하여 3개 혼성사단(수도·제7·제2사단)을 긴급 편성하여 한강방어선을 구축했던 것이 주효했다고 본다.

김홍일 소장은 28일 오후 14시 시흥에 사령부를 설치하고 안양천에서 광진교에 이르는 한강 남안의 24km 지역에 방어 편성을 했다. 서측부터 혼성 수도사단(사단장 대령 이종찬)을 여의도 비행장을 포함한 영등포 방면에, 혼성 제7사단(사단장 준장 유재흥)을 노량진 방면에, 혼성 제2사단(사단장 대령 임선하, 7월 1일 이후 대령 이한림)을 이수교-신사리 일대에 각

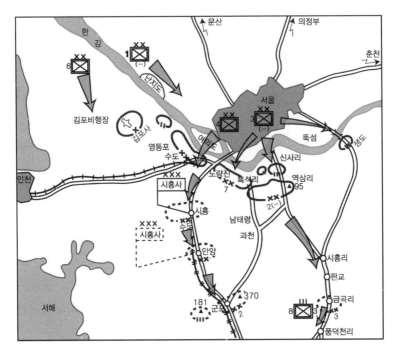

● ● ● 한강선 방어작전 상황도

각 배치하여 적을 6일 동안 저지했다. 김 사령관은 "앞으로 3일 동안 한
강선을 지키느냐 지키지 못하느냐에 따라 나라의 운명이 가름된다"고
하며 책임지역을 고수·방어하도록 독려했다.

적의 공격 의도를 살펴보면, 북한군 제4사단은 서측에서 영등포-안
양-수원 방향으로, 제3사단은 동측에서 말죽거리-판교-풍덕리-수원
방향으로 공격하고, 제105전차사단은 경부국도를 따라 제4사단을 지원
한다. 북한군 제6사단은 경인가도를 차단하여 오류동-인천을 점령한 다
음 예비로 전환되며, 제1사단은 예비임무를 수행한다. 실제 북한군은 제
3사단이 6월 30일에, 제4사단이 7월 1일에 한강 도하공격을 실시했다.
그러나 적은 계속되는 미 공군기의 폭격과 국군의 완강한 저항에 부딪혀
서 한강을 3일 동안 도하하지 못했다. 이 당시 미 극동공군은 국군을 지

원하기 위해 B-26, B-29 폭격기와 F-80, F-82 전투기 등을 투입했다.

그러나 북한군은 한강의 교두보를 확보하기 위해 치열한 전투를 전개하여 북한군 제3사단은 7월 2일 오전에 한강을 도하하여 신사리-말죽거리-판교 방면으로 진출했고, 북한군 제6사단은 김포비행장을 경유하여 영등포로 진출했으며, 일부 부대가 인천을 점령했다.

또한 북한군 공병부대가 서울 거주 철로보수 인원을 강제 동원하여 완파되지 않은 경부선 한강철교를 보수했다. 7월 3일 새벽 04시 북한군 제4사단의 전차 4대가 철교를 이용하여 넘어오려고 하자, 국군 병사들이 화력을 집중하여 노량진 땅으로 전차가 들어서는 것을 저지하려고 했다. 그러나 화망을 뚫고 적 전차는 노량진을 거쳐 영등포 방면으로 공격했다. 북한군 제105전차사단은 7월 4일부터 본격적으로 도하하기 시작했다. 이와 같은 상황이 국군 제7사단을 거쳐 시흥사령부에 보고되자 김홍일 소장은 더 이상 전선을 지탱할 수 없다고 판단하여 수도사단 및 제7사단을 안양으로 철수하도록 명령했다. 한강선이 돌파되자 국군은 수원, 평택으로 물러나면서 계속 지연전을 펼쳤다. 이때 중부 지역의 원주와 동해안의 강릉이 적에게 피탈되었지만, 국군은 계속 적에게 가능한 한 많은 피해를 입히면서 적 공격을 저지했다.

한편 김포읍과 김포비행장이 적에게 피탈되자 김포지구전투사령부 예하부대들이 김포비행장 역습을 실시하고 오류동 일대에 방어선을 형성하여 북한군 제6사단의 공격을 6월 29일부터 7월 3일까지 저지함으로써 서울 서측에서 양익포위 하려던 적의 공격기도를 차단했다. 김포지구전투사령부에 편성된 부대는 독립기갑연대(-), 제12연대 2대대, 제22연대 3대대, 보국대대 등으로 건제가 유지되지 않아 전투력 발휘가 어려운 상황이었다. 그럼에도 불구하고 김포지구전투사령부는 이곳에서 북한군 제6사단의 진출을 차단함으로써 영등포-노량진의 한강 방어선 측방을 견고하게 지켜주었다.

　이처럼 서울 북방에서 와해된 부대를 수습하여 혼성부대로 편성된 한강방어 부대는 병력과 장비, 화력의 열세를 극복하고 적의 공격을 1주일 동안 저지함으로써 국군을 재편성하고, 미군을 비롯한 유엔군이 지원할 수 있는 시간을 확보하게 했다.

　물론 이것이 가능했던 것은 한강이라는 천연장애물을 효과적으로 이용한 점, 계속된 미 공군의 지원, 독립군 출신으로 중국 국부군 사단장 등을 역임한 바 있는 김홍일 장군의 리더십, 그리고 무엇보다 구국의 일념으로 목숨을 걸고 싸운 국군 장병들이 함께했기 때문으로 평가된다.

맥아더의 한강 방어선 시찰과 미 지상군 참전

1950년 6월 29일 도쿄의 맥아더 원수가 전용기편으로 하네다羽田 공항을 떠나 10시에 수원비행장에 도착했다. 그는 미 극동군사령부 전방지휘소에서 처치John H. Church 준장으로부터 전황을 보고받은 다음 한강 방어선의 국군 시흥지구전투사령부를 방문했다. 김홍일 사령관은 전투상황을 보고하는 중에 국내 치안유지를 목적으로 창설된 국군이 전면전을 감당하기에는 장비와 탄약의 절대량이 부족함을 강조하고 맥아더 원수를 영등포의 수도사단 방어진지로 안내했다. 적의 포탄이 떨어지는 가운데 수도사단 제8연대 3대대가 방어하고 있던 동양맥주공장(현 영등포 공원 일대) 옆의 조그만 언덕에 도착한 맥아더는 쌍안경을 들고 한강 이북의 북한군을 관찰했다.

　당시 통역을 담당했던 시흥사령부 참모장 김종갑 대령이 전하는 바에 의하면, "맥아더는 그곳의 개인호 안에서 진지를 지키고 있던 일등중사 계급장을 단 한 병사를 만났다. 그가 병사에게 다가가서 '자네는 언제까지 그 호 속에 있을 셈인가?' 하고 물었다. 이에 그 병사가 말하기를 '각

● ● ● 수원비행장에서 만난 맥아더 원수(오른쪽)와 처치 준장(왼쪽) 〈미 국립문서기록관리청〉

하께서도 군인이시고 저 또한 군인입니다. 군인이란 모름지기 명령에 따
를 뿐입니다. 저의 상사로부터 철수명령이 내려지든가, 아니면 제가 죽
는 그 순간까지 이곳을 지킬 것입니다'라고 대답했다. 이 대답을 나의 통
역으로 전해들은 맥아더 원수는 그 기개에 크게 감동한 듯, 병사의 어깨
를 두들기며 격려하고 나에게 다시 '그에게 말해다오. 내가 곧 도쿄로 돌

아가서 지원병력을 보내줄 터이니 안심하고 싸우라고' 이렇게 말하는 것"이었다.

　한국군 일개 병사의 투지가 역전 노장을 감동시킨 이 장면은 비록 전력이 열세하여 고전을 면치 못하고 있지만 나라를 지키려는 장병들의 의지가 확고하다는 것을 웅변적으로 나타낸 것이라고 할 수 있다. 물론 맥아더는 한강 방어선 시찰 이전에 북한의 공격을 격퇴하기 위해서는 미국 지상군의 투입이 반드시 필요하다는 판단을 하고 있었지만, 국군 장병들의 굳건한 방어의지를 확인하는 계기가 되었음은 분명해 보인다. 그는 도쿄로 돌아가서 최소 미 지상군 2개 사단의 지원이 필요하다는 전선시찰 결과를 워싱턴에 보고하게 된다.

　맥아더 장군의 전문이 30일 새벽 03시 워싱턴에 도착했다. 그는 이 전문에서 "자신이 한국 전선을 시찰한 결과 한국군은 붕괴되었으며, 한강 방어선을 고수하고 실지를 회복하기 위해서는 미 지상군 투입이 불가피하다"고 보고했다. 그는 미 육군 참모총장 콜린스Joseph Lawton Collins 장군과의 텔레타이프 대화에서 전방 상황이 악화되어 연대 단위의 미군 전투부대 투입이 시급하고 추가로 2개 사단 정도의 전력증강이 필요하다고 건의했다. 콜린스 장군은 브래들리Omar Nelson Bradley 합참의장과 페이스Frank Pace Jr. 육군 장관에게 맥아더의 입장을 설명했다. 페이스 육군 장관은 트루먼 대통령에게 새벽 04시 57분에 전화로 이 내용을 건의했다. 트루먼 대통령은 1개 연대전투단의 투입을 승인하고 맥아더 장군이 제안한 지상군 증강 문제를 논의하기 위한 회의소집을 지시했다. 여기에는 트루먼 대통령, 애치슨 국무장관, 존슨Louis A. Johnson 국방장관, 브래들리 합참의장 등이 참석했다. 이어 30일 오전 11시, 백악관에서 공식성명을 발표하여 "북한 침략자를 격퇴시키고 한국의 평화를 회복하는 데 대한민국을 지지해달라는 유엔 안전보장이사회의 요청에 응하여 트루먼 대통령은 미 공군에게 북한의 어떠한 군사목표에 대해서도 공격을 할 수 있는 권한을 부여했고, 한반도의 전 연안의 해상봉쇄를 명령했으며 맥아더 장군에게는 확실한 지상군 부대를 사용할 권한을 부여했다"고 하면서 지상군을 포함한 미군의 한반도 참전을 밝혔다. 한편 이 회의에서 29일 타이완Formosa의 장제스가 제안한 국부군 2개 사단의 한국 지원 문제를 검토한 결과, 국무부와 국방부 관리들이 반대했다. 애치슨 국무장관이 한국에 장제스 군대를 투입하게 되면 중국이 개입할 가능성이 높다는 점을 들어 반대했고, 브래들리 합참의장이 국부군을 투입하기 전에 재무장이 필요하고 이들을 한국 전선으로 수송하는 데 따른 미 해군과 공군이 추가적으로 소요된다고 주장하여 이 제안은 거부하기로 결정했다.

이로써 개전 5일 만에 미 공군이 평양에 대규모 공습을 단행했고, 6일 만에 미 지상군의 참전이 결정되는 등 미국의 6·25전쟁 지원은 신속하게 이루어졌다. 이것은 북한·소련·중공의 전쟁모의 과정에서 스탈린이 미국의 개입 가능성을 우려하자, 김일성이 "미국의 개입은 없을 것이며, 가능성이 있더라도 전쟁을 조기에 끝냄으로써 미군이 개입할 여지를 주지 않겠다"고 장담했는데 그 예상은 완전히 빗나간 것이었다.

또한 이 과정에서 미국은 북한의 남침으로 발생한 한반도의 전쟁 상황을 유엔을 통해 해결하려고 했다. 당시 유엔이 발족된 지 5년밖에 경과되지 않은 상황에서 6·25전쟁이 발발했지만, 미국은 유엔헌장에 규정된 집단안전보장에 의한 무력행사를 통해 북한의 남침을 저지하고자 노력했다. 미국의 참전에 이어 영국·호주·네덜란드·캐나다·뉴질랜드·프랑스·필리핀·터키·태국·남아프리카공화국·그리스·벨기에·룩셈부르크·에티오피아·콜롬비아 등 16개국이 전투부대를 파견했고, 5개국이 의료지원을, 39개국이 물자지원을 하는 등 60개국이 참여했다.

이처럼 유엔의 신속하고 확고한 지지와 미 지상군의 참전으로 국군은 미군과 연합전선을 형성하게 되어 개전 초기 어려운 전쟁 상황에서 북한군의 진격을 어느 정도 지연시킬 수 있었다.

유엔군사령부 창설과 국군의 재편성

유엔의 '6·27 결의' 후속 조치로 유엔 회원국 군대가 한국에 파견됨에 따라 유엔 안전보장이사회는 참전군의 지휘체계를 일원화하기 위해 7월 7일 "유엔군사령부의 설치 및 사령관의 임명권을 미국에 부여하며, 유엔기 사용을 승인한다"는 결의안을 통과시켰다. 이에 따라 미국은 미 극동군사령관 맥아더 원수를 초대 유엔군사령관으로 임명하고, 극동군사령부 참모들이 유엔군사령부 참모를 겸직하도록 했다. 즉, 극동군사령부의 미 제8군사령관 월튼 워커Walton H. Walker 중장을 유엔군 지상군사령관으로 임명하고 7월 13일부터 지휘권을 행사하도록 했다. 또한 미 극동해군사령관과 공군사령관이 각각 유엔군의 해·공군을 지휘하는 체제를 확립했다.

7월 13일 워커 장군의 미 제8군사령부가 대구에 설치되면서 한·미 연합작전을 수행하게 됨에 따라, 7월 14일 이승만 대통령은 지휘통일과 작전지휘체계의 일원화를 위해 "전쟁상태가 계속되는 동안 한국군의 작전 지휘권을 유엔군사령관에게 위임한다"는 서한을 맥아더 장군에게 보냈다. 7월 18일 맥아더 원수가 이를 수락한다는 내용의 답변서를 보내옴으로써 국군과 유엔군의 모든 작전부대의 지휘체계가 단일화되었다. 이로써 연합작전의 효율성을 증대시키고 보다 체계적인 한·미 연합작전 수행이 가능하게 되었다.

한편 북한군의 기습남침에 맞서 싸웠던 국군은 초전 10여 일 만에 한강 방어선마저 붕괴되면서 전력은 극도로 와해되었다. 이에 따라 7월 1일부로 육군 총참모장 겸 육·해·공 3군 총사령관에 임명된 정일권 소장

●●● 유엔기를 받는 맥아더 사령관

은 육군을 재편성하기로 했다. 7월 5일 평택에서 시흥지구전투사령부를 모체로 한 제1군단사령부를 창설하고, 그 예하에 3개 사단(수도·제1·2사단)을 편성했다. 38도선 초기 전투와 한강 방어선에서 피해가 많았던 혼성 제3·제5·제7사단 및 연대를 해체하여 다른 3개 사단 및 연대에 통합시키는 방식이었다.

　7월 15일 경북 상주의 함창에서 제2군단을 창설하고 제6·제8사단을 배속시킴으로써 육군은 2개 군단 5개 사단으로 재편성되어 전쟁 직전의 병력 수준으로 회복하게 되었다. 그러나 무기와 보급품은 매우 부족한 실정이었고, 상당수의 병사들은 개인화기마저 지급받지 못했다. 미군의 참전으로 보급품이 점차 개선되기는 했지만, 초기에는 어려움이 더 많았다.

해군은 6월 27일부터 미 해군과 함께 연합작전을 전개하여 해상작전 및 지상군 지원작전을 시작했다. 미국의 참전이 결정된 6월 30일부터는 37도선 이북 해역은 미 해군이 작전을 실시하고, 이남 해역은 한국 해군이 담당하는 체제를 갖추었다.

공군은 F-51 머스탱 전폭기 10대를 주일 미 극동공군사령부로부터 들여옴에 따라 조직을 비행단 및 정찰비행단으로 개편했다. 이에 따라 정찰임무에 국한되었던 공군운용 개념에서 벗어나 우리 전투기가 미 공군과 연합하여 지상군에 대한 근접항공지원 임무까지 수행할 수 있게 되었다. 미 공군은 7월 5일부터 대전에 공지합동작전본부를 설치하고 6개 전술항공통제반TACP을 운용하기 시작하여 지상군에 대한 공군 화력지원의 효율성을 증대하고 오폭에 의한 아군 피해가 발생하지 않도록 했다.

이처럼 국군은 재편성을 통해 전력을 재정비함으로써 해외에서 지원되는 유엔군과 함께 연합작전으로 적을 지연시키는 작전을 전개할 수 있게 되었다. 지연전은 차후작전의 유리한 여건을 조성하기 위해 공간을 이용하여 적의 공격을 지연시키거나, 적과의 접촉으로부터 조직적으로 이탈하는 방어작전을 말한다. 국군과 유엔군은 적에게 공간을 양보하는 대신 최대의 시간을 획득하고 적에게 최대의 손실을 가하면서 아군의 전력을 신속히 회복하고자 했다. 이러한 작전 개념은 아군이 지연전을 실시한 이후에 결정적인 반격작전을 전개하여 전세戰勢를 일거에 뒤집고 유리한 상황을 조성한다는 것이다.

미군 최초의 죽미령 전투와 서부전선의 지연전

6월 30일 트루먼 대통령이 미 지상군 투입을 결정하자, 맥아더 장군은 미 제8군사령관 워커 중장에게 즉시 미 제24사단을 한국으로 이동시키라고 명령했다. 당시 주일 미 육군에는 제8군 예하에 제1기병사단(간토關東 부근), 제7사단(혼슈本州 북부 및 홋카이도北海道 부근), 제24사단(규슈九州 중북부), 제25사단(오사카大阪 부근) 등 4개 사단이 있었는데, 이 중 한국과 가장 가까운 곳에 위치한 제24사단을 최초 투입부대로 지정한 것이다.

미 제24사단장 딘William F. Dean 소장은 선발대로 제21연대 1대대(대대장 찰스 스미스Charles B. Smith 중령)를 지명하고, 4.2인치 박격포반 및 75mm 무반동총반 일부, 그리고 105mm 제52포병대대 A포대를 포함하여 스미스 특수임무부대를 편성했다. 이들은 밤새도록 부대편성을 한 후 비가 내리는 가운데 트럭을 타고 이다즈케板付 공항까지 가서 C-54 수송기 4대로 부산 수영비행장에 착륙했다. 이들은 부산 시민의 열렬한 환영을 받으며 저녁 20시에 기차로 부산역을 출발하여 7월 2일 아침 08시에 대전역에 도착했다. 제52포병대대 A포대는 대대장 페리Millero Perry 중령의 인솔 하에 함정과 열차로 이동하여 7월 4일 평택에서 스미스 부대와 합류했다. 이어서 미 제24사단의 잔여 부대들도 7월 4일까지 부산항에 도착하여 공주, 천안, 옥천, 조치원, 대평리 일대로 전개했다.

스미스 특수임무부대가 부산에 도착한 7월 1일 육군 총참모장 정일권 소장과 미 극동군사령부 전방지휘소장 처치 준장이 한·미 연합작전에 대한 협의를 했다. 이때 국군의 재정비, 탄약 및 장비의 긴급보충 등을 논의하고, 국군과 미군의 작전 책임 지역으로 경부국도를 중심으로 한 서부 지역은 미군이 담당하고 동부 지역은 국군이 방어하기로 했다. 한·미군의 최초 방어선은 평택-안성-충주-울진에 연하는 37도선 일대로 정했다. 이로써 국군은 미군이 참전하게 됨에 따라 그동안 분산되었

●●● 1950년 7월 2일 아침 08시에 대전역에 도착한 미 제24사단 선발대인 스미스 특수임무부대

던 병력을 수습하고 전투력을 재정비할 수 있는 시간을 얻게 되었다.

죽미령 전투는 7월 5일 오산 북방에서 스미스 특수임무부대와 북한군 제105전차사단의 1개 전차연대 및 제4사단의 2개 보병연대 간에 이루어진 6·25전쟁 최초의 미군과 북한군 간의 전투였다. 그러나 사단의 경계임무를 담당하는 증강된 대대 규모인 스미스 부대가 북한군 1개 기계화보병사단 규모(1개 전차연대, 2개 보병연대)를 대적하기에는 중과부적이었다.

스미스 부대는 1번 국도와 경부선 철로를 방어하기 위해 5일 새벽 03시에 죽미령에 도착했으나, 장애물 지대 편성 등 방어준비도 제대로 갖추지 못한 상태에서 적의 공격을 받게 되었다. 08시 15분경 적 전차 8대가 스미스 부대 전방에 나타나자 포병사격을 실시하고, 이어서 75mm 무반동총과 2.36인치 로켓포반에서 사격을 실시하여 적 전차를 명중시켰으나 파괴시킬 수 없었다.

적 전차가 진지 중앙의 경부국도를 따라 내려오기 시작할 때 포병대대장 페리 중령은 추진 배치되어 있던 105mm 곡사포 1문의 대전차고폭탄으로 직접조준사격을 실시하여 전차 2대를 격파했다. 또한 2.36인치 로켓포로 적 전차를 근거리에서 측방 공격하여 2대를 멈추게 했으나, 나머지 33대의 적 전차는 미군 방어진지를 통과하여 오산 방향으로 계속 남진해나갔다.

오후 14시경 적 포병 및 박격포 사격이 방어진지에 집중되는 상황에서 공군 지원을 받을 수도 없고 통신이 두절되어 포병 지원마저 받을 수 없게 되자, 스미스 중령은 철수를 결심했다. 스미스 부대가 약 6시간 동안 혈투를 벌인 끝에 미 제34연대를 포함한 미 제24사단은 방어진지를 구축할 수 있는 시간을 벌 수 있었다. 죽미령 전투는 제2차 세계대전에서 승리해 자신감에 차 있던 미군에게 북한군이 결코 만만한 상대가 아니라는 점을 일깨워준 일전이었다.

미 제24사단장은 평택-안성 선을 주방어선으로 선정하여 제34연대를 배치했고, 후속하는 제21·제19연대로 하여금 차후 방어선인 금강 일대에서 북한군을 저지하겠다는 계획을 세웠다. 그러나 죽미령 전투를 시작으로 제34연대의 평택-천안 전투, 제21연대의 전의-조치원 전투에서

●●● 금강 도하를 준비하는 북한군 〈미 국립문서기록관리청〉

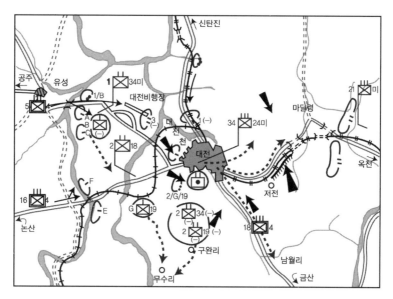

●●● 대전 전투 상황도

미 제24사단은 많은 인명 및 장비 피해를 입게 되었다. 이에 따라 딘 소장은 7월 12일 전 부대를 금강선 남안으로 철수하여 방어진지를 편성하도록 했다. 그러나 북한군은 침투부대를 운용하여 후방에서 퇴로를 차단하고, 정면에서는 전차를 앞세운 보병·전차부대의 협동공격을 감행하여 금강방어선마저 쉽게 무너뜨렸다.

이에 따라 미 제24사단장은 대전 방어를 위해 예하 제34연대를 대전에, 제19연대를 영동에, 제21연대를 대전 동측방 마달령에 배치하여 적의 공격을 저지하도록 했다. 7월 20일 새벽에 북한군 제3·제4사단과 제105전차사단이 유성, 논산, 금산 등 세 방향에서 동시 공격을 실시하여 대전과 옥천, 대전과 금산 사이의 요충지를 점령했다.

미 제24사단은 예하부대와 통신이 두절되고 후방 병참선이 차단되자 지휘통제 능력을 상실했다. 그런 와중에도 딘 사단장은 미국에서 새로 들여온 3.5인치 대전차로켓포로 적 전차를 직접 파괴하는 등 용전분투

했으나, 작전 중 실종되어 36일 동안 대전에서 전북 진안에 이르는 산야를 헤매다 포로가 되었고, 휴전이 되어서야 귀환했다. 대전 전투에서 패배한 미 제24사단은 병력 35%, 장비 65%의 손실을 입고 왜관으로 철수하여 부대정비에 들어갔다.

그렇지만 미 제24사단이 7월 20일까지 대전을 지켜냄으로써 미 제1기병사단이 영동-김천 선에 저지진지를 편성할 수 있는 시간을 벌어주었다. 워커 미 제8군사령관은 대전이 함락되자 미 제25사단을 화령장-상주 일대로 전환시켜 대구를 향해 진출하려는 적의 공세를 차단하도록 했다.

중동부 전선의 지연전

7월 5일 미 제24사단이 서부전선에 투입되면서 국군은 중부 및 동부 지역을 담당하게 되었다. 중서부 지역은 이천, 진천, 충주, 음성 지역에서 국군 수도사단, 제1·제6사단이 북한군 제2사단과 제15사단의 남진을 저지·지연하기 위해 지연전을 전개했다. 한강 방어선이 붕괴되자 국군은 안성-죽산-장호원-목계-신림에 연하는 차령산맥 북쪽에 제2차 방어선을 편성했다. 국군은 기동이 양호한 도로 축선을 따라 부대를 배치하여 제1사단과 제6사단 7연대는 음성 일대에서 북한군 제15사단의 남진을 저지하고, 수도사단과 제6사단 19연대는 이천-곤지암, 진천 일대에서 북한군 제2사단의 공격을 저지·지연했다.

이때 제6사단 7연대는 장호원-음성, 장호원-충주 방향으로 공격해오는 북한군 제15사단을 무극리와 동락리에서 저지했다. 7월 6~7일 실시된 동락리 전투에서는 동락초등학교 여교사 김재옥(19세)이 적에게 국군이 이미 후방으로 멀리 떠났다고 알려주자, 북한군 제48연대는 경계를 풀고 교정에서 휴식을 취했다. 몰래 학교를 빠져나온 김재옥은 4시간

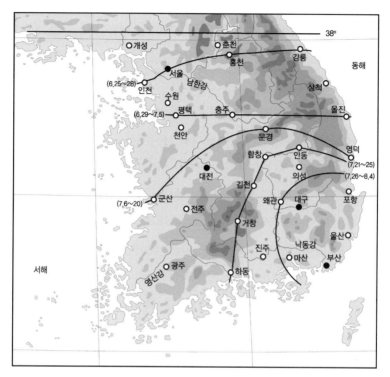

●●● 국군 및 유엔군의 지연전 전개 과정

가량 산속을 헤매다가 제7연대 2대대장 김종수 소령에게 이 사실을 알려주었다. 이에 2대대장은 단독으로 기습공격을 감행하여 적 1개 연대를 괴멸시켰다. 인접해 있던 제3대대 11중대가 도망가는 적 1개 중대를 사살했고, 제3대대는 7일 08시에 포도원으로 이동하여 제2대대와 함께 적의 역습에 대비했다.

동락리 전투에서 적은 1,000여 명 이상의 사상자가 발생했고, 아군은 적 102명을 생포하고 122mm 야포 6문, 76mm 야포 8문, 기관총 41정, 소화기 2,000정, 장갑차 10대, 차량 66대, 사이드카 20대 등 많은 장비를 노획했다. 이것은 전쟁 발발 후 최대의 쾌거였으며, 열세한 병력과 장비로도 승리할 수 있다는 확신을 심어준 계기가 되었다. 춘천 전투에 이어 동락리 전투에서 대승을 거둔 제6사단 7연대에게는 이승만 대통령이 부대표창을 수여했고, 연대장 임부택 중령을 제외한 전 병력이 1계급 특진의 영예를 얻게 되었다.

중동부 지역 지연전은 충주, 제천, 단양 등 중부 내륙의 차령산맥으로부터 소백산맥에 이르는 지역에서 국군 제6·제8사단이 북한군 제2군단 예하의 제12·제1사단의 남진을 저지·지연하면서 한편으로 아군이 전력을 보강할 수 있게 해주었다. 북한군은 제2군단을 중동부 지역에 집중 공격하도록 했는데, 국군 제6사단 2연대가 충주 일대에서 북한군 제12사단 31연대 및 제1사단의 남진을, 국군 제8사단이 제천 및 단양 일대에서 북한군 제12사단(-1)의 남진을 치열한 공방전 끝에 저지했다.

당시 한·미 연합군은 축차적인 지연전을 실시하여 금강과 소백산맥에 연하는 선에서 적을 저지하기로 했다. 천연장애물을 이용하여 북한군의 공격 기세를 꺾고자 했던 것이다. 반면에 북한군은 이 일대에서 국군과 유엔군을 섬멸하기 위해 예비대까지 투입하며 총공세를 펼쳤다. 북한군은 제1군단(제2·제3·제4·제6사단)에 제105전차사단을 배속하여 금강선에 투입했고, 제2군단(제1·제5·제8·제12·제13·제15사단)을 소백산맥선과 동해안 방면으로 공격하도록 했다.

낙동강 방어선을 앞두고 국군과 유엔군은 미 제1기병사단의 영동 전투(7월 22~25일), 국군 제1사단과 제17연대의 화령장 전투(7월 17~25일), 제6사단의 이화령-문경-점촌 전투(7월 14~25일), 제8사단의 풍기(7월 13일)·안동 전투(7월 28~31일) 등을 통해 적을 효과적으로 저지·지연했다. 그러나 7월 31일 오후에 낙동강 남안으로 철수하라는 명령을 받은 제8사단과 수도사단이 전투협조를 제대로 하지 못해 혼란이 일어났다. 이때 제8사단이 철수하지 않은 상태에서 안동교를 조기에 파괴함으로써 제8사단, 특히 16연대가 많은 피해를 입기도 했다.

이러한 지연전을 통해 국군은 제1·제2군단 창설과 함께 각 사단의 전력을 재정비하게 되었고, 미군을 포함한 유엔군의 본격적인 투입과 전개에 필요한 시간을 확보할 수 있게 되었다. 반면에 북한군은 전력이 크게 약화되었고 공격속도가 둔화되었다. 이에 따라 북한군은 개활지가 많은 서부 축선보다는 중동부 산악 축선으로 공격을 집중했고, 주로 야간에 산악을 이용하여 공격작전을 전개했다.

국군과 유엔군은 중서부 및 중동부 지역의 효과적인 지연전을 통해 낙동강 방어선을 형성할 수 있었고, 서부로부터 동부로 이어지는 한·미 연합전선을 구축할 수 있었다.

동해안 지역의 지연전

동해안 지역에서는 국군 제3사단 23연대가 주축이 되어 해안을 따라 내륙으로 침공한 북한군 제5사단과 동해안을 통해 상륙한 제766게릴라부대, 제945육전대의 남진을 저지하는 공방전이 치열했다. 7번 도로가 남북으로 길게 뻗어 있고, 삼척-영월, 울진-영주, 영덕-안동을 연결하는 도로가 동서를 잇고 있는 동해안 지역은 태백산맥으로 인해 내륙과 단절된 전선을 형성하고 있었다.

6월 27일 강릉을 점령한 북한군은 상륙부대인 제766부대와 제945육전대를 울진 방면으로 공격하게 하여 주공인 북한군 제5사단이 포항으로 신속히 진출할 수 있는 여건을 조성하도록 했다. 이때 북한군은 국군을 완전히 격멸함으로써 미군이 한반도에 전개하지 못하도록 부산, 울산, 포항 등의 항구를 신속히 장악하려는 목표를 가지고 있었다. 이에 따라 북한군은 주력을 수원-대전-부산과 원주-안동-포항 방면으로 집중하도록 했고, 동해안에서는 영덕-포항을 조기에 점령하고 부산으로 진출하려고 했다. 그러나 북한군 제5사단은 1개 연대를 산악 지역으로 기

●●● 유엔 해군의 함포사격 〈미 국립문서기록관리청〉

동시키면서 전력이 분산되고 기동속도가 저하되어 효과적인 작전 수행을 하지 못했다. 또한 침투부대인 제766부대와 제945부대와도 협조된 작전이 잘 이루어지지 않았다.

무엇보다 동해안 지역에서 북한군의 진출이 지연된 것은 미·영 연합 해군의 함포사격과 공중공격이 주효했기 때문이었다. 연합 해군은 함대를 해안에 접근시켜 북한군의 보급로와 집결지를 포격했고, 함재기를 출격시켜 북한군 주요 시설과 교량 등을 폭격했다. 특히 맥아더 사령관이 영덕 방어와 영일비행장 확보를 강조함으로써 이 지역에 대한 유엔 해군의 지원이 강화됨에 따라 북한군의 남진이 크게 지연되었다.

한편 미·영 해군의 함포사격에 맞서 북한군도 해안포로 대응사격을 실시했다. 7월 8일 자메이커함, 하트함, 스웬슨함 등이 울진 근해의 해안도로를 포격하던 중 북한군 75mm 육상포로부터 사격을 받아 4명이 전사하고 8명이 부상을 당했다. 적은 임원진과 울진 사이에 120mm 포 10문을 배치하여 대응사격을 실시하기도 했다. 이에 따라 유엔 해군 함정들은 원거리로 이탈한 후 전자탐지 장비로 적의 포 위치를 탐지하여 해안포 진지를 완전히 파괴하는 방식으로 작전을 실시했다.

이러한 유엔 해군의 지상작전 지원에 대하여 러시아 국방부에서 발간한 공식 기록을 보면 "유엔 해군이 북한군 공격부대의 측면에 함포사격을 가함으로써 북한군 공격을 매우 어렵게 만들었을 뿐만 아니라 병력과 장비에 큰 손실을 입혔다. 바다로부터 관측되는 좁은 산길을 통해 동해안을 따라 공격하던 북한군 제5사단은 큰 피해를 입었다"고 평가하고 있다.

이러한 상황에서 북한군 제5사단은 주로 야간에만 기동하여 진출속도가 더욱 느리게 되어 7월 13일에 평해, 7월 17일에 영덕을 점령하게 되었다.

이와 같이 국군과 유엔군은 부산을 향해 치닫고 있던 북한군과 치열한 공방전을 전개하면서 지연전을 실시한 결과, 7월 25일에는 영동-상주-함창-예천-안동-영덕 남쪽을 잇는 전선이 형성되었다.

서남부 지역의 지연전

1950년 7월 11일 북한군은 제3·제4사단을 공주-대전 선에 투입하면서 제6사단을 천안에서 서쪽 방향으로 우회하도록 했다. 1949년에 중공군에서 북한군으로 전환된 제6사단은 김포-영등포-수원 방향으로 공격했던 부대였다. 7월 16일 북한군 제4사단이 논산을 장악하자 제6사단은 금강을 도하해 익산-전주로 향했고 1개 연대는 군산으로 진격했다.

육군본부는 호남 지역 방어를 위해 7월 17일 서해안지구전투사령부를 편성했으나, 전북·전남지구 편성관구 및 기타 부대들이 인원 편성 및 장비 면에서 매우 부실하여 제대로 된 방어작전을 수행할 수 없었다. 7월 20일 전주가 적의 수중에 넘어가자 다음날 정부는 전라남·북도에 계엄령을 선포했다. 그러나 적은 7월 23일 정읍, 남원, 광주 등 호남 지역을 빠르게 장악해나갔다. 이때부터 민부대(민기식 대령 부대)가 남원 운봉 지역에서 이영규 부대, 김성은 부대, 오덕준 부대, 김병화 부대 등을 통합하여 방어작전을 전개했다.

북한군 제6사단은 광주를 장악한 데 이어 제13연대를 목포로, 제1연대를 보성으로, 제15연대를 순천으로 각각 진출시켜 항구를 통해 병참 문제를 해소하고자 했다. 그리고 이들 부대가 7월 25일 다시 순천에서 합류하여 하동 방향으로 공격하게 했다. 호남 지역으로 진출하는 적을 저지하고자 했던 국군과 경찰은 11일 만에 호남 전 지역을 적에게 내주고 많은 피해를 입은 상태로 철수할 수밖에 없었다.

이때 호남으로 우회한 적이 진주와 마산을 거쳐 부산으로 계속 공격해왔다면 낙동강 방어선을 형성하는 데 심각한 위협이 되었을 것이다. 이러한 상황을 접한 워커 미 제8군사령관은 하동에서 진주로 진출하는 북한군 제6사단과 거창 방향으로 남진하는 제4사단을 막기 위해 예비인 미 제24사단을 진주-함양-거창 지역에 급히 투입했다.

그러나 미 제24사단이 적에게 밀리고 마산-부산이 위협을 받는 상황이 되자, 워커 장군은 경상북도 상주에서 방어 중인 미 제25사단을 신속하게 이 지역으로 전환시켜 적의 공격을 저지하고 위기를 수습했다. 이때의 미 제25사단 기동은 제2차 세계대전에서도 유례를 찾아볼 수 없는 가장 빠른 것이었다고 평가받을 정도였다.

8월 1일 국군과 유엔군은 미 제8군사령관 겸 유엔군 지상군사령관 워커 장군의 명령에 따라 낙동강선으로 철수하여 새로운 방어준비를 하게 되었다.

이와 같이 국군과 유엔군은 7월 한 달 동안, 공간을 내주고 시간을 획득함으로써 국군의 전력을 회복시키고 해외로부터 유엔군의 참전 지원을 기대할 수 있게 되었다. 그러나 국토의 90%가 적에게 넘어갔고 국군과 유엔군의 피해도 7만여 명에 이르렀다. 이 기간 중 북한군의 전력도 상당히 약화되었고, 특히 유엔군이 제공권과 제해권을 완전히 장악하면서 북한군의 병력 증원과 군수지원에 심대한 타격을 입혔다.

4. 최후의 보루 낙동강 방어선의 공방전

정부의 전시 조치와 국가 총력전 전개

이승만 정부는 낙동강 방어선이 형성될 무렵인 8월 1일 국방부·내무부·상공부·교통부 장관을 위원으로 하는 '전시대책위원회'를 설치하여 전시에 필요한 조치를 했다. 또한 1950년 8월에 비상시향토방위령(긴급명령 제9호), 징발보상령(대통령령 제381호), 육군보충장교령(대통령령 제382호) 등을 공포하여 전쟁수행을 지원했다.

정부는 국내에서 생산 및 조달할 수 있는 품목은 자체 조달하고 기타 장비와 물자는 미 군수계통으로 지원을 받았다. 국방예산은 최초 일반예산의 27.7%(250억 원)에서 72~75%로 상향 책정되었다. 국방부는 전남 방직공장의 재고품을 부산으로 수송하여 군복으로 사용했고, 대구와 부산 일대의 방직공장을 총동원하여 군의 수요량을 확보해나갔다. 또한 제주도에 조병기지를 설치하여 탄약, 수류탄, 총기 부속품 제조, 노획병기의 정비작업을 실시했다.

한편 낙동강 방어선 구축 시 피난민의 통제 문제가 대두되었다. 미 제8군사령부에 의하면 1950년 7월 중순 북한군이 장악한 지역에서 약 38만 명의 피난민이 남하했고, 매일 2만 5,000명씩 늘어나고 있었다. 미 제25사단은 사단에 배속된 한국경찰대와 협조하여 8월 12일부터 19일까지 진동리와 남강 전투 지역에서 5만 명 이상에 달하는 주민들을 피난시켰다. 낙동강 돌출부 창녕·영산 지역의 미 제24사단도 낙동강을 건너려는 피난민 10만여 명을 대피시켰다.

그러나 피난민들이 경부도로를 주로 이용했기 때문에 작전부대의 기동에 제한을 주기도 했고, 적의 게릴라가 피난민으로 가장하여 아군 후방으로 침투하는 경우도 있었다. 따라서 8월 4일 '피난민 수용에 관한

●●● 부산의 피난민수용소 〈미 국립문서기록관리청〉

임시 조치법'을 공포하여 아군 작전의 편의를 제공함은 물론 피난민이
폭도로 돌변하는 것을 방지하고 전염병을 예방하기 위해 수용소를 설치
하여 운용했다. 8월 중순까지 대구와 부산 지역에 60여 개의 피난민수
용소를 설치하고 적십자를 중심으로 구호활동을 전개했다.

　대구에 임시수도가 설치됨에 따라 육군본부는 7월 24일 제2사단을
해체하면서 대구방위사령부를 창설했다. 그러나 실제 가용 병력은 제한
되었기 때문에 각 도에서 집결한 경찰 병력, 청년방위대, 후방 부대 일부
병력으로 임무를 수행했다.

　국방부는 병력을 보충하기 위해 신병 양성에 주력하여 8~9월에 신병
훈련소 5개소를 대구, 부산, 제주 등지에 설치하고 1~2주간의 신병교육

●●● 6·25전쟁 당시 신병훈련 모습〈미 국립문서기록관리청〉

을 실시하여 전방에 배치했다. 그리고 육군보병학교를 9월 7일에 육군
종합학교로 개칭하여 매주 250명의 초급장교를 배출했다.

또한 국군 사단증편계획에 따라 8월 20일 민부대와 독립유격 제1·제
2대대를 기간으로 하여 제7사단이 다시 창설되었고, 8월 27일 제11사
단의 신편작업이 시작되었다. 이와 더불어 제2사단과 제5사단의 재창설
과 제9사단 및 제3군단의 신편계획이 추진되었다. 이때 국군은 미 군사
고문단으로부터 작전, 부대 개편, 교육훈련, 장비운용 등 여러 분야를 지
원받았다.

●●● 전선으로 출동하는 학도의용군

　특히 국군은 1950년 8월부터 미군으로부터 3.5인치 로켓포를 지급받
아 대전차 공격능력을 갖추게 되었다. 8월 12일까지 미국으로부터 신형
야포 30여 문을 보충받아 105mm 4개 포병대대를 증설하여 9월 10일
까지 10개 포병대대를 보유하게 되었다.

　한편 포항 일대의 학도의용군이 8월에 포항지구에서 국군 제3사단과
함께 전투를 치렀고, 9월 초에는 153명의 학도의용군이 사단의 중화기
중대 요원으로 자원하여 영일비행장 경비임무를 맡았다. 재일교포 학도
병 54명과 애국청년 25명도 미 제1기병사단에 편입되어 참전했고, 641

명의 재일학도병이 미군 사단과 함께 한국 전선에 투입되었다.

이 무렵 여자의용군이 육·해·공군에서 창설되어 주로 행정지원, 공산군 여군 포로 심문, 선무 공작, 공비 귀순전향 유도 등의 임무를 수행했다. 또한 낙동강 전선에서는 병역의무가 없는 소년지원병이 자원하여 최전선에 투입되기도 했는데, 이들은 다부동, 신녕, 영천, 가산-팔공산, 기계-안강, 포항, 마산 서부 지역 전투 등 낙동강의 격전지에서 용감하게 싸웠다.

국군은 1950년 8월 15일 이승만 대통령과 맥아더 원수의 합의에 따라 미 지상군의 병력보충을 위해 카투사 KATUSA, Korea Augmentation to the U. S. Army 제도를 시행했다. 카투사란 미군 부대에 증원된 한국군 병력이라는 의미다. 당시 한국전에 투입된 주일 미군은 감소 편성되어 있는 상태였다. 그리고 한국 전선에 투입된 미군 부대의 전투력 손실이 발생함에 따라 각 부대별 병력보충이 시급한 상황이었다. 8월 16~24일까지 육군본부는 8,600여 명의 카투사를 1차 선발하여 일본에 있는 미 극동군사령부에 보냈다. 8월 20일에는 한국 전선에서 전투수행 중인 미 제24·제25·제2사단 및 미 제1기병사단에도 각각 250명의 카투사가 보충되었다. 그 후 카투사는 미군 사단에 4일마다 500명씩 증원되어 미군은 사단별로 8,300명을 보충받았다. 카투사는 경계, 정찰, 진지구축, 방어진지 위장 등의 보조임무를 수행하여 미군 작전을 지원했다.

국립경찰의 지휘부인 비상경비총사령부는 국군 및 유엔군과 협동체제를 유지했다. 특히 낙동강 방어작전에서 경찰은 대구방위사령부 및 전선 지역에서 군과 협조된 작전을 수행했다. 또한 북한군 게릴라가 피난민을 가장하여 전선 후방에 침투함에 따라 이를 색출하기 위해 7월 23일 조병옥 내무부 장관과 워커 미 제8군사령관이 합의하여 한국 경찰 1만 5,000명이 미군에 배속되어 운용되었다.

●●● 노무부대 대원들은 지게로 도로가 없는 산악 지대의 전방 진지까지 보급품을 운반하고 부상병을 후송했다.

　낙동강 방어작전 기간에 국군은 1개 대대에 50~60명의 노무자들을 피난민과 인근 마을 주민들을 대상으로 모집하여 운용했다. 노무자들은 지게로 도로가 없는 산악 지대의 전방 진지까지 보급품을 운반하고 부상병을 후송했다. 노무자들은 미군 사단에도 500명 정도 배치되었고 항만 하역, 비행기 급유, 비행장·도로·철도 건설과 보수 등 다양한 분야에서 국군과 유엔군의 작전을 지원했다.

　국토의 90%가 적의 수중에 넘어간 상황에서 정부는 국가의 모든 재원을 전쟁수행에 쏟아부었고, 국민들은 소년병, 학도병, 여자의용군, 노무자 등 가능한 모든 분야에 자원하여 낙동강 방어선을 지키는 데 총력을 기울였다. 다시 말해 낙동강 방어작전은 국가 총력전 체제로 수행되었던 것이다.

낙동강 방어선은 어떻게 형성되었는가?

낙동강 방어선은 국군과 유엔군이 정한 최후 방어선으로 '부산 교두보' 또는 '워커 라인Walker Line'이라고도 한다. 부산항은 유엔군의 병력, 무기와 장비, 군수물자를 들여올 수 있는 항구로서 한·미 연합군의 생명선과 같은 항구였다. 국토의 대부분을 상실한 시점에서 이곳을 최후 방어선으로 워커 미 제8군사령관이 선정한 것은 차후 공세로 전환하기 위해 필요한 교두보를 확보하고, 낙동강의 유리한 지형상의 이점을 활용하기 위함이었다.

한·미 연합군은 8월 1일 낙동강 방어선으로 철수하라는 워커 사령관의 명령에 따라 기동 공간이 넓고 화력 운용에 유리한 낙동강 서남부 지역은 미군 3개 사단(미 제25·제24·제1기병사단)을 배치하고, 상류 산악 지역은 국군 5개 사단(제1·제6·제8·수도사단, 제3사단)이 담당하도록 했다. 최초 낙동강 방어선(X선)은 마산-남지-왜관-낙정리-의성-영덕까지이며

●●● 6·25전쟁 당시 부산항의 모습. 당시 부산항은 유엔군의 병력, 무기와 장비, 군수물자를 들여올 수 있는 항구로서 한·미 연합군의 생명선과 같은 항구였다.

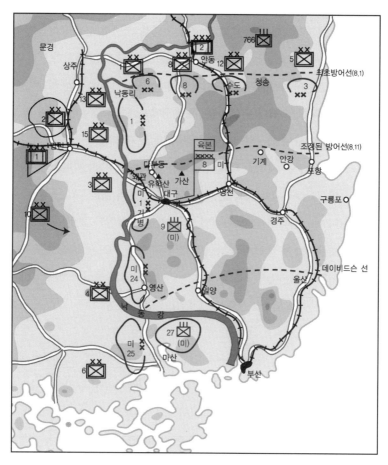

●●● 낙동강 방어선 공방전 상황도

남북 길이 150km, 동서 길이 90km로 총 240km에 달했다. 국군과 유엔군은 8월 4일까지 방어선을 구축하고 낙동강의 교량 대부분을 파괴했다. 그러나 상주에 있던 미 제25사단이 8월 1일 마산으로 이동함에 따라, 8월 11일 국군 5개 사단의 책임 지역이 왜관-다부동-군위-신녕-기계-포항에 연하는 선으로 조정되면서 낙동강 방어선(Y선)은 약 200km로 축소되었다.

북한군은 광복 5주년이 되는 1950년 8월 15일까지 부산을 점령하고 한반도를 석권하겠다는 목표를 달성하기 위해 국군과 유엔군이 낙동강 방어선을 구축하기 전에 돌파한다는 계획으로 총력전을 펼쳤다. 7월 20일에는 김일성이 수안보까지 내려와 북한군 전선사령관 김책에게 "8월 15일 내에 부산을 점령해야 한다. 유엔군에게 숨 돌릴 틈을 주지 말고 낙동강을 도하하여 대구와 부산을 점령하라"고 명령했다.

그러나 북한군은 서서히 전력의 한계를 드러내기 시작했다. 전쟁 초기부터 유엔 공군에 의해 제공권을 상실하여 전선의 공격부대는 물론 후방의 예비전력까지 큰 타격을 받았고, 병참선의 신장과 교량, 도로 등의 파괴로 보급지원이 극히 제한되었다. 전선 부대의 야포와 박격포는 개전 초기와 비교할 때 3분의 1로 감소했고, T-34 전차도 보급이 이루어지지 않아 보병·전차의 협동공격력도 크게 떨어졌다.

북한군의 병참선은 만주-평양-서울-낙동강 전선, 블라디보스토크 Vladivostok-청진-원산-서울-낙동강 전선에 이르는 2개의 루트가 있었는데 모두 300km 이상으로 신장되어 있었다. 또한 유엔 공군의 전략폭격으로 북한의 주요 군수시설과 공장이 파괴되었고, 병력 보충도 어렵게 되자 북한군 사단의 전투력은 50~60% 수준으로 격감했고 사기도 크게 떨어졌다. 실제 7월 15일까지 북한군 1개 사단의 1일 평균 보급량이 206톤이었는데, 8월 15일에는 51톤으로 약 4분의 1 수준으로 감소되었다.

그러한 상황을 만회하기 위해 북한군은 어린 소년까지 전선에 투입했고, 남한 점령 지역에서는 이른바 '의용군'이라는 명목으로 청년들을 강제로 징집하여 약 47만 명을 전선 지역의 총알받이로 내몰았다. 당시 남한에서 차출된 인원이 북한군 사단 병력의 3분의 1에 달했을 정도였다. 또한 강제로 징집된 남한 사람들 중에는 30만 명에 달하는 수송 노무자와 철도 및 도로 보수 노무자들이 포함되어 있었다.

북한군은 지구전을 펼치는 것이 더욱 불리하다고 판단하고, 소위 '8월 공세'에 전체 13개 사단 가운데 11개 사단을 투입하여 낙동강 방어선을 돌파하고자 했다. 8월 1일, 적은 진주-김천-점촌-안동-영덕에 연하는 선까지 진출해 있었다. 이때 북한군은 전선사령부를 수안보에, 제1군단 사령부를 김천에, 제2군단사령부를 안동에 각각 추진하여 전선을 독려했다. 그리고 소·중대에는 소위 '독전대'를 운용하여 뒤로 물러나는 병사들을 향해 뒤에서 사살하는 극악한 방법으로 몰아쳤지만 전력의 한계를 극복할 수는 없었다.

대구를 향한 북한군 총공세: 다부동-왜관 전투

낙동강 방어선을 점령한 국군과 유엔군은 워커 장군의 내선작전 개념을 적용하여 방어작전을 실시했다. 즉, 적절한 예비대를 보유하고 있다가 방어선의 일부가 돌파되면 잘 발달된 내부 도로망을 따라 신속히 역습을 실시하여 돌파구를 회복했다. 그리고 우세한 포병과 항공 전력을 이용하여 적의 전방 부대 및 예비전력을 철저히 파괴했다.

1950년 7월 26일 낙동강 방어선으로의 철수 준비명령을 하달한 워커 미 제8군사령관은 7월 29일 상주에 있는 미 제25사단사령부를 방문하여 이른바 전선 사수Stand or Die 명령으로 알려진 훈시를 했다.

해병대와 2개 연대가 며칠 내로 도착할 예정이고 추가적인 부대들이 현재 오고 있는 중이다. 우리는 이제 시간과의 전투를 하고 있는 셈이다. 여기에는 후퇴도 철수도 전선 조정도 없다. 여러분이 어떤 단어를 떠올리더라도 그런 것은 없을 것이다. 이제 우리 뒤에는 후퇴할 곳이 남아 있지 않다. 각 부대가 역습을 가하여 적 진영에 혼란을 가중하고 적의 균형을 무너뜨려야 한다.

덩케르크Dunkerque의 참패가 다시 있어서는 안 된다. 바탄Bataan에서의 철수와 같은 사태도 다시는 없을 것이다. 만약 우리가 부산으로 철수한다면 그것은 역사상 가장 잔혹한 살육이 될 것이다. 우리는 끝까지 하나가 되어 싸워야 한다. 이 자들에게 포로가 되는 것보다 차라리 죽는 것이 나을 것이다. 우리 중 누군가 죽어야 한다면 우리는 함께 싸우다 죽는 것을 택할 것이다. 그 누구라도 적에게 땅을 내어주는 자는 수천 명의 전우의 죽음에 책임을 져야 할 것이다.

나는 사단의 모든 장병들이 지금 우리가 지키고 있는 이 선이 무엇인지 이해했으면 한다. 우리는 지금 승리로 가는 선 앞에 있는 것이다.

결전을 앞둔 지휘관으로서 비장함을 느끼게 하고 전의戰意를 다지는 명확한 지침이다. 사실 이 방어선이 무너지면 우리나라는 완전히 공산화되는 것이었고, 이 교두보가 확보되어야만 인천상륙과 반격 작전도 가능했기 때문에 맥아더와 워커 사령관의 입장에서도 양보할 수 없는 최후의 방어작전이었던 것이다.

한편 낙동강 방어선을 돌파하기 위해 북한군은 네 가지 작전 방안을 수립하고 총력전을 펼쳐 어느 한 곳만 돌파하면 승리한다는 확신을 가지고 공격했다.

첫째, 대구를 돌파하여 부산을 점령한다.
둘째, 낙동강 돌출부(창녕-영산)를 통해 밀양에서 철도와 육로를 이용한다.
셋째, 남강과 낙동강의 합류지점에서 마산을 돌파하여 부산으로 진출한다.
넷째, 경주를 점령한 후 동해안 도로를 따라 부산을 점령한다.

그러나 북한군의 전투력 수준은 개전 초기에 비해 현저하게 감소되어 있었고, 병력 및 장비의 보충과 식량 및 탄약의 보급까지 제때에 이루어

●●● 대구로 향하는 북한군 〈미 국립문서기록관리청〉

지지 않아 사기 또한 매우 떨어진 상태였다. 그렇지만 전장의 주도권은
북한군이 계속 쥐고 있었다.

　다부동-왜관 지역 전투는 1950년 8월 1일부터 9월 14일까지 대구
북방에서 국군 제1사단과 미 제1기병사단이 전차로 증강된 북한군 5개
사단(제1·제3·제10·제13·제15사단)과 45일 동안 치른 치열한 공방전을 말
한다.

● ● ● B-29 전략폭격기의 융단폭격 후 처참하게 파괴된 왜관 서북 지역 모습

　제1단계 전투는 국군 제1사단이 북한군의 8월 공세 때 대구-부산으로 진출하여 전쟁을 종결하려는 적의 기도를 다부동 지역을 사수함으로써 이를 무산시킨 전투이다.

　8월 12일 제1사단이 낙동강 연안 전투를 끝내고 수암산(519고지)-유학산(839고지)-신주막 일대의 주방어선을 점령하려고 했다. 그러나 북한군 제15사단과 제3사단이 먼저 유학산과 다부동 접근로를 점령하고 공격해옴에 따라 대구의 관문인 다부동 지역이 돌파될 위기를 맞았다.

유엔군사령부는 8월 16일 적 2개 사단과 전차부대들이 집결해 있는 것으로 파악된 왜관 서쪽 지역(5.6×12km)에 대해 B-29 전략폭격기 98대로 폭탄 960톤을 투하하는 6·25전쟁 기간 전무후무한 융단폭격을 실시했다. 융단폭격의 전투피해 결과를 정확히 확인하지는 못했지만, 이후 적의 포격은 현저하게 감소했다. 당시 북한군 제2군단 통신대 소속이었던 김윤문 소좌(소령)는 약목 일대에 배치된 북한군 제3사단 및 제15사단의 예비대·지원포병·전차·통신·탄약·보급품 등은 막대한 손실을 입었고 통신선이 모두 끊어져 큰 혼란을 겪었다고 진술했다. 또한 북한군 제2군단장 김무정을 비롯한 군단 간부들은 이때부터 심리적으로 동요되어 승산이 없는 전쟁이라고 생각하게 되었다고 한다.

다부동 지역이 위급해지자 미 제8군사령관 워커 중장은 8월 17일 군예비로 경산에 집결해 있는 미 제25사단 27연대(연대장 대령 존 마이켈리스 John H. Michaelis)를 국군 제1사단에 증원하고, 19일에는 미 제2사단 23연대(연대장 대령 폴 프리먼Paul Freeman)를 추가로 증원했다. 육군본부도 국군 제8사단 10연대를 국군 제1사단에 배속했다. 이로써 미군 2개 연대가 한국군에 작전통제된 것은 아니었지만 국군 제1사단과 함께 최초로 한·미 연합작전을 실시하게 되었다.

한편 8월 18일 새벽, 가산에 침투한 적이 쏜 박격포 포탄이 대구역 부근에 떨어지자, 대구의 위기가 급격히 확산되었다. 이날 정부가 부산으로 이동하고 피난령이 하달되면서 혼란이 더욱 커졌다. 그러나 조병옥 내무부 장관이 피난령을 취소하고 경찰과 함께 직접 시민들에게 나아가 민심을 수습하고 질서를 겨우 회복시켰다.

8월 21일 국군 제1사단이 주방어선인 유학산 일대를 탈환하고자 했을 때, 북한군 제13사단이 최후의 발악을 하며 저항했다. 특히 제11연대 1대대는 강력한 적의 반격을 받아 피해를 입고 후퇴하게 되었다. 이때 미 제27연대장 마이켈리스 대령은 연대의 측면이 돌파되자 미 8군에 "한국군이 후퇴했다. 퇴로가 차단되기 전에 철수하겠다"고 보고했다. 이에 미 제8군사령부는 제1사단장 백선엽 준장에게 전화를 걸어 "한국군은 도대체 싸울 의지가 있느냐"고 힐책했다. 백선엽 사단장은 즉시 현장으로 달려가 후퇴하는 병력들을 수습하고 훈시했다.

지금 국가의 운명은 낙동강 방어선에 달려 있고 조국의 흥망은 이 유학산에 걸려 있으므로 이 유학산에서 철수하면 갈 곳이 어디냐? 이제부터 사단장이 직접 선두에 서서 나갈 터이니 귀관들은 나의 뒤를 따르라. 만일 사단장이 선두에서 물러선다면 사단장을 쏴다오. 만일 귀관들이 명령 없이 철수한다면 가차 없이 귀관들을 쏘겠다. 우리는 한 치의 땅도 적에게 허용할 수 없으며 죽음으로써 이곳을 사수해야 한다. 조국을 지켜 후손들에게 명예스러운 역사를 남기기 위한 사수냐? 아니면 불명예스러운 철수냐? 이 두 가지 중 어느 하나를 선택해야 할 최후의 기회만이 남아 있다……

이러한 사단장의 훈시와 격려에 사기가 오른 병사들이 사단장의 돌격 명령을 받고 448고지를 향해 역습을 감행하여 불과 30분 만에 목표를 탈취했다. 이를 지켜본 미 제27연대장 마이켈리스 대령은 사단장에게 다가와 사과했다. "사단장이 직접 돌격에 나서는 것을 보니 한국군은 신병神兵"이라며 감탄했다. 이 작전에서 백선엽 사단장은 연합작전에서 상호 협조와 신뢰가 작전의 성공 여부를 결정한다는 소중한 교훈을 얻었다.

8월 21일 밤 다부동 계곡에서는 6·25전쟁 최초로 전차전이 전개되었다. 신주막-다부동 접근로에서 연대 규모의 적이 전차와 SU-76자주포(직사포)를 앞세워 야간 역습을 감행하자, 미 제27연대 전차들은 5시간 동안 이들과 전차전을 벌였다. 전차포 철갑탄이 굉음을 내며 밤하늘을 밝게 비추었다. 이때 전차포의 포탄 덩어리가 교차되는 모습을 보고 F중대 병사들이 마치 볼링 볼이 굴러가는 것 같다 하여 '볼링 앨리Bowling Alley 전투'라고 이름 붙였다. 다음날 미군 정찰대는 파괴된 적 전차 9대와 SU-76자주포 4대, 그리고 차량 여러 대와 1,300여 구의 시체를 확인하고 포로 11명을 잡았다. 이로써 대구를 목표로 공격하던 적은 75%의 병력이 손실되고 나머지 병력도 간신히 철수한 것으로 판단되었다.

한편 8월 22일 북한군 제13사단의 주력이 신주막에서 국군 방어선을 돌파하고자 공격을 해왔으나, 미 공군의 폭격과 포병사격, 미군 전차부대의 공격으로 막대한 피해를 입고 퇴각했다. 이날 10시에 북한군 제13사단 포병연대장 정봉욱 중좌가 사단의 작전계획을 가지고 귀순했다. 그는 북한군 제13사단장이 유학산-다부동의 작전 실패에 대해 포병의 포격이 잘못되었기 때문이라고 책임을 추궁하자 언쟁이 일었고, 이때 평소에 갖고 있던 공산주의에 대한 혐오감도 함께 작용하여 자유를 찾게 되었다고 귀순 이유를 설명했다. 정봉욱 중좌의 진술에 따라 과수원에 교묘히 위장되어 있던 적 포병진지에 대해 전폭기 폭격과 포병사격을 집중적으로 실시했고, 이후 적 포격은 현저하게 줄어들었다.

8월 25일에는 제10연대 1대대가 가산산성의 적을 격파하고 제11연대와 미 제27연대가 신주막을 점령했다. 다부동의 위기가 사라지자, 워커 사령관은 미 제27연대를 마산에 있는 미 제25사단으로 복귀시켰다.

한편 다부동 지역 돌파가 어렵다고 판단한 북한군은 유학산 일대의 제15사단을 8월 20~21일 사이에 영천 지역으로 이동시켜 국군 제8사단을 공격하도록 했다.

제2단계는 왜관-다부동-대구 북방 지역에 대한 방어임무를 수행하던 미 제1기병사단이 북한군 4개 사단과 1950년 8월과 9월에 치른 전투이

●●● 낙동강을 건너려고 하는 피난민 행렬

다. 최초 미 제1기병사단은 북한군 제3사단 및 제10사단과 싸웠고, 국군
제1사단으로부터 다부동을 인수받은 9월 2일부터는 북한군 제1(-)·제
3·제13사단과 공방전을 치렀다.

　이때 미 제1기병사단은 북한군의 강력한 공격을 받아 다부동과 왜관
지역을 빼앗겼으나, 대구 북방의 가산산성 일대에서 9월 14일 반격 시
까지 대구를 사수했다. 한편 대구가 위협을 받게 되자 홍콩에 주둔하고
있던 영국군 제27여단이 8월 28일에 유엔 지상군으로는 처음으로 한국
전선에 투입되었다. 이 부대는 미 제1기병사단에 배속되었고, 경찰 또한
증원되어 함께 전투를 했다.

　그리고 국군 제1사단이 9월 13일 대구 방어부대의 지휘통일을 기하

기 위해 미 제1군단에 배속되어 미 제1기병사단과 협조된 작전을 실시
했다. 국군 제1사단과 미 제1기병사단은 대구 북방 10km 지역에서 효
과적으로 적을 저지하여 대구 점령을 위해 총공격을 펼친 북한군 제2군
단의 9월 공세를 마지막까지 좌절시켰다.

북한군의 우회기동과 마산-부산 압박

북한군은 창녕-영산 축선을 통해 대구-부산 간 미 제8군의 퇴로를 차단
하고 부산으로 진출하고자 했다. 또한 진주-마산 축선에서는 부산의 관
문인 마산을 점령하고 부산을 장악함으로써 전쟁을 종결하고자 했다. 이
를 위해 1개 기갑여단(-), 1개 자주포대대 등 각종 포병의 지원을 받는 5
개 사단을 이곳에 집중 투입했다.

　국군 및 유엔군이 지연전을 실시하는 동안 북한군 제6사단은 1개 모
터사이클연대와 함께 7월 19일부터 서해안 축선으로 대우회기동하여
목포와 여수항을 점령하고 8월 2일 마산을 향해 공격을 실시했다. 미 제
8군사령부는 7월 31일 뒤늦게 포로심문과 무선감청을 통해 북한군 제4
사단과 제6사단이 낙동강 방어선의 아군 배후를 공격하기 위해 기동하
고 있다는 사실을 알게 되었다. 이에 따라 워커 장군은 상주 남쪽에 있던
미 제25사단을 긴급히 마산 방면으로 이동하도록 8월 1일 오후 2시에
명령을 하달했다. 이때 마산 방면에는 미 제29연대(2개 대대), 미 제19연
대(2개 대대), 미 제27연대, 민부대, 이응준 부대가 있었지만 이들 부대는
전투력이 약해 북한군 제6사단을 저지할 수 없다고 판단했던 것이다.

　미 제25사단은 상주에서 김천을 거쳐 왜관까지는 도보 또는 차량으
로 이동하고, 이어서 마산까지는 철로를 이용하여 36시간 만에 140km
를 이동하여 8월 3일 야간에 도착했다. 이날 일본에 있던 미 제5연대전
투단도 이곳에 전개했다. 워커 사령관은 미 제25사단의 신속한 이동으

로 부산이 구출되었다고 기뻐하며 8월 3일부터 마산 방면의 모든 부대를 미 제25사단장이 통합 지휘하도록 했다.

국군 해병대의 김성은 부대가 이응준 서남지구전투사령관의 명령에 따라 8월 3일 진동리 서쪽에서 전차와 사이드카를 앞세워 공격해오는 적 대대 병력을 공격하여 전차 2대와 트럭 등을 파괴하는 전과를 올렸다. 또한 이 부대는 8월 6일 진동리의 미 제27연대에 배속되어 적이 점령하고 있던 야반산을 공격하여 탈취했다.

북한군 제6사단이 마산 서쪽의 중암리와 진동리까지 진출하고 일부 부대가 함안 남쪽 서북산까지 침투하면서 서남부 전선 상황이 악화되자, 미 제8군사령관은 마산-진주 축선으로 역공격을 실시하기로 결심하였다. 미 제25사단(킨William B. Kean 소장), 미 제5연대전투단, 국군 민부대, 국군 해병대, 미 제87전차대대 등으로 '킨 특수임무부대'를 편성하여 진주 탈환작전을 전개했다.

8월 7일 킨 특수임무부대는 진주 고개와 사천으로 이어지는 낙동강 방어선을 확보하기 위해 공격을 개시했다. 미 항공모함 함재기의 폭격 지원을 받으며 진동리, 고성 부근 전투에서 대규모 전과를 달성했다. 그러나 8월 12일 소위 '피의 계곡' 또는 '포병의 무덤'이라고 일컫는 봉암리 계곡에서는 미군 105mm 포 8문과 155mm 포 6문 등이 파괴되고 370여 명의 사상자가 발생하는 큰 피해를 입기도 했다.

미 제25사단은 8월 14일 남지-검암리-서북산-진동리에 연하여 주방어선을 형성했고, 미 제27연대는 군 예비로 전환되었다. 이로써 킨 특수임무부대는 마산을 위협하는 북한군 제6사단에게 치명적인 타격을 입혔다. 이것은 차후 반격작전에 대한 자신감을 갖게 한 전투였다고 할 수 있다.

한편 낙동강 방어선의 현풍으로부터 남지에 이르는 지역은 낙동강이

S자형으로 흐르고 있는 '낙동강 돌출부' 지역으로 미 제24사단이 담당하고 있었다. 북한군 제4사단이 8월 4일 오항과 남지 일대로 기습 도하하여 영산을 점령하고 밀양 방면으로 진출하고자 했다.

이때 북한군 제4사단은 오항과 박진 나루터에 수중교를 설치하고 야간을 이용해 대규모 병력과 전차, 박격포, 야포 등을 도하시켰다. 수중교는 수면 아래 30cm까지 돌과 목재 또는 자갈을 채운 가마니를 쌓아 만든 임시 가교였다. 북한군은 야간에 이 작업을 실시해 아군의 공중 및 지상관측을 피했고, 날이 밝으면 미군과 100~150m 정도 근접한 상태를 유지함으로써 유엔군 전폭기의 공중공격을 회피하면서 계속 공격을 할 수 있었다. 적은 이와 같은 도하공격으로 상당한 효과를 보았다.

딘 소장의 실종으로 7월 26일 미 제24사단장으로 취임한 존 처치 소장은 낙동강 방어선에서 절대 물러나서는 안 된다는 불퇴전不退轉의 의지를 재차 강조했다. 당시 미 제24사단은 대전 전투 이후 입은 손실로 인해 각 연대는 2개 대대로 편성되어 있었다. 전차가 사단에 배속되어 있었으나 사단이 보유한 포는 105mm 17문과 155mm 12문 등이었으며, 사단 전체의 전투력은 40%에 불과했다.

적이 영산을 점령하자 미 제8군은 군 예비인 미 제1해병여단을 미 제24사단에 배속시켜 북한군 제4사단을 공격했다. 당시 북한군 제4사단은 식량 보급과 탄약 재보급이 이루어지지 않아 전투력 발휘에 어려움이 있었다. 북한군 포로에 의하면 "8월 14일 이후 탄약 보급이 두절되었고 보충병(남한 점령 지역에서 동원된 '의용군')의 40%가 도주했다"고 진술했다. 8월 18일 미 제24사단과 미 제1해병여단이 영산 지역을 탈환하고 낙동강 방어선을 회복했다. 이때 북한군 제4사단은 낙동강 돌출부 전투에서 입은 타격을 극복하지 못하고 다시는 전선에 투입되지 못했다. 8월 하순에는 미 본토에서 한국 전선에 투입된 미 제2사단이 미 제24사단의 작전 지역을 인수했다.

북한군은 8월 31일부터 9월 9일까지 3개 사단(제10·제2·제9사단)을 창녕-영산 지역에 투입하여 미 제2사단 지역을 돌파하고자 했다. 적은 밀양과 삼랑진으로 진출하여 대구 일대를 방어하고 있는 미 제8군의 퇴로를 차단할 목적이었다. 그러나 북한군은 미 제8군의 과감한 역습과 미군전폭기에 의한 폭격으로 많은 피해를 입었으며, 특히 북한군 제2사단은 전사 1,300여 명, 부상 2,500여 명의 손실을 입고 공격력을 상실했다. 이때 아군의 피해 또한 심대하여 미 제2사단 23연대의 전투력이 38%로 감소되었다.

이로써 낙동강 돌출부인 창녕-영산 지역에서는 미군 2개 사단(제24·제2사단)이 대구-부산 간 퇴로를 차단하려던 북한군 3개 사단(제2·제4·제9사단)의 공격 기도를 좌절시켰고, 재기불능 상태로 만들어 북한군 전체의 공격력을 약화시켰다.

최대의 위기 영천-포항 피탈과 재탈환

낙동강 방어선의 중동부 지역인 군위, 의성, 신녕, 영천 일대에서 국군 제1군단 예하 수도사단 및 제8사단과 국군 제2군단 예하 제6사단이 북한군 제2군단 예하 4개 사단(제1·제8·제13·제15사단)과 제17기갑여단, 그리고 제73독립연대 및 제103치안연대의 총공격을 1950년 8월 1일부터 9월 14일까지 저지했다.

8월 한 달 동안 낙동강 전선에서 북한군과 공방전을 치른 국군과 유엔군은 그동안의 전투 양상과 북한군의 작전지속 능력을 감안할 때 적은 작전 한계점, 즉 공격을 지속할 수 없는 전력 수준에 이르렀다고 평가했다. 그러나 북한군은 가용 전투력을 다시 추슬러 9월 총공세를 감행했다.

9월 5일 북한군 제15사단은 2개 연대를 증강한 5개 연대로 국군 제8

사단(-)이 방어하고 있던 보현산과 기룡산을 돌파하고 영천을 점령했다. 낙동강 방어선 일부가 돌파될 큰 위기였다. 영천은 대구 및 경주로 진출할 수 있는 교통의 요지로서 이곳을 적에게 빼앗긴 이후 적이 어느 방향으로 진격하든지 큰 위협이 아닐 수 없었다. 따라서 영천이 피탈되자 대구에 있던 육군본부와 미 제8군사령부가 부산으로 이동했다.

적은 다행히 경주 방향으로 향했고 국군 제8사단은 적의 돌파구 확장을 저지하고, 국군 제7사단 5연대와 국군 제1사단 및 제6사단으로부터 증원받은 2개 연대, 원대 복귀한 제10연대를 가지고 반격작전을 전개했다. 이로써 영천을 점령하기 위해 피아간에 9월 6일부터 8일까지 3일간 3회의 공방전이 전개되었다. 결국 국군 제8사단이 영천을 탈환함으로써 낙동강 방어선에서의 가장 큰 위험을 극복했다.

영천 지구 전투는 국군이 수세에서 공세로 이전하는 전환점이 되었고, 북한군 제15사단은 치명적인 타격을 입고 전선에서 물러나게 되었다. 또한 이 전투에서 국군은 단독으로 전개한 군단급 반격작전을 성공적으로 실시함으로써 차후 총공세 작전의 발판을 마련했다.

한편 영덕과 포항 지역에서는 국군 제3사단이 이 지역을 확보하고 부산을 신속히 점령하려는 북한군 제5사단과 공방전을 전개했다. 포항 북쪽 장사동 일대에 있던 국군 제3사단은 8월 17일 해상으로 철수하여 형산강 일대에 방어선을 구축하고 있었다. 그런데 영천이 위태롭게 되자 증원부대인 국군 제8사단 10연대가 원대 복귀했다. 그러나 교대 병력이 도착하기도 전에 빠져나감으로써 형산강 방어선에 위기가 발생했다.

포항이 적에게 피탈될 위기에 처하자, 9월 11일 미 제8군사령부는 처치(미 제24사단장) 특수임무부대를 구성하여 운제산 일대의 적을 격파하고 지대 내 북한군을 소탕했다.

이와 같이 대한민국 방어의 최후 보루였던 낙동강 방어선의 여러 방면에서 북한군은 부산을 점령하기 위해 총공세를 펼쳤다. 그러나 국군과 유엔군은 다부동·영천·포항·영산·마산 등 지역에서 적극적인 역습과 끈질긴 방어작전을 실시하고 적절한 예비대를 운용하여 적을 격퇴했고, 인천상륙작전에 발맞춰 낙동강 선에서 총반격을 전개할 수 있는 여건을 조성했다.

5. 인천상륙작전과 38도선 이북으로 진격

인천상륙작전의 최종 논쟁

맥아더 장군은 1950년 6월 29일 한강 방어선을 시찰하면서 북한군의 남진을 저지하기 위한 상륙작전을 구상했다. 그는 도쿄로 복귀하여 7월 초에 참모장 알몬드Edward M. Almond 소장에게 "서울의 병참선 중심부를 타격하기 위한 상륙작전계획을 고려하고 상륙지점을 연구하라"고 지시했다. 이에 따라 '블루 하트Blue Heart'로 명명된 최초 인천상륙작전계획이 완성되었다. 이 계획은 7월 22일 해병 1개 연대전투단과 일본에 있는 미 제1기병사단이 인천에 상륙하여 내륙으로 진출, 서울을 포위함으로써 적을 38도선 이북으로 축출한다는 구상이었다. 그러나 북한군의 공격이 빠르게 전개되어 미 제1기병사단을 영동 지역으로 급히 투입하게 됨에 따라 이 계획은 7월 10일에 취소되었다.

　그러나 맥아더의 상륙작전 구상과 계획은 합동전략기획단JSPOG에 의해 연구·발전되어 '크로마이트 작전Operation Chromite' 계획으로 수립되었다. 작전계획단계에서 상륙지점을 인천(100-B계획), 군산(100-C계획), 주문진(100-D계획) 등 세 곳을 검토했으나, 맥아더 장군은 인천을 상륙지점으로 하는 100-B계획을 채택하여 미 합동참모본부(합참)에 보고했다.

미 합참은 인천이 조수 간만의 차가 심하고 지형 조건이 상륙작전에 매우 불리하다고 판단했다. 이에 따라 미 육군참모총장 콜린스 대장과 미 해군참모총장 셔먼Forrest P. Sherman 대장 일행이 실무자를 대동하고 도쿄 맥아더 사령부를 방문했다. 8월 23일 이들과 맥아더 원수, 인천상륙작전을 지휘하게 될 미 제10군단장 알몬드 소장, 조이Charles Turner Joy 중장 그리고 합동전략기획단 요원들이 모여 열띤 토의를 벌였다. 셔먼 제독은 군산 상륙을 대안으로 제시했고, 상륙 전문가인 도일James Doyle 제독은 서해안의 남양만 포승면(현 평택항)을 상륙지역으로 제안했으며, 해병대 사령관 셰퍼드Lemuel C. Shepherd Jr. 중장이 이를 지지했다. 이 자리에서 맥아더는 설득력 있는 화법으로 태평양 전쟁사를 들어가며 1시간 가량 낮고 단호한 목소리로 계획의 타당성을 다음과 같이 역설했다. "인천을 점령하고 서울을 탈환하게 된다면 적 보급로를 즉시 차단할 수 있고, 전쟁을 단축하게 되어 인적·물적 피해를 감소시킬 수 있으며 동계작전에 들어가는 것을 미리 막을 수 있을 것이다. 다른 지역은 너무 원거리이거나 근거리에 있어 보급로 차단 효과가 상대적으로 떨어진다. 또한 서울 탈환은 심리적으로 적을 크게 위축시켜 낙동강 방어선에서 적을 몰아내고 반격으로 전환할 수 있는 유리한 여건을 조성할 수 있다. 그리고 적도 인천상륙작전에 대한 가능성을 낮게 보고 있기 때문에 배비가 되어 있지 않은 틈을 타 기습을 감행한다면 성공 가능성이 더 높다고 본다"는 논리를 폈다.

극동 해군사령관 조이 중장은 처음에 작전의 성공 가능성을 5,000분의 1이라고 생각했으나 맥아더 사령관의 설명을 듣고 난 후 개인적인 우려가 사라졌다고 했고, 결국 대다수 참석자가 이에 동의하게 되었다.

이에 따라 미 합참이 유엔군사령관의 계획을 승인했고, 맥아더 원수는 상륙작전 일자를 9월 15일로 확정했다.

상륙부대 편성과 상륙작전 실시

맥아더 장군은 상륙군 부대로 미 제10군단을 창설하고 그의 참모장 알몬드 소장을 군단장에 임명했다. 그러나 시간이 촉박하고 가용 병력이 부족하여 상륙부대를 편성하는 것이 가장 큰 난제였다. 우여곡절 끝에 군단 예하부대로 미 제1해병사단, 미 제7보병사단, 국군 제1해병연대, 국군 제17보병연대를 편성하고 지원부대로 미 제2특수공병단을 포함시켰다. 미 제7사단은 일본 점령부대로서 1950년 7월 중 미 제24·25사단 및 제1기병사단이 한국으로 출동할 때 병력을 보충해줬기 때문에 편제에 비해 병력 수준은 50% 미만이었다. 부족 병력에 대해서는 8월 23일부터 한국에서 카투사 8,637명을 선발하여 미 극동군사령부에 보내어 훈련을 함께 받도록 했는데, 이들을 미 제7보병사단에 우선 충원했다. 이것이 카투사 제도의 실질적인 시작이었다. 이와 같이 편성된 상륙군의 총병력은 7만여 명이었다.

상륙작전을 위해 미 제7사단은 일본 요코하마橫濱에서, 미 제1해병사단은 고베神戶에서, 수송선단과 화력지원함대 및 지휘함 등은 사세보佐世保에서 각각 출항했다. 국군 제17연대, 제1해병연대, 미 제5해병연대 등은 부산에서 출발하여 상륙작전 하루 전인 9월 14일 집결지인 덕적도 근해에 집결했다.

상륙작전은 극비리에 계획되어야 하고, 작전 실시 시기 및 상륙 장소, 훈련 및 장비 준비 등 각 단계마다 작전 보안이 철저하게 요구되는 작전이다. 따라서 적을 기만하고 전력을 분산시키기 위해 양공 및 양동작전을 전개했다. 9월 5일부터 10일 사이에 항공폭격을 평양에서 인천, 군산에 이르기까지 상륙이 가능한 모든 항구에 실시했다. 9월 10일과 12일에는 최초 상륙지점인 월미도에 집중적으로 항공폭격을 실시했고, 이튿날에는 인천 일대를 타격했다.

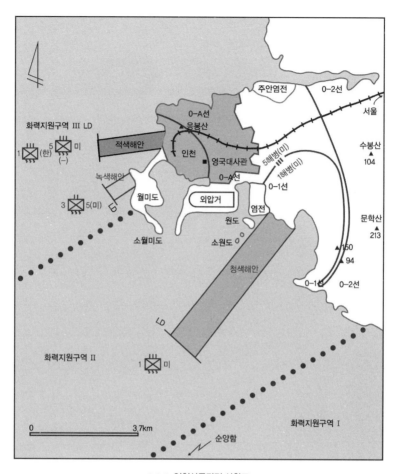

●●● 인천상륙작전 상황도

　9월 12일 밤에는 미 육군 엘리Louis B Ely 대령이 지휘하는 미·영 혼성 기습부대가 군산에 상륙하여 양동작전을 실시했다. 상륙돌격인 것처럼 해안정찰까지 실시하려고 했으나 적에게 발견되어 함포와 항공기로 적을 집중타격하고 다음날 새벽에 철수했다. 이어 동해안 전대에서는 9월 14일과 15일에 삼척 일대에 맹렬한 함포사격을 실시했다. 이와는 별도로 9월 14일 영덕 장사에서는 주로 학도의용군으로 편성된 육본 독립 제1유격대대(일명 명부대)가 양동 상륙작전을 전개하여 북한군을 기만했다.

●●● 1950년 9월 15일 인천상륙작전 당시 기함 마운트 매킨리 호(USS Mount McKinley)에서 참모들과 함께 성공적인 상륙작전을 바라보면서 웃고 있는 맥아더 장군 〈미 국립문서기록관리청〉

또한 유엔 해군은 서해안을 봉쇄했고, 유엔 공군과 해군의 항공기들은 인천을 중심으로 반경 50km의 경인 지역에 있는 도로, 교량, 터널, 조차장 등에 집중 폭격을 가했다. 월미도와 인천 지역에 대해서는 함재기들과 함포로 집중 타격을 가하여 적 해안 방어부대들을 무력화시켰다.

9월 15일 인천상륙작전이 기습적으로 개시되었다. 먼저 월미도를 점령하기 위해 05시 45분 미 항공모함의 해군기가 폭격을 실시하고 순양함과 구축함의 함포가 월미도를 향해 작렬했다. 이어 미 제5해병연대가 06시 20분에 상륙작전을 개시하여 08시에 월미도를 확보했고, 11시 15분에 소월미도를 점령했다. 월미도와 소월미도에는 북한군 제226연대 예하부대 및 제918해안포연대 2대대 등 약 400명이 방어하고 있었다. 미 해병부대의 피해는 부상자 17명인 반면에, 적 피해는 사살 108명, 포로 136명으로 확인되었다.

인천 상륙은 당일 오후에 시작되었는데 미 제5해병연대와 미 제1해병연대가 투입되어 다음날 새벽에 해두보를 확보했다. 미 제1해병사단은 해두보를 확보한 후 경인국도를 축으로 공격하여 인천 시가지 전투를 전개했다. 시가지 소탕작전에서는 국군 해병대가 큰 역할을 담당했다. 9월 16일 인천 탈환을 완료한 미 제1해병사단장 스미스 소장은 인천시의 행정을 조속히 복구하라는 상부 지시를 받고 상륙작전에 참가한 손원일 제독과 상의하여 임시 인천시장에 표양문을 임명하여 9월 18일 취임했다.

한편 후속 상륙부대인 미 제7사단은 조수 조건의 악화로 인해 9월 18일 오후에야 제32연대가 인천에 상륙했다. 제32연대는 미 제1해병사단에 배속되어 소사 방향으로 투입, 해병사단의 우측을 엄호했다.

9·28 수도 서울 탈환과 정부의 환도

인천 교두보를 확보한 미 제10군단은 9월 18일 서울을 탈환하기 위해 공격을 시작했다. 미 제1해병사단(국군 제1해병연대 배속)의 제5해병연대는 김포비행장 방향으로, 제1해병연대는 영등포 방향으로 공격하여 서울 서쪽에서 시가지를 향해 공격했다.

그러나 미 제10군단장 알몬드 소장은 적의 조직적인 저항이 예상되자, 미 제7사단(국군 제17보병연대 배속)의 상륙을 19일까지 완료하도록 했다. 9월 20일 미 제7사단은 인천-안양 간 도로를 중심으로 공격하여 남쪽에서 오는 적의 증원을 차단하고 낙동강 전선에서 반격해오는 미 제8군과 연결하는 임무를 부여받았다. 9월 22일 미 제7사단은 수원비행장을 점령하여 중요한 항공기지를 확보했고, 이어 한강 남안으로 진출하여 서울 시내에 대한 공격준비를 갖추었다.

북한군은 제9사단과 제18사단 등 2만여 명의 병력을 동원하여 서울을 방어하려고 했다. 특히 연희고지 일대에서 적은 결사방어태세를 취하고 있었다. 북한군은 제18사단 예하부대와 인천에서 후퇴한 부대들, 그리고 제78독립연대와 제25교육여단으로 방어선을 구축하고 완강하게 저항했다. 그러나 강력한 항공폭격 지원 하에 미 제1해병사단은 9월 23일 104고지, 56고지, 296고지(안산) 등을 차례로 점령하여 서울 서측방의 적의 최후 보루였던 연희고지 일대를 탈환했다.

9월 24일 미 제7사단 32연대와 국군 제17연대는 신사동에서 서빙고로 한강을 도하했다. 미 제32연대는 26일 새벽 남산 일대에서 적의 역습을 격퇴하고 치열한 전투를 계속했다. 미 제7사단과 국군 제17연대는 서울 동쪽의 외곽도로를 차단하기 위해 퇴각하는 적과 조우전을 치르면서 계속 전진해나갔다. 26일 국군 제17연대가 면목동을 점령하는 등 서울 시가지 절반 정도를 회복했다.

한국 해병 제2대대는 미 해병 제1연대에 배속되어 마포, 용산, 서울역, 남대문 일대에서 적 소탕작전을 전개했다. 9월 27일 오전 6시 10분에는

6중대 1소대장 박정모 소위가 중앙청에 태극기를 다시 게양했다. 미 제7사단은 9월 28일 아침까지 서울 시내에 있는 적을 완전히 소탕하고 의정부 방면으로 계속 공격했다.

이튿날 9월 29일 정오에 서울 환도식이 이승만 대통령 주관으로 중앙청에서 열렸다. 맥아더 장군과 워커 미 제8군사령관, 그리고 서울 탈환작전에 참가한 군 지휘관들과 정부 관리들이 참가했다. 북한군의 남침 3일 만에 빼앗긴 수도 서울을 3개월 만에 많은 희생을 치르고 되찾은 것은 감격적인 일이었다. 그리고 공산치하에서 신음하던 서울 시민들에게는 더 없는 기쁨인 동시에 자유의 소중함을 다시금 일깨워준 계기가 되었다. 국군 제17연대는 미 제32연대와 함께 서울 경비 임무를 담당하게 되었다.

한편 9월 26일 미 제7사단은 낙동강 방어선에서 반격을 실시하여 북상한 미 제1기병사단 7기병연대 린치Lynch 특수임무부대와 오산 북쪽에서 연결을 이루었다. 이곳은 지난 7월 5일 미군(스미스 특수임무부대)이 북한군과 최초 교전을 했던 죽미령 인근 지역이었다. 이로써 인천상륙작전은 성공적으로 완료되었다.

북한군은 낙동강 방어선 공격에 막대한 전력을 쏟아부었고, 특히 남한 청년 47만여 명을 강제 동원하여 투입하는 등 최후까지 돌파를 시도했으나, 국군과 유엔군의 인천상륙작전으로 말미암아 모든 것이 허사가 되고 말았다. 적은 8월에 이미 작전한계점에 도달했으나, 전선에서 독전대를 운용하는 등 발악적인 공세를 이어갔다. 그러나 병참선의 과도한 신장과 전력의 고갈로 기본적인 식량과 탄약 보급까지 제한을 받는 상황에서 부산을 점령하겠다는 것은 김일성의 과욕에 불과했던 것이다.

●●● 1950년 9월 29일 정오에 중앙청에서 열린 서울 환도식 〈미 국립문서기록관리청〉

유엔의 북진 결정과 전쟁 목표의 확대

국군과 유엔군이 인천상륙작전과 낙동강 방어선의 반격작전을 성공적으로 실시하여 서울을 수복하고 38도선을 향해 진격해가자, 38도선 돌파 문제가 본격적으로 대두되었다. 북한군을 격멸하기 위해 북진을 허용할 것인가? 한반도의 통일 문제를 어떻게 처리할 것인가? 하는 것이 문제의 핵심이었다.

미국은 1950년 7월 중순, 국군과 유엔군이 대전 일대에서 지연전을 벌이던 시기에 트루먼 대통령의 지시에 따라 국가안전보장회의에서 이 문제를 검토하기 시작했다. 미 국방부와 국무부 동북아과의 입장은 "북한군 격멸 후 먼저 38도선을 돌파하고 북한을 점령한 후 유엔 주도 하에 한국 문제를 해결한다는 것"이었고, 반면에 케넌^{George F. Kennan}을 중심으로 한 국무부 정책기획국 측에서는 "중·소의 개입이 없을 때에만 유엔의 결의로 북진하되 개입 여부에 대한 정보가 확인될 때까지 최종 결정을 유보할 것"을 주장했다.

당시 한국 정부의 입장으로 이승만 대통령은 7월 13일 미국 CBS 방송과의 인터뷰에서 "북한이 먼저 침공한 이상 38도선은 없어졌다"고 주장했다. 7월 19일 이 대통령은 트루먼 대통령에게 서한을 보내 "6월 25일 새벽에 북한은 38도선의 유지를 요구할 권리를 잃었으며, 전쟁 이전의 상태로 돌아간다는 것은 도저히 있을 수 없는 일이 되었다. 한국 정부와 국민은 지금이 통일을 할 수 있는 절호의 기회라고 생각하고 있다"고 하면서 통일에 대한 국민의 열망을 강력하게 전달했다. 비록 전세^{戰勢}는 계속 밀리고 있었지만 미국과 유엔이 6·25전쟁에 개입하게 되자 이 전쟁에서 승리할 것으로 확신한 이승만 대통령은 이번 기회에 38도선을 없애고 통일을 이루어야 한다는 전쟁 목표를 설정했고, 기회가 있을 때마다 통일의 당위성을 주장했다.

이러한 상황 속에서 미군이 6·25전쟁에 투입된 지 2개월이 지난 1950년 9월 1일, 트루먼 대통령이 미국 국민들에게 방송연설을 했다. 이때 한국의 낙동강 전선 상황은 어느 정도 안정을 찾아가고 있었고, 2주 후에 실시될 인천상륙작전 계획이 완성된 상태였다. 이 연설에서 트루먼은 "만일 한국에서 북한의 침략이 성공하게 된다면, 세계 도처에서 새로운 형태의 침략이 광범위하게 이루어지게 될 것이다." 또 "북한의 남한침공에는 소련의 책임이 있다. 소련과 공산권 국가들이 국제적 긴장을 위해 그것을 통제하고 있다"고 하며 소련을 비난했다.

실제 트루먼 대통령은 그리스와 터키에 대한 원조, 리우 협정Rio Pact, 마셜 플랜Marshall Plan, 베를린 공수, 그리고 나토NATO 창설 등과 같은 봉쇄정책을 계속 추진하고 있었다. 또한 그는 미군의 한국전 파병을 자유세계와 공산주의 국가 간에 계속되는 투쟁으로 간주했고, 한국의 위기를 타개하기 위해 3,000만 명 이상을 동원하고 국방물자생산법에 서명할 것이라고 말했다. 또한 미국은 중국과는 전면전이 일어나지 않기를 희망하고 있으며, 미 제7함대의 타이완 해협 파견은 타이완을 전쟁에서 벗어나도록 하기 위함이고 타이완에 대한 어떤 영토적 야심도 결코 없다고 말했다. 그리고 "한국은 유엔의 지도 하에 자유롭고 독립된 통일국가가 되기를 희망한다"고 했다.

이에 따라 미국의 국가안전보장회의는 1950년 9월 11일 대통령 승인을 받은 NSC81/1을 결정하여 38도선 이북 지역으로의 군사작전 확대를 허용하는 근거를 마련했다. 이 문서에서는 유엔군이 38도선에 도달하기 전에 소련 및 중국 공산 세력이 북한을 재점령하거나 유엔군의 북한 진입을 저지하려는 정치적 가능성은 거의 없는 것으로 판단했다. 9월 20일 미 국무장관 애치슨은 제5차 유엔 총회 기조연설에서 "유엔군의 군사행동은 38도선 이북으로 계속 진행되어야 한다고 본다. 그렇게 함으로써 한반도에 통일된 독립정부가 수립될 수 있는 것이다. 이는 유엔 결의안의 정신을 수행하는 것이다"라고 미국의 입장을 공식적으로 발표했다. 미 합동참모본부는 유엔군의 군사작전에 관한 정책(NSC81/1)에 따라 전략지침을 작성하여 9월 27일 대통령 재가를 받아 맥아더 장군에게 하달했다. 소위 '9·27 훈령'으로 알려진 유엔군의 38도선 돌파 및 북진작전 지침의 요지는 다음과 같다.

당신의 군사적 목표는 북한군의 격멸에 있다. 이 목표를 달성함에 있어 당신은 38도선 북쪽에서 상륙 및 공중작전을 실시하도록 인가되었다. 이는 그러한 작전 시에 소련이나 중국의 주요 부대의 북한 진입이 없거나 진입하겠다는 의도의 발표도 없고, 또 북한에서 우리의 작전에 군사적으로 대응하려는 어떠한 위협도 없는 조건이어야 한다. 그렇지만 어떠한 환경에서도 당신은 만주나 소련의 국경을 넘어서는 안 되며, 그리고 정치적인 문제로서 한국군이 아닌 어떠한 지상군도 소련에 인접한 북동 지역이나 또는 만주 경계선에 연한 지역에서 운용되어서는 안 된다. 나아가 38도선 남쪽에서나 북쪽에서 실시하는 당신의 작전에 대한 지원이 만주나 소련 영토에 대한 공중 및 해상작전을 포함해서도 안 된다.

이 지침은 유엔군의 38도선 돌파를 허용하여 전쟁 목표를 한반도 통일로 확대한 것이었다. 그러나 중국 및 소련과의 충돌을 방지하기 위해 몇 가지 조건을 붙임으로써 군사작전을 전개하는 작전사령관에게 부담이 되었다. 38도선 이북으로 진격하기 전에 중국과 소련의 개입 의사나 움직임을 확인해서 실시하라는 지시는 정치적 판단을 군사지휘관에게 떠넘기는 것이 되었다. 국경선에 근접한 지역으로 진출하는 것은 한국군에게만 허용되고 "만주나 소련의 영토에 대한 공중 및 해상 작전은 어떠한 경우에도 할 수 없다"라고 제한함으로써 현지 작전사령관의 작전 운용의 융통성을 제한하게 되었다. 이것은 결국 중공군이 참전했을 때 이를 저지하는 데 많은 지장을 주게 되는 결과를 초래했다.

아무튼 전세가 호전됨에 따라 미국은 전쟁의 목표를 최초 '전쟁 이전 상태로의 복귀, 즉 38도선 회복'에서 '북한군 격멸, 38도선 이북에 대한 진격으로 확대'한 것이다. 이것이 군사작전의 목표에 그치는 것이 아니라 북한 정권의 타도와 한반도 통일이라는 새로운 전쟁 목표가 된다면 북한과 인접한 중국에 영향을 미칠 수밖에 없는 것이었다.

8월 20일 중국 외상 저우언라이는 트리그브 리 유엔 사무총장에게 전보를 보내어 "중국 인민은 한반도 문제의 해결에 관심을 갖지 않을 수 없다"고 했다. 9월 25일에는 중공군 총참모장 대리 녜룽전聶榮臻이 주중 인도대사 파니카K. M. Panikkar에게 "중국은 팔짱을 끼고 앉아 미국이 그들의 국경선에 이르도록 내버려두지 않을 것이다"라는 뜻을 전했다.

한편 소련의 입장을 살펴보면 8월 1일 유엔 안전보장이사회에 복귀한 소련 대표 말리크는 전황이 불리해지자 '전쟁을 내전'으로 규정하고 조기 종전을 주장했다. 8월 22일에는 "만일 전쟁이 더 오래 지속된다면 그것은 전쟁을 불가피하게 확대할 것이다"라고 그는 경고하면서 국군과 유엔군의 38도선 돌파를 봉쇄하려고 시도했다. 9월 21일에는 소련 외상 비신스키A. Y. Vishinsky가 유엔 총회에서 38도선에서의 정전을 내용으로 하는 평화선언을 제안하며 38도선 돌파를 막아보고자 했다.

전쟁 중에는 군사적 상황이 정치적 의사결정에 영향을 미치고 경우에 따라서는 지배적인 영향요인이 되는 경우가 허다하다. 당시 유엔 참전국을 포함한 대다수 국가들은 미국의 북진 결정을 지지했다. 그러한 가운데 영국을 비롯한 8개국이 발의한 한반도의 인위적 분단을 해소하고 유엔의 권능을 확립한다는 목적 하에 발의한 소위 '통한統韓(통일한국) 결의안'이 유엔 총회에서 1950년 10월 7일에 47 대 5(기권 7)의 압도적 찬성으로 통과됨으로써 유엔군의 북진은 유엔의 승인 하에 시행하게 되었다. 이로써 유엔군 측은 38도선 돌파와 관련하여 군사적 목표인 북한군의 격멸과 정치적 목표인 한국 통일의 달성에 필요한 정책 결정과 유엔의 결의를 모두 확정했다.

이에 따라 유엔군사령관은 10월 9일에 '10·7 유엔 결의'를 라디오와 전단을 통해 북한군 총사령관에게 알리고 "무기를 버리고 적대행위를 즉각 중지하라"는 최후통첩을 보냈다. 이로써 국군과 유엔군은 38도선 돌파와 관련한 모든 절차와 준비를 마치고 북진을 시작했다.

이승만의 38도선 돌파 명령

미국이 38도선 돌파를 승인하고 유엔군사령부에 하달한 '9·27 훈령'에 대하여 한국 정부는 어떠한 통보도 받지 못했다. 맥아더 장군과 무초 대사는 중국과 소련을 자극하지 않기 위해 이를 이승만 대통령에게 알리지 않고 작전준비를 하고 있었다. 9월 29일 이승만 대통령은 정부의 서울 환도식을 마치고 맥아더 장군에게 "유엔이 결정을 내릴 때까지 장군은 휘하부대를 데리고 기다릴 수가 있지만 국군이 밀고 올라가는 것을 막을 사람은 아무도 없을 것이 아니오? 그들 국군의 나라요. 내가 명령을 내리지 않아도 우리 국군은 북진할 것입니다"라고 말했다. 그러나 9월 29일 유엔군사령부는 모든 부대의 진격을 멈추도록 지시했다. 이에 대해 이승만 대통령은 분노를 감추지 못했다.

이날 오후 14시 이승만 대통령은 대구에 있는 육군본부에 들러 육군 수뇌부 회의를 긴급히 소집했다. 정일권 총참모장과 강문봉 작전국장, 황헌친 인사국장, 최경록 헌병사령관 등이 참석했다. 이승만 대통령은 "내가 국군 통수권자로서 국군을 38도선 이북으로 진격시켜 통일을 이루려고 하는데 귀관들의 생각이 어떠한가?"라고 물었다. 이에 대해 정일권 총참모장은 "국군의 작전지휘권은 이미 대통령께서 서명하신 문서에 의해 유엔군 총사령관에게 이양되어 있으므로 지금 또다시 이중으로 명령을 하시게 되면 혼란을 가져올 것입니다. 그리고 북진에 관해서는 유엔에서도 조만간 결정이 있을 것으로 생각되오니 좀 더 기다리는 것이 좋을 것 같습니다. 그러나 이것은 군사지휘계통과 관련해 말씀드리는 것이고 대통령께서 정치적으로나 또는 국가의 대계로 보나 꼭 그렇게 하는 것이 좋겠다고 명령을 내리신다면 저희들은 오직 명령에 따를 뿐입니다"라고 답변했다. 이에 배석자들 모두 동의를 표했다. 그러자 이승만 대통령은 품안에서 명령서를 꺼내어 정일권 총참모장에게 주면서 "북진하라"고 명령했다. 이승만 대통령이 직접 친필로 작성한 명령서에는 "내가 이 나라의 최고 통수권자이니 나의 명령에 따라 북진하라"고 씌어 있었고, 끝에는 '晩(만)'자로 서명이 되어 있었다.

이에 따라 정일권 총참모장은 국군 단독으로 북진할 것을 결심하고 미 제8군사령관을 만나 협의하기로 했다. 38도선 돌파를 요청하기 위해서는 그럴 만한 이유가 필요했다. 그 당시 국군 제1군단이 동해안에서 적을 추격하고 있었는데 9월 29일 제3사단이 강릉에, 수도사단이 대화까지 진출해 있었다. 국군 제2군단의 6사단과 8사단이 충주와 단양을 점령하여 38도선을 하루 진격 거리에 두고 있었다. 따라서 정일권 총참모장은 제1군단장 김백일 장군에게 연락하여 "38도선 북쪽에 어느 요지를 점령하지 않으면 아군이 진격하는 데 큰 손실을 입게 될 고지가 없겠느냐"고 물었다. 이에 대해 제3사단 정면 38도선 북쪽 하조대에 그러한 곳이 있다는 회신이 왔다.

정일권 총참모장이 즉시 미 제8군사령관을 찾아가 지금 국군 제3사단이 38도선 바로 북쪽 고지에서 적군의 치열한 사격으로 많은 피해를 입고 있으니 부득이 이 고지를 점령해야겠다고 말한 다음, "이 고지를 점령했다고 해서 38도선에 기하학적으로 뚜렷한 선이 있거나 어떤 장벽이 있는 것도 아니니 이를 공격하게 해달라"고 덧붙여 말하자, 워커 장군도 이를 흔쾌히 받아들였다.

9월 30일 정일권 총참모장은 강릉의 제1군단사령부를 방문하고, 38도선에 도달한 제3사단 23연대의 진지에 나가 전선을 둘러본 뒤 구두로 '38도선 돌파'를 명령했다. 이것은 제1군단 작전명령 제103호와 제3사단 작전명령 제44호로 하달되었다. 이에 따라 국군은 1950년 10월 1일 38도선을 단독으로 돌파하게 되었다.

맥아더의 유엔군 북진 명령

국군과 유엔군의 인천상륙작전에 이은 낙동강 선에서의 반격작전으로 9월 말까지 38도선을 넘어 퇴각한 북한군은 약 2만 5,000~3만 명으로 추산되었다. 퇴로가 차단되어 남한에 잔류한 북한군은 지리산과 소백산맥, 태백산맥 일대에서 게릴라활동을 하거나 38도선 이북으로 북상을 시도하고 있었다.

북으로 맥없이 퇴각하던 북한군 최고사령부는 38도선 일대에서 방어를 실시하기 위해 서부 지역은 최용건 민족보위상이, 동부 지역은 김책 부수상 겸 산업상이 담당하여 10월 5일까지 방어선을 구축하도록 했다. 북한이 발간한 공식 기록에는 북한의 38도선 방어 상황을 다음과 같이 기술하고 있다.

즉, "최용건의 서해안방어사령부는 개성-남천(평산) 방향에 집중하고 예성강 어구로부터 사미천(장풍군-련천군)까지의 지상전과 남포 지구로부터 예성강 어구까지 서해안을 방어하게 했다. 여기에는 새로 편성된 북한군 제19·제27·제43사단과 제17기갑사단을 배치했다.

●●● 국군 제3사단이 북진하자 마을 주민들이 환영하고 있다.

　김책이 지휘하는 전선사령부는 서울 지구에서 방어하다가 38도선 계선으로 기동한 부대들과 낙동강 전선에서 퇴각한 제5·제12·제15사단과 후방의 예비부대들에게 의정부-철원, 포천-김화, 춘천-화천 사이의 도로 방향에 집중하여 전선 동부 지역을 방어하게 했다"고 기술하고 있다.

　그러나 당시 북한군 사단 병력은 편제 대비 20% 수준에 불과했고 보급이 제대로 이루어지지 않은 상황에서 사기마저 떨어져 38도선 방어는 사실상 불가능한 상태였다.

　유엔군사령관 맥아더 장군은 10월 2일 작전명령 제2호로 북진 명령을 유엔군 전 부대에 하달했다. 유엔군 작전명령 제2호의 요지는 다음과 같다.

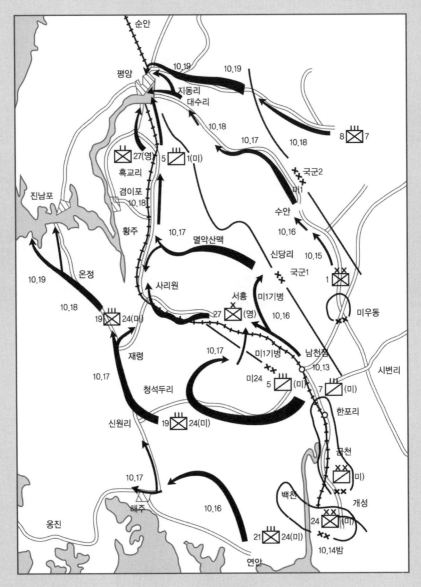

● ● ● 평양진격작전

미 제8군은 주공으로 38선을 돌파하여 개성-사리원-평양 축선을 따라 공격하고, 미 제10군단은 주공이 공격을 개시하면 1주일 이내에 동해안의 원산에 상륙하여 교두보를 확보한 후 원산-평양 축선을 따라 서북으로 진출하여 미 제8군과 연결, 적의 퇴로를 차단 및 포위한다. 유엔군은 정주-군우리-영원-함흥-흥남을 연결하는 선까지만 진격하고, 그 이북 지역에 대한 작전은 한국군이 전담하게 한다.

유엔군은 정주-함흥을 연결하는 소위 '맥아더 라인'까지 진출하고 그 이북 지역에 대한 작전, 즉 중·소 국경 지역으로부터 90~170km에 이르는 지역은 한국군이 담당한다는 것이었다. 여기서 특기할 만한 것은 미 제10군단이 미 제8군에 배속되지 않고 독립작전을 수행한다는 점이다. 미 제8군사령관 워커 중장은 미 제10군단을 미 제8군사령부에 배속시켜 한반도의 전구에서 지휘통일을 기하도록 건의했으나, 맥아더는 이를 받아들이지 않았다. 그 이유는 먼저, 북쪽 지역이 낭림산맥으로 동서로 분할되어 있어서 동서 간 횡적 연결이 곤란하고 통신연락과 작전협조가 불가능하여 동서 양쪽에 분리된 독립작전이 불가피하다는 것이었다. 두 번째 이유는 군수지원 면에서 원산항 이용이 불가피한데 원산항을 사용할 경우 동해 방면의 독립작전이 가능하다는 것이었다. 그러나 이러한 지휘통일의 전쟁원칙이 이루어지지 않은 계획은 장차 중공군이 두 부대의 간격을 통해 공격해옴으로써 결국 유엔군의 북진작전에 있어 뼈아픈 실책으로 작용하게 되었다.

미 제8군은 10월 2~7일 사이에 미 제10군단으로부터 경인 지역에 대한 작전임무를 인수하고, 38도선 일대에 전개하여 10월 7일에야 38도선을 돌파하는 북진작전을 시작했다. 또한 미 제10군단은 예정보다 뒤늦게 원산 상륙을 위한 준비에 들어갔다.

평양·원산 탈환작전

국군과 유엔군이 38도선을 돌파하여 북진작전을 전개하면서 가장 큰 관심사는 평양 탈환이었다. 여기에는 미 제1군단(미 제1기병사단, 미 제24사단, 국군 제1사단)과 국군 제2군단(제6·제7·제8사단)이 참여했다. 이때 어느 부대가 먼저 평양을 탈환하느냐를 놓고 치열한 경쟁을 벌이는 양상이 전개되기도 했다.

결국 10월 19일 국군 제1사단이 가장 먼저 평양에 입성했다. 미 제1기병사단은 미 제1군단의 주공으로 국군 제1사단보다 이틀 먼저 38도선을 돌파했고, 미군에 비해 기동력이 떨어진 국군 제1사단은 예비임무를 부여받았었다. 그러나 백선엽 제1사단장은 자신이 평양 출신이고 이쪽 지형을 누구보다 잘 알고 있으니 미 제24사단을 대신하여 조공으로 임무를 변경시켜줄 것을 미 제1군단장 밀번Frank W. Milburn 소장에게 건의하여 공격의 제1선 임무를 자청했다. 그리고 10월 9일에야 38도선을 돌

●●● 평양 시가로 진입하는 국군 제1사단

파한 국군 제1사단은 미군과 협조하여 전차와 포병, 항공 전력을 적절하게 지원받음으로써 기동력이 우수한 미 제1기병사단보다 빠르게 진격할 수 있었다.

한편 국군과 유엔군이 평양을 향해 공격하던 10월 17일, 이승만 대통령은 정일권 총참모장에게 "무슨 일이 있더라도 평양만은 우리 국군이 먼저 점령하도록 하라"고 지시했다. 정일권 총참모장은 그날 국군 제2군단사령부(곡산)를 방문하여 유재흥 군단장에게 대통령의 뜻을 전했다. 유재흥 군단장은 제7사단장 신상철 준장을 대동하고 제8연대(연대장 김용주 중령)를 방문하여 미군보다 먼저 평양을 탈환하라는 구두명령을 하달했다.

이에 따라 10월 18일 평양 포위작전에는 미 제1군단의 국군 제1사단, 미 제1기병사단과 국군 제7사단이 참가하게 되었다. 미 제8군사령부 정보참모부는 북한군의 평양 방위부대 규모를 북한군 제17사단과 제32사단 소속의 잔류병 약 8,000명 규모로 판단했다. 강력한 화력지원과 함께 실시한 평양 탈환작전은 국군 제1사단의 11·12연대와 미 제1기병사단의 5기병연대가 동평양을, 국군 제1사단 15연대가 본평양을 각각 점령함으로써 종료되었다. 거의 같은 시각에 국군 제7사단 8연대도 북쪽으로 평양에 입성했다.

이에 정부와 유엔군사령부는 10월 30일 평양시청(평양시 인민위원회)에서 이승만 대통령이 참석한 가운데 평양 입성 환영행사를 대대적으로 개최했다.

국군과 유엔군이 총반격을 개시한 이후 연이어 패퇴하던 북한군은 그들의 수도인 평양마저 잃게 되자, 전의를 상실한 채 무기를 버리고 도주하거나 집단적으로 투항하는 등 전력이 급격히 붕괴되어갔다.

평양 점령이 임박하게 되자, 유엔군사령부는 최초 유엔군 전진한계선인 맥아더 라인을 선천-고인동-평원-풍산-성진에 연하는 선으로 북상시켜 10월 19일 하달했다. 최초 라인보다 서쪽은 30km, 중앙은 100km, 동쪽은 160km를 북상한 것으로 대체로 압록강 남방 60km에 연하는 선이었다. 이에 따라 유엔군의 북진작전은 계속 진행될 수 있었다.

10월 20일 국군과 유엔군의 주력이 평양에 진입하여 잔적 소탕작전을 마친 후, 맥아더 장군은 평양 북방의 숙천과 순천에 공수부대를 투입하여 적의 퇴로를 차단하고 전과확대를 기하고자 했다. 10월 24일에는 전 유엔군에게 한·중 국경선을 향한 마지막 총진격을 명령했다.

한편 9월 30일 정일권 총참모장으로부터 38도선 돌파명령을 받은 제1군단장 김백일 준장은 제3사단에 북진명령을 하달했다. 이에 따라 국군 제3사단(사단장 이종찬 준장) 23연대 3대대가 유엔군보다 먼저 1950년 10월 1일 동해가도상의 인구리 북쪽에서 38도선을 넘어 양양을 목표로 진격했다. 주한미군사고문단 정기보고서에 의하면 "이날 제3대대의 선두가 08시 10분에 38도선을 넘어서 양양 남쪽 3마일 지점까지 북진했다"라고 기록하고 있다. 이것이 역사적인 10월 1일 국군 최초의 38도선 돌파였다. 이어 국군 제3사단의 주력이 10월 2일 38도선 북쪽 20km 지점인 양양을 점령했다.

10월 3일 유엔군사령부의 명령에 따라 10월 5일 육군본부는 국군 제1군단에게 작전명령을 하달했다. 즉, 제3사단이 통천-구계리를 거쳐 최종 목표인 원산을 공격하여 점령하고, 수도사단이 화천-안변을 거쳐 최종 목표인 원산을 제3사단과 협조하여 공격·점령하라는 내용이었다.

이에 따라 국군 제1군단은 10월 8일 통천-회양 선에서 공격을 개시하여 제3사단이 동쪽 지역에서 통천-패천-쌍음-원산 방향으로, 수도사단이 화천-안변-원산과 회양-신고산-원산 방향으로 진격하여 10월 10일 원산을 점령했다.

이처럼 국군 제1군단이 원산을 조기에 점령함으로써 10월 20일경으로 계획하고 있던 미 제10군단의 원산 상륙작전이 필요 없게 되었다. 국군이 원산을 점령함으로써 소련의 블라디보스토크와 나진, 평양을 잇는 북한군의 중요한 병참선을 차단하게 되었고, 영흥만과 원산비행장을 확보하여 유엔군의 해상 및 공중수송을 용이하게 했고 공군의 전진기지를 북상시킬 수 있어서 북한 지역 내 유엔 공군의 작전반경을 확장시킬 수 있게 되었다.

한편 원산상륙부대인 미 제10군단은 인천에서 병력과 장비를 탑재하는 데 시간이 많이 소요되어 10월 16일 출항했고, 미 제7사단은 부산에서 10월 17일에 승선 완료했다. 미 제7함대는 청진 이남의 해안을 봉쇄하고 상륙작전 준비를 갖추었다. 그러나 국군 제1군단이 원산을 먼저 점령하게 되자, 미 제10군단의 원산상륙작전은 북진작전에 기여하지 못하고 행정적인 상륙으로 변경되었다. 그나마 북한군이 원산 앞바다에 기뢰를 부설하여 유엔군 함정 3척이 크게 파손됨에 따라 10월 19일 원산해역에 도착한 미 제1해병사단은 기뢰제거작전이 완료될 때까지 1주일 동안 바다에 떠서 대기(소위 '요요YoYo 작전')하다가 28일에서야 상륙할 수 있었다. 미 제7사단은 원산 상륙을 취소하고 11월 9일 이원에 상륙했고, 이후 혜산진을 향해 북진했다.

이처럼 유엔군의 북진계획은 미 제8군과 미 제10군단의 지휘통일을 이루지 못했을 뿐만 아니라, 최초 경인 지역에 있던 미 제10군단이 원산상륙작전을 하게 됨에 따라 후방에 있던 미 제8군이 북진을 담당하게 되어 퇴각하는 북한군의 추격 시기를 상실했다. 또한 유엔군은 상륙부대의 탑재, 이동, 상륙해역의 소해작전 시간 등을 계획단계에서 충분히 고려하지 못했다. 당시 북한군은 소련으로부터 넘겨받은 기뢰 4,000여 기를 원산, 흥남, 진남포 등 동서해안 앞바다에 뿌려놓았던 것이다.

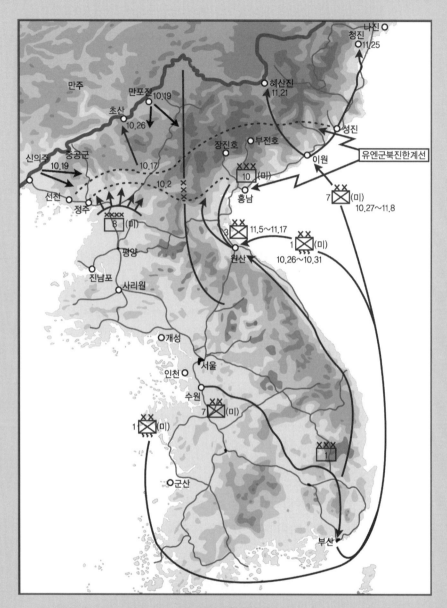

만주

신의주

충공군

10.19

선천

정주

XXXX
8 (미)

평양

진남포

사리원

개성

서울

인천

수원

XX
7 (미)

1 XX (미)

군산

부산

만포진 10.19

초산

10.26

10.17

10.2 XX

장진호

부전호

혜산진
11.21

성진

이원

XXX
10 (미)

흥남

유엔군북진한계선

나진

청진
11.25

7 XX (미)
10.27~11.8

3 XX 11.5~11.17

원산

1 XX (미)
10.26~10.31

XXX
1

●●● 북진 및 원산상륙작전

이에 따라 북한군 추격작전 초기의 결정적 시기에 미 제10군단(미 제3·제7·제1해병사단)이 1주일 이상 바다에서 대기하는 유휴 병력이 되고 말았다. 그리고 10월 6일부터 상륙부대의 승선작업이 인천항에서 시작됨으로써 미 제8군의 보급품 하역작업이 제한을 받았다. 이로 인해 미 제8군은 북진작전 초기 10일 동안 병참지원 난에 허덕이게 되었고, 결국 평양을 향한 추격부대의 진격속도가 늦어지게 되어 전과확대에 많은 지장을 초래했다.

이러한 문제로 인해 유엔군은 퇴각하는 북한군을 섬멸 또는 포로로 획득할 수 있는 기회를 놓치게 되었다. 반면에 북한군은 산악을 이용하여 북으로 탈출할 수 있는 시간을 얻게 되었고, 2개월 뒤 전선에 다시 복귀할 수 있게 되었다.

인천상륙작전으로 전쟁의 국면을 일거에 전환시켰던 유엔군사령부가 상륙작전의 성과에 지나치게 집착했던 것은 아니었는지 되짚어볼 일이었다.

북한군의 함흥 대학살

북한군이 낙동강 전선에서 후퇴하면서 국군 및 유엔군 포로의 처형과 남한의 정치 지도자와 민간인에 대한 납북과 잔혹한 학살을 자행한 사례가 도처에서 발생했다.

국군과 유엔군이 북진작전을 전개하는 상황에서도 공산주의자들은 동일한 악행을 저질렀다. 10월 22일 국군 제6사단 7연대가 평안북도 구장동-희천 방향으로 공격작전을 수행하던 중, 구장동 북쪽 7km 지점에 있는 터널에서 북한군에게 학살된 미군 포로 시체 28구를 발견했고 가까스로 목숨을 구한 3명의 미군을 구출했다. 생존한 미군들의 진술에 의하면 "북한군이 30여 명의 미군 포로를 끌고 북으로 가다가 국군의 추격

을 받게 되자 포로들을 모두 터널 속에 몰아넣은 다음 기관총을 난사하
여 학살했다"고 했다.

또한 북한군이 퇴각하면서 함흥에서 약 1만 2,000명, 원산에서 600여
명의 민간인을 학살했다. 북한군은 이외에도 많은 지역에서 패전에 대한
분풀이를 하듯이 양민을 가장 극악무도한 방법으로 죽였다.

그들은 양민을 장작으로 때려죽이기도 하고 우물 속에 밀어넣고 돌로
압살하거나, 손발을 묶고 무거운 돌을 매달아 바다에 빠뜨리기도 하고,
심지어는 방공호나 지하실에 가두고 폭파시키거나 생매장하는 경우도
있었다. 발견된 사망자의 숫자를 몇 가지만 들어보면 다음과 같다.

함흥인민교화소(형무소) 700여 명, 함흥충혼탑지하실 200여 명, 정치보위부 지하실 300여 명, 함흥 북쪽 덕산 니켈광산 6,000여 명, 함흥 반용산 방공호에서 수천 명이 학살되었으며, 그 정확한 인원수는 1만 2,000여 명으로 추산되었다.

이것은 같은 민족이면서도 공산주의자들의 잔혹함을 나타내주는 사례로서 우리가 후세에 반드시 알려야 할 것이다.

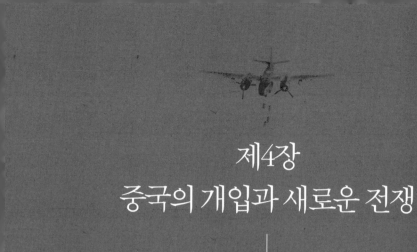

제4장
중국의 개입과 새로운 전쟁

1. 중공군의 참전과 유엔군의 철수

중국의 참전 결정과 한반도 침입

중국은 6·25전쟁 발발 직후 미국이 한국을 지원하면서 타이완 해협에 미 제7함대를 급파하자 이를 자신들의 위협으로 간주했다. 그리고 마오쩌둥은 '동북변방군東北邊防軍'을 편성하고 1950년 7월 15일부터 총 25만여 명을 동북 지역으로 이동시켰다. 동북변방군은 제4야전군을 주력으로 하여 제13병단 예하 제38·제39·제40군단과 동북군구로 배속된 제42군단, 그리고 3개 포병사단과 4개 고사포연대, 기병과 공병 각각 1개 연대, 3개 자동차연대 등으로 편성되어 있었다.

7월 18일에는 동북군구 항공사령부가 창설되었고, 8월에 방공사령부가 설립되었으며 중·소 협정에 따라 소련 공군 1개 사단이 중국 동북 지역에 도착하여 방공임무를 담당하게 되었다. 또한 중공군은 동북군구와 동북변방군의 군수지원체계를 일원화하는 등 전력을 계속 보강했다.

8월에 접어들면서 한국의 전황이 북한에게 불리하게 전개되어가자 마오쩌둥은 동북변방군의 출동준비를 9월 말까지 완료하도록 지시했다. 8월 4일에 소집된 중국공산당 중앙정치국 확대회의에서는 '타이완 해방작전'을 연기하고 북한 지원을 먼저 하는 것으로 원칙적인 합의가 이루어졌다. 물론 이것은 당시 중국의 해·공군 전력이 부족하고 미 제7함대가 타이완 해협에 배치된 상황에서 타이완에 대한 군사작전을 펼치는 것이 제한된다는 현실적인 고려도 있었을 것이다.

8월 23일 마오쩌둥은 중공군 총참모부로부터 국군과 미군이 낙동강 방어선에서 전선을 안정시킨 다음 후방 지역에 상륙작전을 감행할 것으로 예상된다는 보고를 받았다. 그리고 8월 말과 9월 초 북한의 대표단을 두 차례 만난 자리에서 상륙작전에 대비하도록 권고하기도 했다.

9월 15일 인천상륙작전으로 전황이 급속히 악화되자, 김일성은 9월 29일 미군이 38도선을 돌파할 경우 소련군의 직접 파병 또는 '국제의용군'을 조직하여 지원해줄 것을 요청하는 서한을 스탈린에게 보냈다. 10월 1일에는 김일성이 북한주재 중국대사 니즈량倪志亮을 통해 압록강 대안에 집결시켜놓은 중공군 제13병단의 조속한 지원을 중국에 요청했다. 그리고 박일우를 베이징北京에 보내어 김일성과 박헌영이 서명한 문서를 마오쩌둥과 저우언라이에게 전했다.

김일성의 긴급 지원요청을 받은 스탈린과 마오쩌둥은 자국의 국가이익 차원에서 이 문제를 검토하기 시작했다. 스탈린은 김일성의 남침전쟁 승인 과정에서부터 일관되게 미국과 직접 교전을 하게 되는 상황을 바라지 않았다. 따라서 그는 주중 소련대사를 통해 마오쩌둥에게 중공군의 파병을 요청하는 서한을 보냈다. 스탈린과 김일성의 파병 요청을 받은 마오쩌둥은 10월 1일부터 4일까지 세 차례에 걸쳐 중국 정치국상임위원회와 중앙정치국확대회의에서 원론적인 군사개입에는 찬성하지만 즉각적인 참전은 신중해야 한다는 다수 온건파의 반대에 부딪혀 참전 결정에 어려움이 있었다. 그러나 최초부터 확고하게 참전할 것을 결심한 마오쩌둥은 여러 차례 논의를 통해 결국 파병을 가결시켰다. 파병군사령관에는 신병 치료를 이유로 직책을 고사한 제4야전군사령관 린뱌오林彪 대신에 펑더화이彭德懷를 임명했다.

10월 8일에는 동북변방군을 '중국인민지원군中國人民志願軍'으로 명칭을 바꾸었다. 중국의 정규군이었지만 마치 인민들이 스스로 자원한 '민간 차원의 부대'인 것처럼 위장한 것이다. 전쟁의 명칭도 '항미원조전쟁抗美援朝戰爭'이라 하여, 미국에 대항하여 조선을 지원하는 전쟁이라고 대내외에 선전했다. 그리고 이날 중국은 북한 김일성에게 출병 사실을 통보했다. 중공군 간부들은 북한으로 진격하기에 앞서 북한군의 군복으로 갈아

●●● 마오쩌둥(오른쪽)과 펑더화이(왼쪽)

입었고, 모든 장병들은 모표와 흉장을 떼어냈다. 중국 역시 미국과 나라 대 나라, 즉 국가 간 전쟁으로 몰고 가는 것은 정치적으로 부담이 되었던 것이다.

이처럼 신생 중국이 산적한 국내외의 현안들을 미룬 채 참전을 결정 하면서 내세운 논리는 공식적으로는 '유엔군이 38도선을 넘은 것에 대 한 대응'이라고 했다. 그러나 중국은 참전에 따라 자국이 위태롭게 될 수 있다는 요인들—만주 및 동북부 지역에 대한 폭격, 장제스 국부군의 본 토진격, 경제회생 둔화, 유엔가입 지연 등—을 각오해야만 했다. 중국 정 치국 상임위 원로들이 반대했던 것도 이러한 이유 때문이었다. 그럼에도 마오쩌둥이 참전을 결심했던 것은 아시아에서 중국의 위상 회복을 고려 했기 때문이다. 청나라 말기부터 기울기 시작한 중국의 국운이 아편전 쟁, 만주사변, 중일전쟁, 국공내전 등을 거치면서 더욱 피폐해진 상황에 서 소련의 기술과 자본의 지원 없이는 경제개발도 군 현대화도 어려워 질 것이기 때문이었다. 또한 한반도가 미국이 지원하는 자유민주주의 체 제로 통일이 되는 것보다는 공산주의 체제인 북한으로 남아 있는 것이 중국에게 유리하다고 판단했다. 이에 따라 10월 9일 마오쩌둥은 중공군의 북한 진격을 명령했다.

그리고 10월 10일 마오쩌둥은 저우언라이와 린뱌오를 모스크바에 보내어 중공군 파병에 따라 소련 공군 1개 사단의 지원을 요청했다. 그러나 스탈린은 미군과의 직접 교전에 말려들어 제3차 세계대전으로 확전되는 것을 두려워했고, 중공군을 투입해서 승리할 수 있을까에 대한 불안감을 갖고 있었다. 이에 따라 그는 최초 약속과 달리 "소련 공군의 준비가 좋지 않아서 향후 2개월 내지 2개월 반 동안은 엄호지원을 보장할 수 없다"고 유보했다. 대신에 차관 형태로 10개 사단 분량의 전쟁물자를 소련이 지원하겠다고 약속하면서 중국의 단독 참전을 권유했다.

10월 12일 이를 통보받은 마오쩌둥은 출동명령을 일시 보류하라고 지시한 다음, 중공군사령관 펑더화이를 베이징으로 불러 참전을 재검토했다. 다음날(13일) 마오쩌둥은 펑더화이 등 중앙정치국 위원들과 토의를 거친 끝에 소련 공군의 지원 여부와 관계없이 출병할 것을 결정했다. 이미 국군과 유엔군이 원산을 점령했고 북한의 수도 평양을 향해 진격해오는 상황에서 중공군의 출동이 더 늦어지면 최초 점령하기로 했던 평안남도 덕천 일대의 전략적 방어지대를 확보하는 것이 불가능하다고 판단했기 때문이다.

마오쩌둥은 모스크바에 있는 저우언라이에게 지시하여 중공군의 출병 결정을 스탈린에게 알렸다. 그는 "중국 당과 정부는 이미 결정을 내렸습니다. 소련의 공군 지원과 관계없이 중국은 원래 계획대로 출병해 조선을 지원하기로 결정했습니다"라고 통보했다. 스탈린은 너무나 예상 밖의 중국 참전 소식을 듣고 할 말을 잃었다고 저우언라이는 중국 공산당 중앙위에 보고했다.

이렇게 하여 중공군은 10월 19일 저녁부터 4개 군단이 단둥丹東에서

●●● 압록강 철교를 건너는 중공군

신의주, 장전하구에서 삭주, 그리고 지안에서 만포진으로 통하는 3개 통로를 이용하여 극비리에 압록강을 건너기 시작했다. 10월 20일에는 중공군사령부가 신의주에서 평안북도 동창 부근의 대유동으로 이동했다. 10월 26일까지 압록강을 도강한 중공군 총병력은 18개 사단 20만여 명이었다. 주요 장비로는 야포 835문, 대전차포 81문, 고사포 42문, 박격포 2,214문 등이었다. 한편 소련은 중공군 지원을 위해 10월 18일 중국 동북 지역에 전투비행사단 1개를 추가로 창설했다.

유엔군의 추수감사절 공격과 중공군의 제1차 공세

1950년 10월 15일, 미 제8군이 38도선을 돌파하고 북진을 하던 시기에 맥아더 장군은 태평양 상의 웨이크 섬Wake Island에서 트루먼 대통령과 전략회담을 가졌다. 여기에서 그는 6·25전쟁의 승리를 낙관하며 "추수감사절 안에 적의 공식적인 저항을 종식시킬 수 있다"고 말하고, 중공군의 개입 가능성을 묻는 트루먼 대통령의 질문에 "거의 없다"고 답했다. 왜냐하면 "중공군은 효과적으로 개입할 시기를 이미 놓쳤고, 유엔군이 제공권을 가지고 있기 때문에 평양까지 오는 데는 막대한 희생을 각오해야 할 것"이라고 주장했다.

이 회담에서 전후 처리에 대한 대통령과 국방부의 의도를 파악하게 된 맥아더는 10월 24일 맥아더 라인을 철폐하고 예하 전 부대에게 "국경선을 향해 최대한의 속도로 진격하라"고 명령했다. 이 작전이 성공하면 6·25전쟁을 그해 추수감사절인 11월 23일까지 끝마칠 수 있다고 판단했다.

그러나 미 합참은 맥아더의 진격 명령에 대해 '9·27 훈령'을 들어 제동을 걸었다. 맥아더는 현재 한국군의 단독 전력으로는 국경선까지 진출하는 것이 한계가 있다는 논리를 펴서 자기의 뜻을 관철시켰다. 이에 대해 미 합참은 국경선까지 진출한 유엔군이 곧바로 국경 지역을 한국군에게 인계하고 후방으로 철수한다는 조건을 붙여서 승인했다.

이에 따라 10월 21일부터 총진격을 전개한 국군과 유엔군은 26일에 박천-태천-운산-온정-희천-이원까지 진출했다. 한·중 국경선의 초산까지 진출한 국군 제6사단 7연대가 압록강변에 10월 26일 오후 2시 15분에 태극기를 꽂았다.

한편 중공군이 북한에 잠입하고 있을 무렵 국군과 유엔군은 압록강과 두만강을 향해 전 병력이 최고 속도로 진격하고 있었다. 북한군 일부가 저항하기는 했지만 지휘체계가 무너지고 보급이 제대로 이루어지지 않는 등 전의를 상실한 적은 전력 발휘를 제대로 하지 못했다. 당시 아군의 진격속도가 빨랐지만 북진 방향에 따라 대대 또는 연대 단위로 병력이 분산되었고, 미 제8군과 미 제10군단의 간격이 낭림산맥을 중심으로 동서로 약 130km나 벌어지는 등 취약점이 발생했다.

10월 25일 서부전선의 국군 제1사단이 운산에서, 동부전선의 국군 제3사단이 함흥 북쪽 수동에서 중공군 포로를 붙잡게 되어 중공군의 개입을 최초로 확인했다. 10월 25일 국군 제6사단 2연대가 온정리에서 북진(온정리 서북방 15km) 일대로 진격하던 중 선두인 3대대가 동림산(1,165m) 기슭에서 중공군 제40군단(제118·제119·제120사단)과 조우했다. 이로써 중공군의 제1차 공세가 시작된 것이었다. 26일 제6사단 2연대는 중공군에게 온정리를 내주었고 퇴로가 차단되어 부대가 붕괴된 채 태평 방향으로 철수했다.

10월 27일 제6사단장 김종오 준장은 초산까지 진출한 7연대의 퇴로 차단을 우려하여 사단 지역으로 합류하라고 명령했다. 초산과 압록강 일대에서 국경선을 경비하고 있던 제7연대에게는 이해할 수 없는 명령이었지만 이미 퇴로가 차단된 상황이었다. 연대는 적의 포위망을 탈출하는 과정에서 큰 피해를 입게 되었다.

한편 희천 일대에서 국군 제6사단 3개 연대와 제8사단 1개 연대가 중공군의 공격을 받고 궁지에 빠지자 국군 제2군단장 유재흥 소장은 제8사단의 2개 연대를 구장동 북쪽에 전개시켜 철수부대를 수습하려고 했으나 중과부적이었다.

10월 29일 국군 제2군단은 미 제1군단의 예비로 있던 국군 제7사단을 배속받아 미 제8군의 동측방을 방호하기 위해 11월 1일 구장동-덕천 지역에 투입했으나 중공군이 이미 장악하고 있어 제7사단의 공격도

무위에 그쳤다. 이로써 국군 제2군단은 개천-원리 일대로 철수했다.

최초 중공군을 투입할 때 마오쩌둥과 펑더화이는 묘향산 남쪽의 덕천-영원 일대의 전략 지역에 방어지대를 편성하여 소련의 공군이 지원되는 시점까지 지구전을 편다는 복안을 가지고 있었다. 그러나 아군의 진격속도가 예상보다 빨라 전략 방어지대를 점령하는 것이 여의치 않았고, 또한 유엔군 공격부대 간에 약점이 발견되었다. 이에 따라 중공군은 작전계획을 변경하여 미군보다 전력이 약한 중앙 지역의 국군 제2군단(제6·제7·제8사단)을 목표로 중공군 3개 군단(제38·제39·제40군단) 9개 사단으로 총공격을 감행하여 국군 2, 3개 사단을 섬멸하기로 한 것이다.

중공군은 미 공군 정찰기에 발견되지 않도록 철저한 위장과 야간 기동을 실시하는 등 은밀하고 신속하게 압록강을 건넜다. 물론 중공군 포획을 통해 획득한 국군 제1사단과 제6사단의 중공군 개입 첩보보고가 있었지만, 미 제8군사령부와 유엔군사령부의 정보팀은 이를 무시했다.

또한 국경선 점령을 눈앞에 둔 시점에서 전쟁의 마지막 단계라고 생각한 지휘관들의 낙관적 전망이 이러한 예하부대의 첩보보고를 쉽게 간과한 측면이 있었다. 그렇다고 해서 약 30만 명에 가까운 대규모 중공군에 대한 뚜렷한 대응책을 국군과 유엔군이 갖고 있었던 것도 아니었다. 그러한 상황에서 국군 제2군단의 제6·제8사단이 10월 25일부터 시작된 중공군의 제1차 공격을 온정-운산, 희천-군우리 일대에서 받았던 것이다.

동시에 국군 제2군단뿐만 아니라 그 밖의 지역에서 공격하던 국군과 유엔군 부대도 중공군의 강력한 저항에 부딪혀서 붕괴되거나 포위망에 고립되었다. 결국 묘향산 남쪽에서 방어진지를 구축하고 지구전을 전개하려던 중공군이 아군의 약점을 파고들어 실시한 제1차 공세를 통해 유엔군의 추수감사절 공세는 좌절되었고 국군 제6사단, 제8사단 등 국군

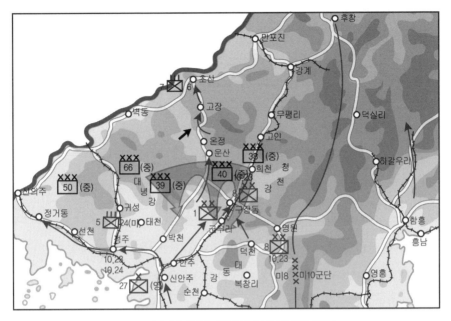

●●● 추수감사절 공세 계획과 중공군의 1차 공세 상황도

과 유엔군은 큰 타격을 입었다.

　서부 지역의 미 제8군은 중공군 공격을 받고 부대를 수습하여 청천강 남쪽 지역에 가까스로 방어선을 구축했다. 그러나 강을 사이에 두고 대치했던 중공군이 11월 5일 이후 갑자기 자취를 감추어버렸다. 청천강 너머까지 위력수색을 해봤으나 적을 발견할 수 없었다. 미 제8군은 소강 상태를 이용하여 영변과 박천을 탈환하기도 했으나 전세에 영향을 미치지는 못했다.

　한편 동북부 지역의 진격전은 국군 제3사단과 수도사단이 10월 10일 원산을 확보한 후, 수도사단은 계속 공격을 실시하여 영흥-함흥(10월 16~17일), 신흥-북청(10월 17~22일), 풍산-성진(10월 23~30일)까지 진출했다. 수도사단의 추격속도가 워낙 빨라서 미 제10군단장 알몬드 소장이 수도사단 제1기갑연대를 '번개부대Flying Column'라 칭하기도 했다. 또한 수도사단에 항공폭격을 지원하기 위해 미 제7사단의 전술항공통제반이 동해상의 미군 함상에서 임무를 수행했다. 국군 제3사단은 10월 26일 원산에 상륙한 미 제1해병사단에게 원산 지역 방어임무를 인계하고 함흥으로 이동하여 연포비행장-흥남-신포까지 병력을 배치했다. 미 제3·제7사단이 원산과 이원에 상륙하자 국군 제3사단은 함흥 지역의 후방작전 임무를 종료하고 흥원-신포-신북청으로 이동했다.

중공군의 제2차 공세 준비

1950년 11월 5일 전선으로부터 약 40km 후방까지 철수한 중공군은 "제1차 공세에서 승리를 했고, 미국의 작전 기도를 혼란시켰으며, 국군 및 유엔군 진영에 불안과 사태의 심각성을 일깨워주었다"라고 제1차 교전 결과를 평가했다. 그러나 기습을 달성하여 큰 타격을 입혔지만 낙후된 장비와 함께 식량 및 탄약을 휴대하여 전투를 해야 하는 전력의 한계 때문에 유엔군의 주력을 섬멸하지는 못했다고 분석했다.

이에 따라 마오쩌둥과 중공군사령관 펑더화이는 유엔군의 재반격이 있을 것으로 예상하고 11월 4일 차기 작전 방침을 제1차 때와 마찬가지로 유인·반격 전략으로 정했다. 이는 각 군단이 1개 사단을 전방에 배치하고 소규모 유엔군 부대는 바로 섬멸하되 대규모 부대는 타격과 철수를 통해 깊숙이 유인하여 격멸하는 작전 개념이었다. 다시 말해 중공군의 작전 기도는 국군과 유엔군을 유인하여 청천강, 장진호, 청진 일대에서 섬멸하고, 남쪽으로 전과를 확대하여 북한군 제2전선부대와 연계하여 38도선 이북 지역을 확보한다는 것이었다.

동부전선에 증강된 중공군은 마오쩌둥의 지시에 따라 10월 31일 산둥을 떠나 11월 7일에 입북한 화동군구의 제9병단이었다. 제9병단은 예하에 제20군단(제58·제59·제60·제89사단), 제26군단(제76·제77·제78·제

88사단), 제27군단(제79·제80·제81·제94사단) 등 3개 군단 12개 사단으로 총병력 15만여 명이 편성되어 있었다. 이 병단은 최초 중국의 동북 지역에서 약 2개월 정도 훈련 및 출동준비를 하고 투입할 예정이었으나, 출병 시기가 앞당겨지는 바람에 동계 방한피복이 지급되지 않는 등 전투준비를 제대로 갖추지 못한 상태였다. 이 부대들은 지안과 린장臨江(중강진 맞은편)에서 압록강을 건너 강계 등을 지나 장진호 일대에 11월 17일경에 배치되었다.

이로써 제2차 공세를 위해 투입된 중공군은 서부전선의 6개 군단 18개 사단 23만여 명을 포함하여 총병력은 9개 군단 30개 사단 38만여 명이었다. 또한 중공군은 후방근무지원부대를 보강했고, 전쟁지원물자를 신속히 추진하기 위해 소련으로부터 11~12월에 차량 3,000대를 지원받았다.

중공군은 최초 교전이 있은 후 1주일째 되는 11월 1일부터 소련의 공군 지원을 받기 시작했다. 소련은 1950년 11월 15일에 3개 전투비행사단(제28·제50·제151전투비행사단)으로 중국 동북 지역에 제64전투비행군단을 창설했다. 사령부는 중국 선양瀋陽에 위치했고, 항공부대는 선양, 안산鞍山, 안둥安東의 비행장에 분산 배치되었다. 그러나 당시 소련 공군기들의 작전 지역은 여전히 평안북도 이북 지역으로 한정되어 있었다.

유엔군의 공격이 임박할 무렵인 11월 21일 중공군사령부는 군사위원회를 열어 주요 공격목표를 국군 제2군단으로 정하고 부대배치를 동쪽으로 이동시켜 미군의 증원을 차단하는 계획을 세웠다. 공격개시일은 서부 지역은 11월 25일 저녁으로 정하고, 동부 지역은 준비가 늦어져 26일 저녁으로 결정했다.

유엔군의 크리스마스 공세와 중공군의 반격

중공군의 제1차 공세가 끝난 직후 맥아더 사령부는 중공군의 참전을 인정하면서도 그것이 소규모라고 분석했다. 따라서 11월 6일 맥아더 장군은 북한 지역의 중공군이 추가적인 전력을 갖추기 전에 전쟁을 종결할 수 있도록 재공격하기로 결정했다고 발표했다. 이날 워커 미 제8군사령관도 예하 지휘관들에게 미 제9군단을 북상시켜 3개 군단(미 제1군단, 미 제9군단, 국군 제2군단)으로 압록강까지 진격한다는 작전 지침을 하달했다. 그러나 미 제8군이 공격하는 데 있어서 군수지원 문제가 제기되었다. 3개 군단이 공격하려면 1일 보급소요량이 4,000톤에 달했지만, 미 제8군의 보급수송 능력은 절반에도 미치지 못했다. 이에 따라 평양에 이르는 철교 교량의 보수와 진남포항의 기뢰제거작전을 실시하여 11월 17일에 이르러 열차편으로 2,000톤, 진남포항을 이용한 해상수송으로 1,500톤을 수송할 수 있게 되어 보급 문제가 해소되었다. 미 제8군사령부는 최종 공격일자를 11월 24일로 확정했다.

미 제8군은 좌측의 미 제1군단이 평양-신의주 도로를 중심으로 서해안을 따라 신의주-수풍호 방향으로, 중앙의 미 제9군단은 영변과 용산동에서 군우리-희천에 이르는 도로의 서측을 통해 벽동-초산 방향으로, 우측의 국군 제2군단은 사동과 영원에서 강계-만포진 축선으로 진격하도록 계획했다.

한편 동부전선의 미 제10군단은 중공군과 접촉 없이 한·중 국경선을 향해 순조롭게 진격하고 있었다. 군단 좌측의 미 제1해병사단은 장진호 남단의 하갈우리와 고토리까지 진출했고, 중앙의 미 제7사단이 11월 21일 압록강변의 혜산진에 도달했다. 국군 제1군단은 11월 25일에 수도사단이 청진을, 제3사단이 백암을 각각 점령했다.

유엔 공군은 11월 7일부터 2주일 동안 수풍댐의 전력시설을 제외하

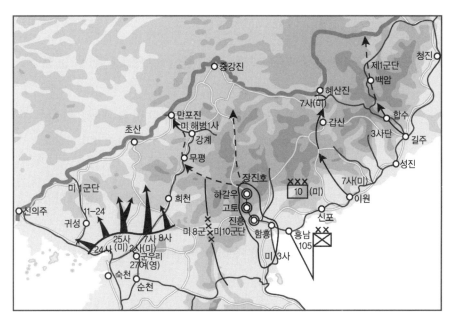

●●● 유엔군의 크리스마스 공세

고 압록강에 있는 모든 교량의 남쪽 부분을 폭격하여 파괴하도록 했다. 물론 이 작전은 미 정부 내에서 논란이 있었지만 맥아더 장군의 강력한 요청에 따라 중국 국경을 침범하지 않는다는 조건 하에서 승인되었다. 12월 5일까지 한 달간 실시된 공중폭격 결과, 12개의 철로와 육로 교량 중 4개가 절단되었고 나머지 교량도 크게 손상을 입었다.

11월 24일 국군과 유엔군의 마지막 총공세가 시작되었다. 맥아더 장군은 이날 미 제1군단사령부를 방문하여 "유엔군이 한·중 국경선에 진출하게 되면 늦어도 크리스마스까지는 고향에 돌아가게 될 것이다"라고 격려했다. 이를 취재하던 기자들이 유엔군의 최종 공세를 '크리스마스 작전'이라고 대대적으로 보도했다.

첫날 공격작전은 순조롭게 진행되어 10~15km 북쪽으로 진격하여 미 제1군단이 정주와 태천을 탈환했고, 국군 제2군단은 덕천-영원 일대까지 진출했다. 중공군은 보급품을 버리면서 황급히 퇴각하거나, 유엔군 포로들을 풀어주어 중공군이 도망가고 있다는 거짓 정보를 알려주는 등 기만전술을 구사하면서 국군과 유엔군을 유인했다.

공격 2일째 되는 11월 25일 저녁에 중공군의 반격, 즉 제2차 공세가 시작되었다. 26일 덕천과 영원 지역에 있는 국군 제2군단을 주공격목표로 하여 중공군 제38군단이 국군 제7사단을, 중공군 제42군단이 국군 제8사단을 각각 공격하여 돌파구를 형성한 다음 중앙의 미 제9군단의 배후로 대규모 병력을 투입했다. 이에 따라 희천 방향으로 공격하던 미 제2사단이 26일 저녁에 중공군 제40군단의 대규모 공격을 받고 위기에 처하게 되었다. 미 제9군단장은 터키 여단을 긴급 출동시켜 덕천과 맹산에서 청천강을 따라 군우리와 순천으로 진출하는 중공군을 저지하도록 했다. 터키 여단은 덕천을 향해 기동하던 중, 중공군 제38군단과 조우하여 협곡에서 포위당한 채 28~29일 지연전을 치르면서 30일 군우리로 철수했다. 야지시Tahsin Yazici 준장이 지휘한 터키군 제1여단은 병력의 15%, 주요 장비 70% 이상의 손실을 입고도 중공군 3개 사단의 공격을 지연시킴으로써 청천강 이북의 국군 주력이 철수하는 데 결정적인 도움을 주었다.

이때 미 제9군단의 우측인 국군 제2군단은 상황이 더욱 악화되어 국군 제7사단과 제8사단은 지휘통신이 마비된 채 덕천-북창, 덕천-개천 간 2개 도로와 주변 산악지대로 분산되어 철수하게 되었다. 이 상황을 타개하기 위해 미 제8군사령관은 국군 제6사단을 미 제9군단에 배속시키고, 미 제1기병사단의 1개 연대를 29일 순천-신창리 간 도로 방어에 투입했다.

유엔군의 최후 공세가 있기 전까지 중공군의 대규모 투입 사실을 부정하던 맥아더 유엔군사령관은 11월 27~28일 미 제8군의 상황보고를 받고서야 비로소 이를 인정하게 되었다. 그리고 그는 이날 미 합참에 "우리는 완전히 새로운 전쟁에 직면하게 되었으며, 가까운 장래에 취할 전략은 공격에서 방어로 전환하는 것"이라고 보고했다.

이 무렵 서측의 미 제1군단은 11월 29일 오후 늦게 국군 제1사단과 미 제25사단에게 청천강 남쪽으로 철수하도록 명령했다. 우측의 미 제2사단이 돌파되어 군우리-신안주 도로를 중공군이 장악하게 되면 청천강 북쪽에 있는 미 제1군단 주력부대의 퇴로가 차단당할 위험이 있었기 때문이다. 다음날 국군 제1사단이 숙천에, 미 제25사단이 순천에 각각 도착하여 미 제1군단은 순천-숙천 일대에 방어선을 구축했다.

한편 터키 여단이 지연전을 치르던 29일 정오 무렵 중공군 제40군단과 제38군단이 미 제2사단을 공격하면서 군우리 전투가 시작되었다. 미 제2사단이 포위될 위험에 처하자 군단은 사단을 순천 후방 지역으로 철수하라고 명령했다. 미 제2사단이 순천에 이를 수 있는 통로는 2개가 있었다. 당시 상황은 사단 후방의 군우리-순천 도로보다는 안주-숙천-순천에 이르는 미 제1군단 지역으로 우회하는 도로가 비교적 안전했다. 그러나 이 우회 통로는 미 제1군단과 미 제25사단의 주요 철수로였기 때문에 사단장은 군우리-순천 도로를 사용하기로 하고 1개 전차소대로 정찰을 시켰다. 전차소대는 "도로에는 아무런 이상이 없다"는 보고를 하고 무전이 끊어졌다. 당시 중공군 제113사단이 도로 좌우측에 매복하여 있었으나 미군을 살상지대로 유인하기 위해 미 제2사단의 정찰대를 그대로 통과시켰던 것이다. 29일 오후에는 헌병과 수색중대로 구성된 정찰대를 파견했으나 이들이 복귀하지 않아 고심하던 사단장은 군단으로부터 영국군 1개 대대가 통로 개척을 위해 투입되고 항공지원이 가능하다는 통보를 받았다.

이에 따라 미 제2사단은 11월 30일 새벽에 군우리-순천 도로를 이용하여 철수하기 시작했다. 그러나 사단은 개천(군우리)에서 용원리까지 중공군 매복 지역인 10km 구간, 이른바 '죽음의 계곡'을 통과하면서 3,000여 명의 사상자와 사단의 전 장비를 상실하는 참극을 당했다. 다만 후위부대인 23연대는 연대장이 철수로를 변경하여 안주로 가는 도로를 택함으로써 그나마 전투력을 보존할 수 있었다. 이후 미군은 군우리 전투를 '인디언 태형'으로 부르며 뼈아픈 교훈으로 삼았다.

미 제8군은 중공군의 제2차 공세로 청천강 교두보를 포기하고 12월 3일 평양 북쪽 20km 지점인 순안-성천 선으로 철수하여 방어 지역을 형성했으나, 중공군의 압박을 이기지 못하고 다음날 평양에서 철수해야만 했다.

이와 같이 중공군의 기습공격을 받은 상황에서 미 제8군사령관 워커 장군은 적과의 결정적인 전투를 회피하고 축차적으로 지연전을 펴는 것이 최선의 방책이라고 판단했다. 12월 6일에는 국군 제6사단, 미 제24·제25사단으로 송림-중화-곡산에 연하여 방어선을 구축했고, 8일에는 해주-신계-이천-김화로 철수하도록 했다. 이날 유엔군사령부는 38도선으로의 철수 명령을 하달했다.

당시 낙후된 중공군의 기동력으로는 유엔군의 기동속도를 따라잡을 수가 없었다. 따라서 국군과 유엔군은 비교적 전투력을 유지한 채 38도선에서 방어진지를 구축할 수 있었다.

장진호 전투(1950년 11월 27일 ~12월 11일)

서부전선의 미 제8군이 청천강 교두보 선에서 철수할 때에 동부전선의 국군 제1군단과 미 제10군단도 유엔군사령부의 지시에 따라 11월 29일 공격을 중지하고 함흥, 흥남 일대의 해안교두보 지역으로 철수하게 되었다.

이에 따라 청진까지 진출한 국군 제1군단은 해안을 따라 480km, 혜산진으로 진출한 미 제7사단은 산악지형을 따라 320km를 각각 철수해야 했다. 이 가운데 장진호 일대로 진출한 미 제1해병사단은 중공군의 포위망을 뚫고 240km를 철수해야만 했기 때문에 더욱 어려움이 컸다. 동부전선에서는 11월 24일 전 지역에 큰 눈이 내렸고 기온은 섭씨 영하 35도까지 내려가는 혹한의 날씨가 이어졌다. 11월 27일 미 제1해병사단은 장진호 서측 도로를 따라 2개 연대가 유담리까지 진격했으나, 중공군 제9병단 예하 제20·제27군단의 8개 사단으로부터 강력한 공격을 받아 30일까지 악전고투를 벌였다. 11월 30일 제1해병사단장 스미스 소장은 군단의 철수명령에 따라 사단에 배속된 미 제7사단 31연대Task Force Faith를 하갈우리로 철수하도록 했다.

이곳에 투입된 중공군 제9병단은 3개 군단 중 제26군단을 예비로 하여, 제27군단(4개 사단)이 하갈우리 일대의 미 제1해병사단 주력을 포위 공격하고, 제20군단(4개 사단)은 하갈우리-함흥 간 도로를 차단하면서 일부 부대로는 함흥을 공격하게 했다. 따라서 미 제1해병사단(1개 연대 중강)은 중공군 총 12개 사단의 포위망을 돌파해야 하는 상황이었다. 스미스 사단장은 12월 4일 철수작전의 장애요소인 부상병 후송을 위해 간이 활주로 공사를 완료했고, 장병들의 사기가 떨어지지 않도록 하기 위해 "이번 철수작전이 퇴로를 차단하고 있는 적을 격멸하는 새로운 공격작전"임을 강조했다.

미 제1해병사단은 강력한 항공지원을 받으며 12월 7일 중간목표인 고토리를 점령했다. 그러나 철수로 상의 요충지인 황초령 확보와 그 남쪽에 중공군이 파괴한 교량 수문교를 복구하는 것이 또 다른 난관이었다. 9일 아침에 영하 34도의 혹한 속에서 제1연대가 황초령을 점령했고, 군단으로부터 공수받은 교량자재를 가지고 조립교 6개를 만들어 수문교에 가교를 설치했다. 이 가교를 통해 12월 11일 사단의 주력부대가

진흥리로 철수하면서 장진호 철수작전은 종료
되었다.

　장진호 전투에서 미 제1해병사단은 무려 10
배가 넘는 중공군(12개 사단)과 영하 30도의 혹
한 속에서도 강력한 화력지원과 강인한 정신력
으로 적의 포위망을 돌파하는 데 성공했다. 그러
나 이 전투에서 피아간에 많은 인원 손실이 발
생했다. 아군의 전사상자 2,621명 중 1,534명이
동상 피해자였다. 중국의 공식 문서기록에 의하
면, 중공군 제9병단은 방한장비를 제대로 갖추
지 못해 전력의 50~60%의 손실을 입었다고 했
다. 또한 혹한의 날씨에 주요 견부를 확보하기
위한 전투에서 중공군 1개 중대가 미군의 기관
총 사격에 엎드린 상태로 대기하다가 전원이 동
사한 경우도 있었다고 한다.

　이 작전에서 미 제1해병사단이 중공군의 진출
을 2주일간 지연시킴으로써 동해안을 따라 함경
북도 지역으로 진출했던 국군 제1군단과 미 제7
사단이 흥남으로 집결하여 철수할 수 있는 시간
을 얻게 되었다.

● ● ● 1950년 12월 장진호 전투 당시 근접항공지원 중인 F4U 콜세어(Corsair)의 폭격 장면을 바라보고 있는 미 해병들. 장진호 전투에서 미 제1해병사단은 무려 10배가 넘는 중공군과 영하 30도의 혹한 속에서도 강력한 화력지원과 강인한 정신력으로 적의 포위망을 돌파하는 데 성공했다. 〈Public Domain〉

흥남 철수작전(1950년 12월 14~24일)

장진호에서 유엔군이 중공군에게 포위되어 위기에 처하자 미 제10군단장은 원산 일대에 있던 미 제3사단을 북상시켰다. 이때 원산 일대에 전력의 공백이 발생하게 되어 그 일대가 적에게 피탈되었다. 이에 따라 12월 8일 유엔군사령관은 미 제10군단과 국군 제1군단이 흥남항을 통해 해상 철수하도록 지시했다. 미 제1해병사단이 장진호 일대에서 중공군을 저지하는 동안, 미 제10군단장 알몬드 소장은 미 제3사단, 미 제7사단, 국군 제1군단으로 흥남 교두보를 구축했다.

12월 13일 중공군이 장진호를 경유하여 함흥까지 내려왔고, 북한군이 청진-혜산진에서 흥남 외곽 10~30km 지역까지 남하했다. 미 제10군단장은 흥남을 중심으로 반경 10km 외곽선을 타원형으로 연결하는 전초선을 구축하고 병력과 함포사격 및 공중폭격으로 적을 저지했다. 부대의 철수와 배치 공간을 엄호하기 위해 유엔 해군은 흥남 부근 해상에 항공모함 7척, 전함 1척, 순양함 2척, 구축함 7척, 로켓포함 3척을 투입하여 함포사격과 함재기의 항공화력으로 지원했다.

12월 14일부터 함흥과 흥남 일대의 아군은 미 제1해병사단을 시작으로 미 제10군단사령부, 국군 제1군단, 미 제7사단, 미 제3사단 순으로 24일까지 부산 지역으로 철수했다. 장진호에서 발이 묶여 흥남 지역의 조기 확보에 실패한 중공군 제9병단은 북한군 제4군단 및 제5군단과 연합으로 12월 19일 총공세를 펼쳤다. 그러나 이들은 아군의 육·해·공 합동작전에 의해 1차로 저지되었으며, 혹한에 장비가 동파되고 동상환자가 많이 발생한 상황에서 퇴로까지 차단되자 흥남 교두보 돌파를 단념했다.

한편 유엔군은 최종 철수일(24일)을 하루 남겨두고 많은 피난민이 몰려들자 대대적인 피난민 후송작전을 실시했다. 미 제10군단 참모장 포니

●●● 흥남에서 철수를 기다리는 피난민들

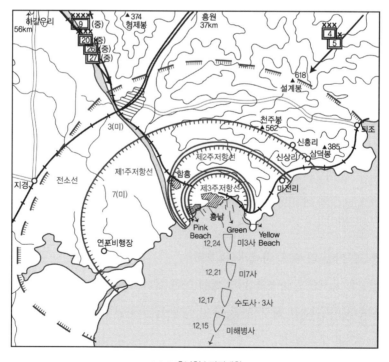

●●● 흥남철수작전계획

Edward H. Forney 대령은 LST(상륙용 주정) 2척과 상선 3척을 보내어 피난민 5만여 명을 추가로 승선시켰다. 이때 상선 메러디스 빅토리Meredith Victory 호는 민간인 약 1만 4,000명을 피난시키는 대기록을 세웠다. 미군은 최초 2만 5,000명 정도를 수송하려고 했으나, 국군 제1군단장 김백일 장군의 강력한 요구와 미군 측의 배려로 약 10만여 명의 북한 주민들이 자유를 찾아 거제도와 제주도 등으로 피난할 수 있었다.

12월 24일 오후 4시 32분 미 제10군단장 알몬드 소장과 미 해군 제90기동부대장 도일 제독 일행이 흥남항을 떠남으로서 흥남철수작전은 성공적으로 끝났다. 이 작전을 통해 유엔군은 미 제10군단과 국군 제1군단 병력 10만 5,000명, 차량 1만 7,000여 대, 전투물자 약 35만 톤을 125척의 미 해군 수송선과 미국의 동원 선박을 이용하여 해상으로 철수시켰다. 그 결과 국군과 유엔군이 전투력을 보존하여 후방으로 철수함으로써 차후 작전에 긴요한 전력으로 운용할 수 있게 되었다.

반면에 중공군 제9병단은 장진호 전투와 흥남 교두보 확보 작전에서 많은 피해를 입게 되어 예하 12개 사단은 신병이 보충될 때까지 약 3개월 동안 전선에 투입될 수 없었다. 중공군의 제1·2차 공세 결과, 아군이 38도선까지 물러남으로써 김일성 정권이 기사회생했고, 북한 전역은 다시 공산화되었다. 그러나 한반도 통일을 저해한 대가로 중공군은 10만명에 이르는 전력손실(전사 3만 700명, 동상환자 5만여 명)을 입었다. 반면 아군 피해 가운데 미군의 전투손실은 1만 7,000명이었다.

중·조 연합군의 제3차 공세와 1·4 후퇴

국군과 유엔군은 중공군 30만 명에 의한 제2차 공세에 밀려 1950년 12월 20일경 임진강 하구-연천-춘천 북방-양양에 연하는 38도선에서 방어진지를 구축했다.

미 제8군은 방어를 위해 서부전선에는 미 제1군단(터키 제1여단, 미 제25사단, 국군 제1사단, 영국 제29여단), 미 제9군단(국군 제6사단, 미 제24사단, 영국 제27여단, 미 제1기병사단)을 배치했고, 동부전선에는 국군 제3군단(국군 제2·5·8사단), 국군 제2군단(국군 제7·3사단), 국군 제1군단(국군 제9·수도사단)으로 방어 지역을 편성했다. 예비는 미 제2사단(홍천/제천), 미 187공정연대전투단(수원), 미 제10군단(미 제3·7사단, 미 제1해병사단/ 부산 일대)을 보유했다.

당초 중공군사령관 펑더화이는 제2차 공세가 진행되던 12월 8일 마오쩌둥에게 38도선 이남으로는 공격하지 않고 부대정비를 한 후, 내년 봄에 공격을 재개하자고 건의했다. 그동안의 동계전투에서 병력이 많이 지쳐 있었고 보급부족, 병참선 신장 등으로 2~3개월의 휴식과 정비가 필요하다고 역설했다. 그러나 마오쩌둥은 군사적 판단에는 동의하면서도 국제 정치적 관점에서 계속 공격하여 서울을 조기에 점령하는 것이 필요하며 휴식은 그때 해도 된다고 강조했다.

당시 스탈린은 중국의 초기 작전 성공을 축하하면서 마오쩌둥에게 계속 남진할 것을 권유했다. 그러나 그는 중공군사령관 펑더화이에게 계속 공격하도록 김일성과 함께 강력히 요구했던 주북한 소련대사 겸 소련군 사고문단장 스티코프를 문책했고, 결국 라주바예프로 경질했다.

한편 북한군이 전투력을 회복하여 전선에 다시 투입할 수 있게 되자, 중공군과 북한군 간 지휘의 일원화를 펑더화이가 요청했다. 김일성은 최초에 이를 반대하는 입장이었으나, 스탈린이 중공군과 북한군의 지휘통일 문제에 대해 동의하면서 정리가 되었다. 김일성은 12월 3일 베이징에서 마오쩌둥, 저우언라이 등과 이 문제를 논의했다. 12월 7일 김일성은 펑더화이와 북한에서 회담을 갖고 수일 내로 중·조 연합사령부를 설치하기로 합의했다. 이와 관련하여 중국공산당 중앙위원회가 펑더화이와 가오강高崗에게 보낸 1950년 12월 4일 밤 전문은 다음과 같다.

중국인민지원군과 북조선인민군은 연합사령부를 설치하여 모든 작전 범위와 전선의 모든 활동을 지휘하도록 하고, 후방동원, 훈련, 군정, 경비 등은 북조선 정부가 직접 관할하도록 하고, 연합사령부는 후방을 향해 요구하고 건의한다. 철도수송 및 수리 또한 연합사령부가 지휘한다. 연합사령부는 중국인민지원군부대 사령부와 북조선인민군참모부의 2개 기구로 나누어 한 사무실에 있도록 한다. 펑더화이가 연합지휘부사령원 겸 정치위원이 되고, 북조선 측 김웅이 연합지휘부 부사령원, 박일우는 연합지휘부 부정치위원이 된다. 연합사령부는 대외에는 공개하지 않고, 대내에서 문서상으로만 사용한다.

이로써 중공군의 제3차 공세를 앞두고 중공군과 북한군은 중·조 연합사령부를 구성하여 지휘의 단일화를 이루게 되었다.

중·조 연합군은 1950년 12월 31일 일제히 공격을 개시했다. 서부전선에서는 중공군의 주공인 제13병단이 철원-의정부-서울 축선으로 지향하고, 화천-춘천-원주 축선으로 조공을 지향시켜 38도선을 돌파했다. 이에 앞서 북한군은 12월 20일경 북한군의 제2군단을 양구-인제 지역에서 홍천, 현리-평창 방면으로 사전에 침투시켜 유엔군의 측방과 후방을 위협했다. 또한 국군 제8사단과 제3사단이 배치된 홍천-자은리 방향으로 북한군 제10사단이 12월 중순부터 사전에 침투하여 태백산맥 일대에서 활동 중인 북한군 유격대와 합류했다.

중공군은 문산 우측의 국군 제1사단과 동두천의 국군 제6사단 등 한국군 부대를 집중적으로 공격했다. 1951년 1월 1일 새벽에 적의 대규모 공격을 받은 국군 2개 사단이 붕괴되었고, 중동부전선의 국군 제3군단

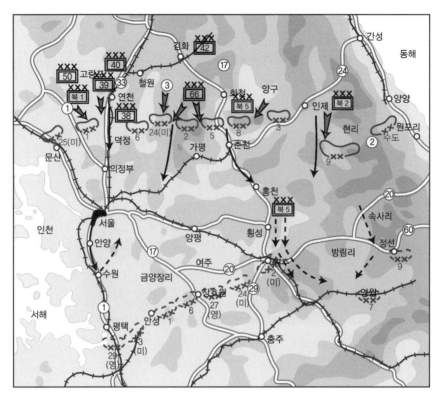

●●● 중공군 제3차 공세 상황도

도 북한군의 집중공격을 받아 포위될 위험에 처하게 되었다. 이러한 상황에서 지난해 12월 26일 미 제8군사령관으로 부임한 리지웨이^{Matthew B. Ridgway} 중장은 1951년 1월 1일 정오에 전 부대를 한강-양평-홍천 선으로 철수하도록 명령했다.

한편 전임 미 제8군사령관 월튼 워커^{Walton H. Walker} 중장은 12월 23일 전방 사단 지역 시찰 겸 그의 아들 샘 워커^{Sam S. Walker} 대위의 미 은성무공훈장을 직접 수여하기 위해 의정부로 가던 중, 불행히도 서울 도봉역 부근에서 국군 트럭이 중앙선을 침범하여 워커 장군의 지프차를 덮치는 사고로 순직(향년 61세)했다. 그는 제1·2차 세계대전에 참전한 미국의 전

●●● 1·4후퇴 시 피난민 행렬

쟁영웅으로 한국의 낙동강 방어선을 사수하여 인천상륙작전을 가능하
게 했던 유엔군 지상군사령관이었다. 전선의 현장을 직접 방문하여 부하
들을 격려하기로 유명한 그는 "내가 여기서 죽더라도 끝까지 한국을 지
키겠다"는 말을 자주 했다고 한다.

1월 3일 미 제1군단과 미 제9군단은 한강 선에서 철수하여 북위 37
도선인 평택-안성 일대에 방어선을 구축하도록 했다. 신임 리지웨이 사
령관은 유엔군이 서울을 포기하고 후방으로 철수할 것임을 주한 미대사
무초를 통해 한국 정부에 통보했다.

1월 4일 오전에 한강 이북의 국군과 유엔군, 서울 시민 약 220만 명이
임시로 설치한 한강 부교를 통해 남으로 철수했다. 이번에는 사전에 피
난령이 내려져 많은 시민이 공산치하를 벗어날 수 있었다. 소위 '1·4후

●●● 서울 철수 직후 한강을 바라보고 있는 유엔군

퇴'를 통해 전국적으로는 760만여 명이 피난한 것으로 집계되었다.

당시 국군과 유엔군은 적에게 최대한 타격을 가하면서 철수하다가 그들의 보급능력이 떨어질 때 반격을 가한다는 작전계획을 갖고 있었다. 이로써 1월 7일까지 국군과 유엔군은 평택-안성-제천-삼척에 이르는 북위 37도선 일대에 방어선을 구축했다.

이때 중공군은 과도한 병참선의 신장과 유엔군의 공중폭격으로 인해 보급품 조달이 더욱 어려워지고 계속된 동계 전투에 지쳐서 더 이상 추격할 수 없는 상황이었다. 중·조 연합사령관 펑더화이는 자신들의 현 전력으로는 국군과 유엔군을 섬멸할 수 없음을 인정하지 않을 수 없었다. 따라서 마오쩌둥은 중공군 제19병단을 3월경 추가로 투입하여 춘계공세를 실시하고자 했다.

2. 유엔군의 새로운 전략 모색

전쟁 목표의 재변경

1950년 12월 국군과 유엔군이 38도선까지 후퇴해야 하는 상황에서 유엔은 6·25전쟁에 대한 새로운 전략을 모색하게 되었다. 이보다 앞서 미 국방부는 중국군 개입의 대응전략으로 대통령에게 핵무기 사용을 건의하고, 승인 시 즉각 사용할 준비를 갖추기로 했다. 이를 위해 미 극동군사령부와 협의하여 '지상군 근접지원 핵무기 긴급사용Emergency Use of Atomic Bombs in Close Support' 계획을 수립하고 투발 준비를 했다. 이 계획은 11월 30일 트루먼 대통령이 기자회견에서 "유엔군은 한국에서 임무를 포기할 의도가 전혀 없다"고 하면서 "미국은 가지고 있는 모든 무기의 사용을 포함하여 군사 상황에 대처할 어떠한 조치도 취할 것이다. 핵무기의 사용에 대해서도 늘 적극적으로 고려해왔다"고 밝힘으로써 알려지게 되었다.

이것은 국제적으로 큰 반향을 불러일으켰고, 특히 영국의 애틀리 Clement Attlee 수상이 12월 4일 긴급히 미국을 방문하여 트루먼과 함께 관련 회담을 가졌다. 기본적으로 영국과 프랑스 등 유럽의 국가들은 미국이 전략적 가치가 떨어지는 한국 문제에 더 깊숙이 말려드는 것은 유럽을 위험에 빠뜨릴 수도 있다는 시각을 갖고 있었다. 따라서 미국이 중국과의 전쟁을 확대해서는 안 되며 유엔과 미국의 위신을 크게 떨어뜨리지 않는 선에서 종전을 모색해야 한다는 입장이었다. 이 회담에서 "미국은 영국과 사전협의 없이 원자폭탄을 사용하지는 않을 것이며, 중국과의 전면전을 모색하기보다는 한반도에서 철수를 고려한다"는 점을 영국에 약속했다.

그리고 양측은 유엔군의 새로운 전략수립에 영향을 미치는 매우 의미 있는 내용을 발표했다. 즉, "극동 또는 다른 지역에서 유화책을 쓰거나 침략에 대하여 대가를 준다거나 하는 것은 생각할 수 없다. 그러나 우리는 협상을 통해 전쟁행위를 종결시킬 용의가 있다. 한국에 있어서 유엔의 목적을 평화적 수단에 의해서 달성하기 위해 모든 노력이 있어야 한다"고 밝혔다.

다시 말해 1950년 10월 7일의 "북한군 격멸, 한국 통일"이라는 유엔 결의를 부정하고 전쟁 목표를 다시 축소하는 내용으로 발표한 것이다. 전황이 호전되자 전쟁 목표가 확대되었고, 다시 상황이 불리하게 되자 '전쟁이전 상태로의 원상회복'이라는 최초 유엔의 전쟁 목표로 회귀하게 되는 셈이었다. 그러나 이러한 결정 과정에 당사국인 대한민국의 의사가 반영되지 않았다.

유엔의 휴전 제의와 공산 측의 거부

유엔에서는 1950년 10월 중국의 참전으로 전쟁이 확대되는 것을 방지하기 위한 노력이 진행되고 있었다. 1950년 12월 5일 인도를 중심으로한 아시아-아랍위원회 13개국이 중공군과 북한군이 38도선 이남으로 남하하지 않도록 요청하고, 38도선에서 휴전하는 방안에 대해서 양측에 의사를 타진했다. 미국과 영국은 이 제안에 동의했으나 작전의 주도권을 장악하고 있던 중국과 북한은 반응을 내놓지 않았다.

그리고 중국 외상 저우언라이는 유엔에 나가 있는 중국 특별대표 우슈추안伍修權에게 하달한 지침에서 '한국에서의 군사행동의 중지 조건'을 다음과 같이 제시했다.

1) 한국으로부터 모든 외국군의 철수
2) 타이완 해협과 타이완 지역으로부터 미군 철수

3) 한국 문제의 한국 민족에 의한 해결

4) 중국 대표의 유엔 참가와 타이완 정부의 유엔 탈퇴

5) 일본과의 평화협정 준비를 위한 4대 강국 외무장관 회의 소집

이 내용에 대해 12월 7일 소련의 스탈린은 전적으로 동의한다고 했다. 다시 말해 이것은 공산군 측 전쟁지도를 하고 있는 소련이 제시한 것이지만, 실제 유엔군 측이 수용할 수 없는 것들이었다.

이보다 앞선 12월 4일 펑더화이에게 전달한 '조선전쟁에 대한 마오쩌둥의 견해와 의견서'를 보면 중국의 전쟁 목표는 '한반도에서 유엔군의 축출'에 있고, '휴전도 이 목표를 달성한 다음에 할 수 있다'는 것이었다. 따라서 38도선에서의 휴전을 모색하려는 유엔의 제안과는 너무나 차이가 컸다.

당시 마오쩌둥은 "적군은 정전을 요구할 것이다. 이때 미 제국주의는 조선에서의 철수를 반드시 인정해야 하는데, 우선은 38도선 이남까지 철수해야만 우리는 정전회담에 응할 수 있다. 가장 좋은 것은 평양과 서울을 수중에 넣어야 하고, 중요한 것은 적을 섬멸하는 것이다. 먼저 남조선군을 섬멸시켜야 미 제국주의의 철수를 촉진시키는 데 더욱 큰 힘이 될 것이다"라고 하여 유엔의 제의를 수용하지 않을 것임을 분명히 밝히고 있다.

이처럼 중국이 강경한 입장을 취하고 있는 것은 전황 때문이었다. 중국은 두 차례의 공격을 통해 승리할 수 있다는 쪽에 무게를 두고 전쟁을 하고 있었다. 따라서 이란의 엔테잠Nasrollah Entezam 유엔 총회 의장, 캐나다의 피어슨L. Pearson, 인도의 라우B. N. Rau 등으로 구성된 정전 3인위원회가 유엔 중국 대표 우슈추안을 통해 12월 15일 보낸 정전협상 제의를 중국의 외상 저우언라이는 거절했다. 그는 중국이 유엔 결정에 참가하지 않

고 있기 때문에 유엔 3인위원회의 결정은 무효이며, '선先 휴전, 후後 교섭' 방식은 유엔군의 정비 시간을 벌기 위한 미국의 계략이라고 주장했다.

유엔의 휴전 노력에도 불구하고 중공군과 북한군이 12월 31일 제3차 공세를 개시하자, 모든 휴전 노력이 무용하다고 결론 내리고 3인위원회는 활동을 중단했다. 그리고 중국의 제3차 공세가 끝난 1951년 1월 11일 유엔 3인위원회는 새로운 5단계 평화안을 작성하여 소련의 반대에도 불구하고 유엔 총회에서 통과시켜 중국에 통보했다. 이 5단계 평화안의 핵심은 다음과 같다.

1) 전쟁의 즉각 휴전
2) 평화를 촉진하기 위한 후속 조치의 모색
3) 한국으로부터 군사력의 철수와 함께 한국 국민이 자신들의 정부에 관한 희망을 표현할 수 있도록 적절한 장치 마련
4) 한국의 통일 및 그곳의 평화와 안전보장의 유지를 위한 잠정 협정 체결
5) 극동 문제, 타이완의 지위, 중국의 유엔대표권을 포함한 문제를 해결하기 위해 미국·영국·소련·중국 대표를 포함한 적절한 기구의 설치

이 제안에 대해 현지 사령관인 펑더화이는 한시적이라도 정전을 지지하자는 의견을 냈지만, 마오쩌둥은 승기를 잡은 상황에서 흥정을 할 필요가 없다면서 일축했다. 그는 군사적으로 한반도 문제를 해결할 수 있고, 더 나아가 그것이 소련의 기대에 부응하는 것이라고 생각했다. 실제 소련의 스탈린은 한국에서 미군의 전력 소모를 목표로 하여 중공군에게 무기를 지원하고 있었기 때문에 유엔의 평화안에 대해 중국이 반대하도록 하는 것은 당연한 것이었다.

한국에서 철수할 것인가

1950년 12월 22일 미 합동참모본부는 중공군의 개입에 따른 철군과 확전 조치에 대한 전략 논쟁에서 중요한 결정을 했다. 즉, "6·25전쟁에 관한 유엔의 최초 결의는 수정되어야만 하고, 중공군이 전력을 보강하여 강력하게 공격을 해와서 유엔군을 한국에서 축출하려는 의도가 명확하다면 유엔군(미군)의 철수 결정을 정부 차원에서 가장 빨리해야 한다"는 데 의견을 모았다. 중국의 침략에 대해 유엔이 추가적인 전력을 투입하여 강력하게 응징하는 것이 가장 바람직하지만 당시 국제정세와 유엔의 여건이 가능하지 않다고 판단했던 것이다. 따라서 미 합참은 12월 29일 강압에 의한 철군정책 결정을 대통령 재가를 받아 유엔군사령관에게 하달했다.

한국의 어떤 방어선에서 북한과 중국의 침략에 대한 저항 및 중국의 정치·군사적 위신의 실추가 미군에 대한 심각한 손실을 끼침 없이 성취될 수 있다면 우리의 국가 이익에 대단히 중요하다. 적군에게 가능한 한 큰 손실을 가하면서 부대 안전을 고려하는 조건으로 축차적인 진지에서 방어를 실시하고, 금강에 연하는 선에서 적이 대부대를 집중한다면 일본으로 철수를 시작하도록 명령하는 것이 필요할 것으로 생각한다.

이 전문을 접수한 맥아더 장군은 이것은 "적과 싸워서 이기려는 의지를 상실한 것"으로 판단하고 다음날(12월 30일) 회신에서 중국에 대한 강력한 보복조치, 즉 확전을 요구하는 회신을 보냈다. 만일 미 정부가 중국에 의해 전쟁상태가 강요되었음을 인정한다면 취할 수 있는 네 가지 방책을 맥아더는 다음과 같이 제시했다.

1) 중국의 해안 봉쇄

2) 중국 공업의 전쟁수행 능력을 해·공군의 폭격으로 파괴

3) 자유중국 부대로 유엔군 지원

4) 자유중국군에게 중국 본토에 대한 견제공격의 허용

맥아더 장군은 이러한 조치를 통해 중국의 전쟁수행 능력을 심각하게 약화시킬 수 있고, 이를 통해 유엔군의 압박을 해소시킬 수 있다고 보았다. 그리고 중국이 개입한 이상 보복조치를 하지 못할 이유가 없다고 주장했다. 또한 소련의 참전 여부는 '투기의 문제'이며 오직 상대적 전력과 능력에 기초하여 스스로 결정할 문제라고 생각했다. 그는 전략적 차원에서 유럽의 안보에 우선을 두는 것은 이해하지만 다른 지역에서의 패배가 있은 후에는 결국 유럽의 패배로 이어질 것이기 때문에 극동에 대한 우선적 지원을 강조했다.

미 합참은 의견 조정을 위해 콜린스 육군총장과 반덴버그 공군총장을 도쿄에 보내 맥아더와 논의했다. 그리고 유엔군은 적에게 최대한 피해를 가하면서 축차적 진지에서 방어를 하되, 인력과 물자의 심대한 손실을 피하기 위해 불가피할 경우 일본으로 철수하라는 지침을 하달했다.

또한 그들은 중국 본토에 대한 직접적인 군사조치로 인해 일본이나 서유럽이 대규모 적대행위에 말려드는 것은 미국의 국가이익에 결코 이롭지 못하다는 트루먼의 경고도 전달했다.

특히 유엔군이 한국으로부터 꼭 철수를 해야 하는 경우는 군사적 필요에 의해 불가피한 것이어야 한다고 강조했다. 미국 정부는 최악의 경우 한국의 망명정부를 유지하여 제주도와 같은 근해 도서에 이전시켜 저항을 계속할 것임을 정책 목표의 하나로 설정하고 있었다.

한국 정부 제주도 이전 계획

미국 정부가 1951년 1월 12일 결정한 유엔군의 전쟁지도 지침에는 강압에 의한 철수 시 유엔군을 일본으로 철수하되, 한국 정부와 군경을 제주도로 이전시켜 저항을 계속할 수 있도록 지원한다는 내용이 포함되어 있었다.

장면 주미대사가 미 국무부를 방문하여 유엔군 철수 문제에 대해 항의하자, 러스크Dean Rusk 미 국무장관이 "미국은 한국전쟁을 포기하거나 군사적으로 도저히 견딜 수 없는 경우가 아닌 한 철군할 생각이 전혀 없다"고 하면서, 그럴 일은 없겠지만 최악의 경우 한국 망명정부 수립 가능성에 대해 의견을 알고 싶다는 뜻을 조심스럽게 전해왔다. 이 의사 타진은 우리 정부에 전달되었다.

당시 미국이 극비리에 추진한 이 계획에 따르면 "대한민국이 법적 정통성을 유지하고 전쟁을 계속할 수 있도록 한국의 정부 관리 이외에도 군과 경찰을 제주도로 이전한다"라고 되어 있다. 대략적인 인원은 행정부 관리와 그 가족 3만 6,000명, 한국 육군 26만 명, 경찰 6만 명, 공무원, 군인 및 경찰 가족 40만 명을 포함하고 기타 요원을 고려하여 도합 100만 명으로 판단하고 수송계획까지 발전시켰다.

그러나 어떠한 경우에도 한국인을 일본으로 이동시키지는 않기로 했다. 이 계획을 검토하면서 맥아더 장군은 "한국인의 철수와 관련해서는 유엔과 협의 하에 결정해야 할 문제이나 유엔군이 제공권과 제해권을 장악하고 있고 중공군의 병참선이 신장되므로 부산 교두보(낙동강 방어선)를 상당 기간 확보할 수 있다"라고 하면서 철군 여부의 결정은 정치적 결단에 속한다고 했다. 그러나 이와 관련한 모든 계획은 한국군의 사기에 크게 영향을 미칠 수 있기 때문에 이를 극비에 부치고 유엔군의 방어선이 금강선으로 남하하기 전까지는 계획을 구체화시키지 않기로 했다.

중공군과 북한군의 제3차 공세(1950년 12월 31일~1951년 1월 8일)로 국군과 유엔군이 북위 37도선까지 방어선을 물리면서 위기를 맞은 가운데 '우리나라가 부산 교두보선에서 방어할 것인가, 제주도 및 도서 지역으로 정부를 이전하여 타이완과 같은 운명에 처할 것인가' 하는 갈림길에서 최악의 상황까지 치달을 수 있는 순간에 놓여 있었던 것이다. 그것도 우리의 의지에 의한 선택이 아니라 유엔과 유엔군의 결정에 따를 수밖에 없는 상황에 처할 수도 있었던 것이다.

그러나 적은 유엔군이 과감한 철수작전과 지연전으로 자신들을 깊숙이 유인한 다음, 후방으로 상륙작전을 전개할 것으로 판단하여 더 이상 추격해오지 않았다. 또한 중·조 연합군은 공격작전 간 아군의 막강한 화력에 의한 대량 손실로 공격의 추동력을 잃고 유엔군이 계획한 철군 시행 지역인 금강선 50km 전방에서 정지했다.

3. 유엔군의 재반격과 전선 교착

유엔군의 위력수색과 한강선 진출

1950년 1월 8일 중·조 연합군은 수원-김량장리(용인)-이천-여주-원주선에서 일제히 추격을 멈추었다. 유엔군과는 20~30km의 간격이 발생하게 되어 전선이 갑자기 평온해진 것이었다.

서부전선과 달리 중동부전선에서는 북한군 제5군단이 원주를 경유하여 대구 방향으로 진출을 획책하고 있었다. 원주 방어를 위해 긴급히 투입된 미 제2사단이 1주일간의 치열한 공방전 끝에 1월 12일 마침내 원주를 탈환함으로써 적의 위협이 일차적으로 수습되었다.

한편 1950년 10월 말 중공군이 투입된 이후 계속 후퇴만을 거듭하게 된 국군과 유엔군은 사기가 크게 떨어졌고 패배의식마저 만연해 있었다. 이를 간파한 리지웨이 미 제8군사령관은 장기간 작전에 참가한 미군 장병들에게 일본 등으로 휴가를 다녀올 수 있도록 조치했다. 그리고 제2차 세계대전의 경험을 살려 그는 공격작전의 성공을 통한 사기진작만이 이러한 패배의식을 극복할 수 있는 길이라고 판단했다.

서부전선에서는 적과 접촉을 유지하고 차후 반격작전을 준비하기 위해 1월 15~16일 미 제1군단이 미 제27연대 및 국군 제1사단 12연대 1개 대대를 투입하여 39번 도로(평택-발안장-수원)를 따라 위력수색(울프하운드 작전Operation Wolf Hound)을 실시했다. 중공군 1개 대대 규모와 김량장리(용인) 일대에서 교전이 있었지만 이 작전을 통해 미 제8군은 중공군의 화력지원과 보급 수준이 미약하여 중공군이 가까운 시일 내에 대규모 공세를 취하기는 어렵다고 평가했다. 리지웨이 사령관은 직접 헬기를 타고 적진 30km 지역까지 항공정찰을 실시한 결과, 중공군이 수원-이천에 연하여 배치되어 있다는 사실도 확인했다.

이 위력수색작전은 마침 콜린스 미 육군참모총장이 유엔군의 철군 문제를 검토하기 위해 한국 전선을 방문한 가운데 이루어졌다. 유엔군의 사기가 올라가 있고 위력수색작전의 성과를 직접 목격한 미 육·공군총장이 워싱턴에 복귀하여 유엔군이 한국에 남아 계속 전투를 할 수 있다는 것을 보고함으로써 더 이상의 철군 논쟁은 진행되지 않았다.

한편 터키 여단을 배속 받은 미 제25사단이 1월 25일 선더볼트 작전Operation Thunderbolt을 전개하여 26일 김량장리와 신갈을 탈환하고 수원으로 이동했다. 터키 여단은 중공군이 아군의 직사화기 사격까지 견딜 수 있도록 요새화시킨 신갈의 151고지를 백병전 끝에 탈환했다. 이로써 군우리의 패배를 설욕하고 미국·한국 대통령 부대표창을 받았다. 1월 31

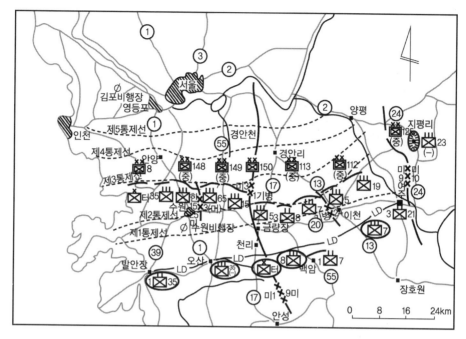

●●● 유엔군의 재반격작전 상황도

일 미 제25사단은 서울 탈환을 위한 주요 감제고지인 수리산(474고지)을 공격하여 2월 6일 중공군 제150사단 1개 연대가 엄체호를 구축하고 완강하게 저항하는 고지를 1주일간의 공격 끝에 점령했다.

국군 제1사단 15연대는 미 제25사단에 배속되어 수원-서울 간 1번 국도를 통제할 수 있는 모락산과 관악산을 점령한 다음, 계속 적을 추격하여 2월 10일 노량진-영등포로 이어지는 한강 선까지 진출했다.

중서부전선에서는 1월 17일부터 미 제9군단이 장호원에서 이천 방면으로 위력수색작전을 실시했다. 국군 제6사단이 광주 일대, 미 제1기병사단이 곤지암리 일대, 미 제24사단이 한강 남안까지 진격하도록 했다. 그러나 중공군이 한강 남단의 교두보 지역을 점령하고 춘계공세를 준비하고 있었기 때문에 미 제24사단은 양평 일대의 한강 남안을 점령하지

●●● 미군의 화력지원

못하고 남한산-양자산에 연하는 선에서 작전을 종료했다.

이때 유엔 공군은 중공군의 제3차 공세로 F-51기 2개 비행단만 진해와 수영비행장에 배치되고 나머지는 모두 일본 기지로 철수한 상태여서 근접항공지원이 제한받고 있었다. 1월 23일에는 개전 후 처음으로 한·중 국경선 부근에서 F-84E 전폭기와 MIG-15 전투기 간에 공중전이 벌어져 적기 3대가 격추되었다. 제해권을 장악하고 있던 해상에서는 한국 해군이 혹한 속에서 해상으로 탈출하려는 많은 피난민들을 연안도서로 구출했다. 또한 동해에서는 주요 항의 기뢰제거작전을 계속 실시 중에 있었다.

중동부전선으로 침투한 북한군 제2군단은 1951년 1월 12일 제10사단이 단양-안동 지역에, 제2사단이 단양군 원춘면 일대에, 제9사단이 영월 동남쪽 옥동리와 주문리에, 제31사단이 영월 동남쪽 남대리에, 제27사단이 망경대산(주문리 북쪽 4km)에 각각 침투 중이었다. 이에 따라 국군 제3군단이 1월 15일부터 제3사단과 제7사단을 남대리와 영월 지역에 투입하여 대대적인 소탕작전을 전개하여 1월 22일경에는 북한군 제2군단의 조직이 와해되었다.

미 제10군단과 국군 제3군단은 1월 24일 북한군 제2전선 차단작전을 마치고 1월 29일부터 지평리와 횡성 일대에서 위력수색작전을 실시했다. 미 제10군단장은 중동부전선의 전략 및 전술적 요충지인 홍천을 양익 포위하여 적을 격멸하기 위한 라운드업 작전Operation Round-Up을 2월 5일 시작했다. 이를 위해 지평리-횡성에 미 제2사단, 치악산 북쪽에 미 제187공정연대전투단, 평창 남서쪽 주천리에 미 제7사단을 각각 배치했다. 공격부대로는 좌측에 국군 제8사단을, 우측에 국군 제5사단을 투입하여 공격했다. 그러나 중공군 제198사단과 북한군 제6사단에 각각 막혀서 2월 10일까지 진출이 되지 않자 국군 제3사단을 횡성-홍천 도로 우측에 투입했지만 진전은 없었다.

이 무렵 공산군은 한강 남안에 교두보를 확보하고 서부 지역에서는 유엔군의 공격을 견제하고, 중동부 지역에서 유엔군을 종심 깊이 유인·격멸하는 계획을 수립하고 있었다. 이것이 중공군의 제4차 공세, 즉 2월 공세이다.

중공군의 제4차 공세와 횡성·지평리 전투

1951년 1월 25일부터 국군과 유엔군이 반격작전을 전개하여 작전의 주도권을 다시 가져오고, 2월 초에는 김포-안양-양수리-지평리-횡성-하진부리에 연하는 선까지 진출했다. 국군과 유엔군의 공격을 받던 중·조 연합사령관 펑더화이는 중동부전선의 돌출부가 형성되어 있는 지평리와 횡성 일대의 유엔군과 국군을 공격하고자 했다. 어느 쪽을 먼저 공격할 것인가를 놓고 예하 지휘관들과 논의한 결과, 국군 위주로 배치되어 있는 횡성 일대를 먼저 공격하기로 했다.

1951년 2월 11일 오후 17시를 기해 중공군이 횡성을 공격하면서 국군 제8사단이 위기에 처하게 되었다. 중공군 제124사단이 금대리 방면으로 공격하여 아군의 퇴로를 차단하고, 적 제198사단이 국군 21연대를, 적 제120사단이 국군 10연대를, 적 제117사단이 국군 16연대를 각각 공격했다. 중공군 4개 사단에 의해 포위가 된 국군 제8사단이 12일 새벽 01시경 연대와 지휘통신이 두절되고 적중에 고립된 상태가 되자, 미 제10군단장은 사단을 주포리 일대로 철수시키고 미 지원부대들도 원대복귀하도록 명령했다. 그러나 사단은 이미 지휘체계가 마비되어 조직적인 철수가 어려웠고 주요 장비를 유기한 채 산악을 이용해 빠져나오는 형국이 되었다. 횡성에서의 대재앙이었다. 지원부대 중 사단 포병인 제20·제50포병대대 그리고 미 A지원팀이 적에게 차단되어 고전을 겪었다.

2월 12일 10시경부터 사단은 문막-원주와 원주-제천 간에 낙오자 통제선을 설치하여 병력을 수습했다. 횡성 전투 결과, 국군 제8사단은 잔여 병력이 장교 263명과 사병 3,000여 명에 불과할 정도로 대량 피해를 입고 대구로 이동하여 재편성한 후 공비토벌작전에 투입되었다. 국군 제8사단이 횡성을 철수하는 과정에서 미 제7사단 38연대에 배속된 네덜란드 대대가 큰 역할을 했다. 이 대대가 횡성교를 이날 야간까지 확보해줌으로써 지원부대들의 철수가 가능했다. 당시 무질서한 철수 과정에서 한국군으로 위장한 중공군 침투부대가 네덜란드 대대본부를 습격하여 대대장이 전사하는 위기 상황에서도 엄호임무를 완수했던 것이다.

한편 1951년 2월 13일부터 16일까지 지평리(경기 양평)에서는 미 제2사단 제23연대전투단(프랑스 대대 배속)이 중공군 제39군단 예하 3개 사단의 집중 공격을 막아냄으로써 유엔군 작전의 새로운 전기를 마련했다. 당시 지평리는 홍천-여주를 잇는 병참선의 주요 거점이었고, 미 제10군단 방어 지역의 좌측 견부였기 때문에 피아간에 매우 중요한 지역이었다. 따라서 군단에서는 미 제23연대에 프랑스 대대를 배속하고, 제1특공중대, 제503야포대대 B포대, 제82대공자동화기대대 B포대, 제2공병대대 2중대로 구성된 미 제23연대전투단을 구성하여 2월 3일부터 지평리에 배치했다.

미 제23연대장 프리먼 대령은 지평리를 사수하기 위해 마을을 중심으로 직경 1.6km의 원형 방어진지를 구축했다. 원형 진지를 최소한으로 줄였으나 둘레는 약 6km에 달하여 가용 병력이 제한되었다. 이에 따라 예비 병력은 연대에 1개 중대와 각 대대에 1개 소대씩만 편성하고 모든 병력을 제1선에 배치했다. 전차와 자동화기도 일선에 배치하고 지뢰매설과 화망을 구성함으로써 부대배치의 간격을 보강했다.

펑더화이는 횡성에서의 성과를 확대하기 위해 2월 13일 오후 17시 30분을 기해 공격을 개시했다. 중공군 제119사단의 356연대는 상고송에서, 357연대는 광탄리에서 각각 지평리로 공격했고, 제42군단 375연대가 황거리에서 지평리 동남쪽 초왕리를 향해 공격했다. 그리고 중공군 제126사단의 376연대와 377연대가 서쪽과 서남쪽에서 지평리를 향해 공격했고, 378연대가 이포리에서 유엔군의 증원 병력을 차단했다.

2월 14일 새벽 2시 중공군은 피리와 나팔을 불며 프랑스 대대 우측 전초진지를 향해 공격해왔다. 프랑스 대대는 사이렌을 울리면서 대응했고, 순식간에 수류탄전과 백병전이 펼쳐졌다. 다음날까지 수차례의 공방전을 치른 끝에 프랑스 대대는 끝까지 진지를 사수했다. 이때 카투사로서 프랑스 대대에 배속된 101명의 국군이 2중대(중대장 한윤찬 중위)로 건제를 유지하여 철로변 일대의 책임 지역을 견고하게 지켜냈다.

한편 프랑스 대대 총지휘관 몽클라르Ralph Monclar 중령은 제2차 세계대전에 참전했던 예비역 중장이었다. 그러나 프랑스 정부가 6·25전쟁 참전 부대를 대대 규모로 편성하자 스스로 계급을 낮춰 대대를 이끌게 되었다.

밤이 되자 중공군은 사방에서 횃불을 들고 포위망을 압축해왔고, 연대 방어진지에 집중포격을 가했다. 미 제23연대전투단도 전 화력을 집중 사격하며 대응했다. 14일 아침까지 연대의 손실은 약 100명에 달했으나 강풍과 적의 포격으로 부상자의 헬기 후송이 불가능했다. 또 기상 악화로 유엔 공군 지원이 제한되었다. 반면에 중공군은 새벽에 제115사단의 2개 연대를 추가로 투입하여 공격력을 강화했다. 그러나 오후 들어 날이 맑아지면서 공군 전폭기가 진지 남쪽 망미산 일대에 있는 적을 집중적으로 타격했다. 오후 15시경에는 일본에서 발진한 C-119S 수송기 24대가 3시간에 걸쳐서 연대 집결지에 보급품을 공중 투하했다.

15일 새벽에는 G중대와 프랑스 대대 간에 발생한 간격으로 적이 공격하여 중대 진지가 무너져 예비 병력을 투입했으나 회복하지 못하자, 진지를 연대 지휘소 쪽으로 200m 가량 철수해 축차진지를 급히 편성하기도 했다. 지평리의 미 제23연대전투단이 고립되자 장호원에 있던 미 제9군단은 제5기병연대를 14일 오후에 지원했다. 제5기병연대장은 15일 오후 3시에 전차와 보병으로 구성된 크롬베즈Crombez 특수임무부대를 편성하여 6km에 달하는 중공군 진지를 돌파하여 제23연대전투단과 연결하고 곡수리에서 지평리에 이르는 도로를 방어했다. 아군의 증원에 힘입어 방어부대의 사기는 충천했고, 결국 중공군은 총 5,400여 명의 전사자를 남긴 채 2월 16일 새벽에 퇴각했다. 반면에 제23연대전투단은 전사 52명, 부상 259명, 실종 42명이었다. 제5기병연대는 기동 간 중공군의 육탄공격으로 30~40명이 전사했고, 포위망 돌파 간에 3대대장을 포함하여 L중대원 60여 명이 낙오되었다.

4일간에 걸친 지평리 전투는 유엔군이 대규모 중공군의 공격을 받아 물러서지 않고 싸워서 승리한 최초의 전투였으며 공세이전의 계기를 마련한 작전이었다. 이것은 전술적 승리를 달성한 것 이상으로 전 유엔군에게 자신감을 심어주었고 희망을 갖게 했다. 또 미 정책당국자들에게는 한국전쟁의 추이에 대한 의구심을 사라지게 하는 계기가 되었다. 대규모 중공군의 개입 이후 후퇴를 거듭하던 유엔군이 승리에 대한 확신으로 자신감을 갖게 되자, 리지웨이 제8군사령관은 차후 작전을 보다 공세적으로 이끌어갈 수 있게 되었다.

서울 재탈환과 38도선으로 진격

중공군의 제4차 공세가 불과 1주일 만에 유엔군의 승리로 끝나자 리지웨이 사령관은 적에게 새로운 공격을 준비할 시간적 여유를 주지 않아야 된다고 생각했다.

리지웨이 장군은 제천-영월 지역의 적 주력을 포위 섬멸하기 위해 이른바 킬러 작전Operation Killer을 계획했다. 미 제9군단이 원주-횡성 방향으로, 미 제10군단과 국군 제3군단이 제천-평창 방향으로 각각 공격하기로 했다.

미 제9군단은 2월 21일 횡성 탈환을 목표로 4개 사단 병진으로 공격을 개시했다. 24일에는 안타깝게도 군단장 무어Bryan E. Moore 중장의 헬리콥터가 남한강에 추락하여 전사하는 사고가 발생했다. 그러나 예정대로 공격작전을 진행하여 3월 4일 미 제1해병사단이 횡성을 탈환했다.

미 제10군단은 미 제9군단의 우측에서 2월 21일 미 제7사단을 주공으로 영월-평창 간 도로를 따라 적 격멸작전을 전개했다. 조공인 국군 제3사단이 적의 완강한 저항을 물리치고 26일까지 횡성-안흥리-평창 간 도로를 확보하고 군단의 중앙에 투입된 미 제2사단과 연결했다. 3월 7일 군단은 킬러 작전의 목표인 애리조나 선Arizona Line(양평-횡성-평창)을 확보했다.

국군 제3군단은 오대산을 중심으로 제7사단이 서쪽에서, 수도사단이 동쪽에서 각각 공격을 개시했다. 제7사단은 미 제10군단의 공격을 엄호하기 위해 평창-창동리 도로를 따라 공격했고, 수도사단의 제1기갑연대가 미 제7사단의 공격을 지원하기 위해 속사리 부근으로 투입하여 적의 퇴로를 차단하도록 했다. 그러나 5일간 내린 폭설로 인해 대관령-횡계리-구산리 간의 도로가 차단되어 기갑연대의 기동이 제한되었다. 3월 3일에는 유천리 부근에서 제26연대가 북한군의 공격을 받고 철수함에 따라 속사리를 공격하던 제1기갑연대의 퇴로가 차단되어 큰 손실을 입기도 했다.

그러나 국군과 유엔군은 2월 21일부터 3월 6일까지 추격작전을 벌인 결과, 횡성-평창에 이르는 목표 선까지 진출하며 적에게 큰 피해를 입혔다.

한편 서부전선의 미 제1군단의 서울탈환작전은 3월 7일 미 제25사단이 한강을 도하하면서 시작되었다. 미 제25사단은 치밀한 도하계획과 예행연습을 통해 얼음이 녹아 유속이 초속 2m에 달하는 한강을 양수리 삼각주 일대에서 도하했다. 이때 10여 대의 전폭기가 지원했고 국군 제1사단이 김포비행장 부근에서, 미 제3사단이 서울 남안에서 양동작전을 실시하여 중공군 제50군단이 양수리 방면으로 증원하는 것을 차단했다. 미 제25사단은 15일 저녁 무렵에 서울-춘천 간 도로를 점령했고 터키 여단이 미 제9군단의 제24사단과 연결함으로써 서울 동측방의 적 위협을 제거하게 되었다.

3월 14일 서울 남쪽을 방어하고 있던 국군 제1사단이 예하 5개 정찰대로 하여금 한강을 도하하여 서울 시내를 정찰하도록 했다. 정찰 결과, 적을 발견할 수 없었고 이때 1개 팀이 중앙청 청사에 태극기를 게양했다. 16일 국군 제1사단 15연대가 서울 시내 전역을 장악했고, 미 제3사단 65연대가 용마봉을 점령했다.

당시 중공군은 3월 9일 펑더화이의 지시에 따라 북한군 제1군단이 문산으로, 중공군 제50군단이 의정부 북쪽으로 각각 철수했다. 14일 중공군 제26군단은 제50군단과 임무 교대하여 의정부-포천 지역에 새롭게 배치되었다.

이때부터 중공군은 마오쩌둥의 지시에 의해 전후방 부대를 교대하며 전투에 임하도록 했다. 이것은 전투를 치른 부대의 정비를 보장하여 전투력을 회복시킴으로써 장기전에 대비하고, 또 한국전에 투입되는 부대를 소련이 최우선적으로 현대화된 소련 장비를 제공하고 있기 때문에 중공군 현대화를 동시에 이룬다는 목적이었다. 아울러 많은 부대로 하여금 실전 경험을 쌓게 하여 중공군의 전투력을 강화시킬 수 있다는 점도 고려되었다. 마오쩌둥과 펑더화이는 자신들의 전력으로는 현대화된 유엔군을 상대로 일방적 승리가 어렵다는 것을 이미 알고 있었던 것이다.

한편 서울은 네 번씩이나 주인이 바뀌어 시가지의 건물들은 폐허가 되어 있었다. 교통, 통신, 급수, 발전시설 등 기간시설들이 제 기능을 발휘하려면 최소 2개월 이상이 소요될 것으로 추산되었다. 또한 150만 명의 서울 인구 중에서 남아 있는 20만여 명의 식량도 부족한 상황이어서 정부는 서울 시민의 복귀를 자제하도록 홍보했다. 따라서 정부기관도 부산에 계속 남아 있게 되었다.

유엔의 신전략과 맥아더의 해임 결정

유엔군이 1951년 1월 중순부터 반격을 재개하여 전쟁의 주도권을 갖게 되면서 미 행정부와 합참은 38도선에 관한 전쟁지도 지침을 다각도로 검토하게 되었다. 이들은 3월 15일 "한국 문제를 정치와 군사 두 노선으로 구분하여 단계적으로 해결하되, 정치적으로는 통일 독립 국가를 이룩하고 군사적으로는 침략을 격퇴하여 평화를 회복해야 한다"고 합의했다. 아울러 여기에는 다음과 같은 군사적 지침이 포함되어 있었다.

유엔군은 적에 대하여 계속 최대의 손실을 가해야 하고 38도선 남쪽 영토의 통제를 회복해야 한다. 그리고 대한민국의 방위력도 증강되어야 한다. 유엔 지상군은 전술 상황에 의해 요구될 수도 있는 38도선 북쪽의 16~32km까지 '공세적 방어작전'을 실시하도록 허용되어야 한다. 아군이 군사적으로 38도선에 도착하면 미국은 1950년 12월에 유엔 휴전위원회에 통보한 그 선에 따라 휴전을 추구해야 한다. 유엔군은 적의 균형을 파괴하고 적의 공격준비를 분쇄하기 위해 38도선 북으로 제한된 기습을 가할 수는 있으나 전면적인 진격을 하여 북한 영토의 확보를 시도해서는 안 된다.

미국이 정치적으로는 통일 한국을 추구하지만 중공군이 북한을 지원하고 있는 상황에서 힘에 의한 통일은 현실적으로 어렵다는 것을 바탕에 두고 내린 결론이었다. 이것은 유엔군을 지원하고 있는 회원국들이 한국에서의 군사작전을 38도선에서 평화적으로 종결되기를 희망하고 있다는 점도 고려한 것이었다.

미 합동참모본부는 3월 20일 맥아더 유엔군사령관에게 "대통령이 휴전을 기꺼이 고려하고 있다는 선언문을 유엔군을 파병한 국가의 동의를 얻어 발표할 준비를 하고 있으며 유엔군이 38도선 이북으로 진격하면 안 된다"고 전달하면서 "차후 적과 협상이 개시될 때 유엔군의 안전과 협상을 지속할 수 있는 조건"에 대해 조언해줄 것을 요구했다.

이 전문을 접수한 맥아더는 3월 24일 미 합참에 통보도 하지 않고 일방적으로 중국을 자극하는 성명을 발표했다. 즉, "우리 군은 지금 사실상 남한을 조직적인 공산군으로부터 해방하기에 이르렀다. … 유엔이 우리 군의 작전을 중국 연안 지역이나 내륙 기지까지 확대하도록 결정했더라면 중국은 반드시 절박한 군사적 붕괴의 위험에 처하게 될 것이다. … 한국에 있어서 유엔의 정치적 목적을 달성할 수 있는 그 어떤 군사적 수단을 찾기 위해 최선의 노력을 할 용의가 있다"라고 하는 위협적인 성명이었다.

이로 인해 트루먼의 휴전 관련 발표는 취소되었다. 성명을 발표하게 되면 유엔군사령관과 견해를 달리하는 것이 되어서 국제적 혼란이 야기될 것을 우려했기 때문이다. 이와 관련하여 트루먼 대통령은 맥아더 장군의 태도가 단순히 불만의 수준을 넘어 미국과 유엔의 정책에 대한 고의적이고 계획적인 도전이라고 생각했다. 『트루먼 회고록』에 의하면 이것이 맥아더를 해임해야겠다고 대통령이 결심하게 된 배경이었다. 맥아더의 성명은 워싱턴 수뇌부뿐만 아니라 유엔 파병국가들에게도 큰 반향을 일으키기에 충분했다. 미 국무부는 즉각 맥아더의 월권적인 발언을 비난하는 성명을 발표했고, 미 합참은 "지금부터 귀하가 발표하는 일체의 성명은 지난해 12월 6일의 명령에 따라서 사전에 조정되어야 한다"는 대통령 지령을 하달했다.

트루먼은 그의 회고록에서 "이는 외교정책에 대한 어떤 견해의 표명도 자제하도록 한 지령을 모두 무시한 행위로서 대통령 겸 군 총사령관인 나에 대한 공공연한 반역이었다. … 나는 이 이상의 불복종을 용서할 수 없었다"고 말하고 있다. 이러한 여러 가지 배경 속에서 1951년 4월 11일 새벽 01시 트루먼 대통령은 이례적인 심야 기자회견을 갖고 맥아더 원수의 해임을 발표했다.

맥아더 장군은 제2차 세계대전 후 일본점령군 최고사령관 겸 일본 군정사령관, 미 극동군사령관으로 근무하던 중 한국에서 6·25전쟁이 발발하자 유엔이 참전을 결정했고 1950년 7월 8일 초대 유엔군사령관으로 임명되었다. 그는 일본에 주둔하고 있던 미군을 한반도 전역에 투입하여 북한군의 공격을 낙동강 방어선에서 저지·지연시킨 후, 인천상륙작전을 감행하여 전세를 역전시켰다. 국군과 유엔군이 통일을 향한 북진을 단행하여 압록강과 두만강을 향해 진격하던 중 중공군의 대규모 침입으로 북위 37도선까지 밀리는 위기를 맞기도 했다. 그러나 유엔군이 다시 반격하여 서울을 재탈환하고 38도선을 향해 진격하고 있는 상황에서 해임되었다. 이 과정에서 맥아더는 전쟁수행과 전후 처리 관련 정책에 대하여 미 정부 당국자들과 여러 차례 의견충돌을 빚었다. 결국 맥아더가 해

임되었고, 후임에는 당시 미 제8군사령관이었던 리지웨이 중장이 부임
4개월 만에 유엔군사령관으로 자리를 옮기게 되었다.

국군과 유엔군의 38도선 확보 작전

이 무렵 유엔군사령부는 38도선을 확보하기 위한 유리한 방어 지역으
로 임진강-연천-화천 저수지-양양에 이르는 이른바 캔자스 선^{Kansas Line}
을 설정했다. 이를 확보하기 위해 1951년 4월 3일부터 17일까지 러기
드 작전^{Operation Rugged}을 전개했다. 서부전선의 미 제1군단, 중부전선의
미 제9군단, 중동부전선의 미 제10군단 및 국군 제3군단, 동부전선의 국
군 제1군단이 중공군과 북한군을 공격했다.

이때 공산군은 서측부터 중공군 제19병단 예하 제63군단과 제60군
단이 예성강과 임진강 일대에, 중공군 제3병단이 연천-철원 일대에, 북
한군 제3군단과 제5군단이 양구에서 속초까지 배치되어 방어진지를 구
축하고 있었다. 그렇지만 대부분의 부대가 적의 큰 저항 없이 임진강-전
곡-화천 저수지-양구-양양에 연하는 선을 점령했다.

국군과 유엔군이 캔자스 선으로 진출한 이후 미 제8군사령부는 공산
군의 공격 징후를 여러 곳에서 포착했다. 이에 따라 아군은 적의 병력과
장비 및 물자가 집중되고 있는 중동부전선의 전략적 요충지인 철의 삼
각지대를 점령하여 강력한 방어지대를 편성하고 대규모 정찰작전을 통
해 적의 공격을 사전에 차단하고자 했다.

먼저 연천-고대산-와수리-대성산-화천 저수지로 이어지는 새로운
통제선인 와이오밍 선^{Wyoming Line}을 설정하고 이를 점령하기 위해 돈틀리
스 작전^{Operation Dauntless}을 전개했다. 미 제8군은 와이오밍 선을 점령하기
위해 작전을 단계화하여 1단계로 임진강-금학산-광덕산-백운산으로
연결되는 유타 선^{Utah Line}을 점령하기로 했다. 4월 11일 공격을 시작하기

로 했는데 이날 리지웨이 미 제8군사령관이 맥아더 장군의 후임으로 가게 되었고, 후임으로 4월 14일 밴 플리트James Alward Van Fleet 장군이 부임했다.

이때 중공군의 공격 징후가 더욱 활발해짐에 따라 신임 밴 플리트 장군은 서울을 반드시 확보한다는 방침 아래 대규모 적 공격이 있을 경우, 공산군에게 최대한 손실을 강요하면서 축차적인 철수를 한다는 계획까지 마련했다. 다시 말해 공격과 방어계획을 동시에 발전시킨 상태에서 미 제1군단은 4월 20일경, 미 제3사단이 연천을, 미 제25사단이 금학산을, 미 제24사단이 문혜리를, 그리고 영국군 제27여단이 사창리를 점령함으로써 모든 부대가 유타 선에 진출했다. 이에 따라 미 제8군사령관은 와이오밍 선을 향해 계속 공격을 하도록 명령했다.

4월 21일 미 제1군단의 제24사단과 제25사단이 철원-김화를, 미 제9군단의 국군 제6사단과 미 제1해병사단이 김화-화천을 목표로 공격했으나 적의 강한 포격을 받고 제대로 공격이 이루어지지 않았다. 이튿날 공격을 재개하였으나 공산군의 저항은 더욱 강해졌고, 적의 부대이동이 증가하여 임진강변에서는 도하를 준비하는 적들이 항공정찰에서 식별되었다. 이때 포로들에 의하면 중공군이 야간에 대규모 공격을 시작할 것이라고 진술하기도 했다. 4월 17일부터 접촉을 단절하고 아군의 공격을 유인하기 위해 기다리고 있던 공산군은 4월 22일을 기해 '제5차 공세'를 감행했고 국군과 유엔군은 공격에서 방어로 전환했다.

공산군의 춘계공세(1951년 4~5월) 좌절과 전선 교착

국군과 유엔군의 반격으로 후퇴를 거듭하던 중공군과 북한군은 전황을 역전시키기 위해 중공군 참전 이후 최대 규모의 병력을 투입하는 공격을 계획했다. 당시 가용한 중공군은 4개 병단 16개 군단 51개 사단 규모였다. 중공군의 제5차 공세(춘계공세)가 시작된 것이다. 이를 위해 중·조 연합사령부는 제19병단(9개 사단)과 북한군 제1군단(3개 사단)을 임진강 북쪽의 구화리-덕사리 선에, 제3병단(9개 사단)을 삭녕-신탄리 선에, 제9병단(15개 사단)을 철원-김화 선에, 북한군 제3군단(3개 사단)과 제5군단(3개 사단)을 양구-원통 선에 각각 배치했다. 그동안 공산군은 화력과 기동력을 보강하고 식량과 탄약, 물자 등 군수지원 능력도 보강했다.

공산군의 제5차 공세는 2단계로 나누어 실시되었는데, 제1단계인 4월 공세(1951년 4월 22~30일) 때는 서부전선(개성-화천)에, 제2단계인 5월 공세(1951년 5월 16~22일) 때는 동부전선(양구-인제)에 각각 가용 전력을 집중하여 총공세를 취했다.

4월 22일 서울을 목표로 공격하는 중공군 제19병단을 영국군 제29여단(벨기에 대대 배속)이 설마리와 금굴산 일대에서, 그리고 국군 제1사단이 파평산에서 혈전를 치르며 방어전을 펼쳤다. 국군 제1사단은 강력한 항공지원과 포병화력에 이어 보병부대로 역습을 감행하여 실지를 되찾는 전투를 반복했다. 적은 이 전투에서 대량 피해를 입었다. 종전 후 작성한 중공군 전사에는 "우회 임무를 맡은 중공군 제64군단이 장파리와 고사동 일대는 점령했으나, 파평산 북쪽에서 국군 제1사단의 저지로 적의 주진지를 신속히 돌파하지 못했다"라고 당시 상황을 평가하고 있다.

4월 28일 새벽에는 문산-서울 축선으로 진출한 북한군 제8사단 1개 연대가 행주나루터로 은밀히 침투하여 김포비행장 방면으로 도하를 시도했다. 그러나 국군 제1사단 수색대에 발견되어 인천 외항에 대기 중이던 순양함 톨레도Toledo 호의 8인치 함포사격을 받고 다수의 사체를 유기한 채 퇴각했다. 또한 미 제1군단의 제1기병사단이 북한산과 도봉산 일대로 침투하던 중공군을 물리쳤고, 미 제25사단이 퇴계원 부근에서 중공군 제65군단을 항공 및 포병 사격으로 1,000여 명을 살상하며 진지를

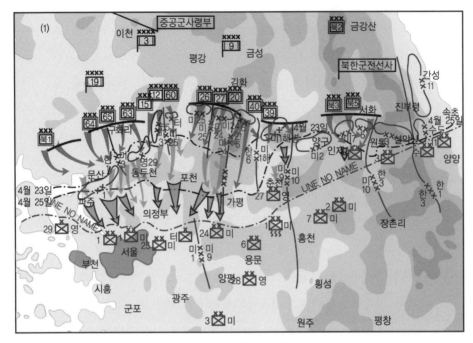

●●● 중공군 4월 공세 상황도

지켜냈다. 이로써 중공군은 서울 북방에서만 7만 5,000~8만여 명이 사살되고 5만여 명이 부상당하는 심대한 손실을 입었고, 펑더화이는 4월 공세의 실패를 자인하지 않을 수 없었다.

적이 서울을 눈앞에 두고 공격을 중단했기 때문에 밴 플리트 미 제8군사령관은 적이 전력을 정비한 이후에 공격을 재개할 것으로 예상하고 진지를 강화하고 중서부 지역에 병력을 추가로 배치했다.

공산군은 4월 28일부터 새로운 공격준비에 착수하여 서부에 있던 중공군 제3병단(9개 사단, 신탄리 일대)과 제9병단(15개 사단, 철원 일대)의 24개 사단을 양구-인제 축선으로 약 50km를 은밀하게 측방 이동시켰다. 펑더화이가 중공군의 제5차 공세 2단계 작전의 공격 목표를 중동부전선에 배치되어 있는 국군 6개 사단을 섬멸하는 것으로 설정했기 때문이다.

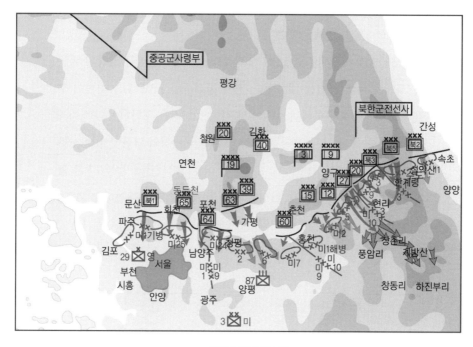

●●● 중공군 5월 공세 상황도

중공군 제9병단과 동부전선의 북한군은 5월 16일 현리 지역에 있는 국군 제3·제5·제7·제9사단을 섬멸한 후 상황에 따라 국군 수도사단과 제11사단을 섬멸한다는 계획을 세웠다. 중공군 제3병단은 미 제10군단이 동부전선으로 증원하는 것을 차단하며, 중공군 제19병단은 서부전선에서 양공작전을 펼친다는 작전 개념이었다.

당시 국군 제3군단(제9·제3사단)은 인제-현리 축선의 한석산-가리봉의 산악 능선에 배치되어 있었다. 군단의 주보급로는 하진부리-상남리-오미재-용포-현리로 이어지는 단차선뿐이었다. 특히 오미재는 군단의 보급로이자 유일한 철수로이기 때문에 대단히 중요한 지역이었다. 따라서 최초 국군 제3군단은 제3사단 28연대로 하여금 오미재를 통제하도록 했으나, 미 제10군단장이 자기 작전 지역이라며 병력배치에 대해 항의하자 결국 5월 11일에 철수했다.

중공군 3개 사단이 5월 16일 오후 18시를 기해 소양강 남안의 국군 제7사단을 향해 공격을 개시했다. 적의 공격준비사격으로 통신선이 절단되어 지휘통제가 마비된 상황에서 적이 소양강을 도하하여 강력하게 공격해오자 제7사단은 17일 01시경 미 제10군단장의 명령에 따라 노네임 선No Name Line으로 철수하기 시작했다. 국군 제7사단의 방어진지를 돌파한 적은 종심기동부대로 편성된 중공군 제60사단 178연대 2대대가 유일한 보급로인 오미재를 17일 04시에 점령했다. 이후 이곳에 중공군 1개 연대가 증원되어 국군 제3군단(제3·제9사단)의 퇴로를 완전히 차단했다.

한편 5월 16일 저녁부터 중공군의 공격을 받은 인제 지역의 국군 제9사단이 17일 새벽부터 철수하기 시작하여 오후 14시경 현리에 도착했다. 국군 제3사단은 17일 새벽에 북한군 제5군단(제6·제12·제32사단)의 공격을 받고 오후 13시경 현리에 도착했다. 조그마한 시골 마을인 현리 일대에는 국군 제3사단과 제9사단, 군단 직할대, 제7사단 5연대 등 많은 병력이 운집하게 되었다. 이때 후방의 오미재가 적의 수중에 넘어갔다는 소식이 전해지자 공포 분위기에 휩싸이기도 했다. 그러나 17일 오후 14시경 헬기로 현장에 도착한 국군 제3군단장 유재흥 소장은 제3사단장 김종오 준장에게 지휘권을 위임하고 제9사단장과 협조하여 퇴로를 개척하도록 지시한 다음 하진부리의 군단사령부로 복귀했다.

국군 제3·제9사단은 각각 1개 연대씩 차출하여 오미재를 17일 밤 9시에 돌파하기로 했다. 그러나 오미재와 용포 일대에는 중공군 제20군단 예하 제58·제59·제60사단의 선두 연대들이 도착하여 있었다. 국군 제9사단 30연대가 밤 22시경 공격을 개시했으나 중공군의 공격을 받고 철수하자 사단 전체가 방태산으로 퇴각했다. 이에 따라 국군 제3사단장은 5월 18일 새벽 03시에 예하부대에 모든 장비를 파괴하고 창촌으로 철수하라고 명령했다. 국군 제3·제9사단은 퇴로가 차단된 상황에서 무질서하게 퇴각하여 많은 사상자와 포로가 발생했다. 불행 중 다행으로 포위부대인 북한군 제5군단과 제2군단이 산악에 쌓인 눈이 녹지 않아 방태산 방향의 산악 철수로를 차단하지 못함으로써 더 큰 손실을 방지할 수 있었다. 국군 제3군단은 완전히 와해되어 5월 19~20일까지 하진부리에서 수습된 병력은 제3사단이 34%, 제9사단이 40% 정도에 불과했다.

중공군이 5월 20일 야간에 하진부리 북쪽 인근 지역인 속사리까지 진출해오자 미 제8군사령관은 국군 제3군단장에게 하진부리 일대에서 중공군을 저지할 것을 명령했다. 그러나 제3군단은 명령을 이행하지 않고 다음날 제3사단이 송계리로, 제9사단이 대화리로, 제3군단사령부는 영월로 각각 퇴각했다. 이것이 국군 제3군단이 해체되는 불명예를 안게 되는 직접적인 계기가 되었다.

국군 제3군단의 붕괴로 종심 70km의 대규모 돌파구가 형성되어 중동부전선에 위기가 찾아왔으나, 돌파구 서쪽의 미 제2사단이 홍천에서, 동쪽의 국군 제1군단(군단장 소장 백선엽)이 대관령에서 적 공격을 효과적으로 저지함으로써 공산군의 포위망 구축을 차단할 수 있었다. 또한 밴플리트 미 제8군사령관이 예비인 미 제3사단과 제187공정연대전투단, 호남 지역에서 공비토벌작전 중이던 국군 제8사단을 중동부전선에 투입했다. 5월 19일 미 제3사단이 속사리-하진부리 일대를 점령한 데 이어서 운두령을 장악하여 중공군의 퇴로가 차단당하자, 적은 국군 제3군단과 같이 혼란한 양상으로 전선이 붕괴되면서 많은 피해를 입고 후방으로 퇴각했다.

또한 중서부전선에서는 국군 제6사단이 용문산에서 5월 17~21일까지 중공군 제63군단 예하 3개 사단의 공격을 결사항전으로 막아냈고, 적은 이 전투에서 강력한 항공 및 포병화력에 의해 막대한 피해를 입고 철수했다.

이로써 공산군은 1951년 4~5월 춘계공세에서 치명적인 손실을 입고 작전을 중단했다. 펑더화이는 자신들의 전력으로는 현대화된 무기와 장비를 갖춘 유엔군을 섬멸하는 것이 한계가 있음을 또다시 인정하지 않을 수 없었다. 따라서 중·조 연합사령부는 장기전을 대비하기로 하고 5월 23일 철수를 명령했다.

미 제8군사령부는 5월 23일부터 반격을 실시하여 5월 말에 전쟁 발발 후 세 번째로 38도선을 회복하고, 6월 15일에는 문산-연천-철원-김화-화천-간성에 이르는 주요 지역에 강력한 방어진지를 구축했다. 이것은 전쟁 이전의 상태에서 휴전을 모색하려는 미국의 전략지침에 따른 것이었다. 이로 인해 전선은 교착상태에 들어가게 되었다.

제5장
휴전 – 끝나지 않은 전쟁

1. 휴전의 조건과 고지 쟁탈전

휴전의 모색과 회담 의제의 채택

1951년 4~5월 이른바 중공군의 춘계공세에서 적이 중동부전선의 국군 제3군단을 돌파하고 한때 전선을 장악하는 듯했다. 그러나 곧바로 이어진 국군과 유엔군의 반격으로 공산군은 38도선 이북으로 퇴각하고 전선은 교착상태에 빠지게 되었다. 이 춘계공세에서 6·25전쟁 참전 이후 가장 큰 손실(약 10만 명)을 입은 중공군은 자신들의 한계를 인정하지 않을 수 없었다.

미국 또한 6·25전쟁을 치른 1년 동안 7만 8,800명의 인명 피해가 발생했고 막대한 전쟁비용(약 100억 달러)을 지불하고 있었다. 또 중공군이 참전한 상황에서 완전한 승리를 달성하는 것이 어렵게 되었고, 미국의 여론 역시 전쟁을 빨리 끝내야 한다는 쪽으로 기울어 있었다.

개전 1년이 지난 시점에서 양측은 힘에 의한 해결이 현실적으로 어렵다는 인식 하에 평화와 협상을 모색하게 된 것이다. 미국은 1951년 5월 17일 정치적 협상으로 전쟁을 종결한다는 방침을 세웠다. 다시 말해 중공군의 춘계공세를 저지하고 반격으로 전쟁의 주도권을 다시 장악했지만, 더 이상 북한 지역으로 진격하지는 않겠다는 것이다. 미국은 "한국에서의 전쟁이 소련과의 전면전으로 돌입하거나, 주요 동맹국의 지지를 얻지 못한 채 한반도를 벗어나 중국으로 확대되는 것을 피해야 한다"며 전쟁 목표를 제한했고, 현 상황에서 '명예로운 휴전'을 모색하고 있음을 대내외에 표명했다. 이와 같은 미국의 휴전정책은 한국을 제외한 유엔 참전국들과 자유 진영의 지지를 받았다.

이러한 배경에서 미 국무장관 애치슨은 초대 정책기획국장을 지낸 조지 캐넌^{George F. Kennan}으로 하여금 비밀리에 소련과 접촉을 하게 했다. 캐

넌은 유엔주재 소련대표 말리크와 6월 1일과 5일 두 차례 만나서 논의했다. 여기서 말리크는 소련도 빠른 시일 내에 한국 문제의 평화적 해결을 바란다는 의사를 전했다. 그리고 6월 23일 말리크는 라디오 방송연설에서 "소련 인민은 교전상태의 중지와 정전을 위해 38도선에서 상호철군하도록 교전국 사이에 대화가 시작되어야 한다"고 말하며 휴전협상을 제안했다.

이보다 앞선 1951년 6월 13일 모스크바에서는 소련, 중국, 북한 간의 3자회담이 열렸다. 스탈린, 가오강, 김일성은 "38도선의 경계선을 복구하는 조건에서 휴전이 유익하다"는 결론을 내리고 휴전을 추진하기로 합의했다. 마오쩌둥은 이 회담에 직접 참여하지는 않았지만, 가오강을 통해 그의 의지를 충분히 반영하고 있었다.

또한 마오쩌둥은 펑더화이에게 "장기전에 대비한 사상교육 실시, 38도선 부근에서의 적극적인 방어 실시, 38도선을 경계로 하는 휴전협상 개시 준비" 등을 이미 지시했다. 그리고 모스크바에 있는 가오강에게 전문을 보내 이 내용을 스탈린과 김일성에게 전하도록 했다. 또한 그는 중국의 유엔 대표권 문제와 타이완 문제의 해결보다 한반도 문제의 우선적 해결을 바란다는 자신의 의견을 제시하고 스탈린의 지시를 받도록 했다. 이 무렵 중공군과 북한군의 상황은 각각 46만 명과 56만 명에 달하는 인명손실을 보고 있었기 때문에 전투력 회복 이전에 대규모 공격을 감행할 수 있는 상황이 아니었다.

한편 소련 말리크의 휴전 제의에 대해 중국과 북한은 즉각 지지를 표명했고, 영국과 프랑스도 긍정적인 의사를 나타냈다. 미국은 6월 27일 주소련 미국대사 커크Alan G. Kirk를 통해 소련 외상 그로미코Andrei Andreevich Gromyko에게 말리크 연설의 진위를 확인한 후, 유엔군사령관을 통해 휴전회담을 제의하기로 했다. 1951년 6월 30일 리지웨이 장군은 김일성과

●●● 헬리콥터를 타고 개성에 도착한 유엔군 대표 〈미 국립문서기록관리청〉

펑더화이 앞으로 휴전회담을 제의했고, 공산 측이 이를 수락했다.

양측은 한 차례 예비회담을 가진 데 이어 1951년 7월 10일 개성에서 휴전회담을 개시했다. 유엔군 측 대표는 수석대표로 미 극동해군사령관 조이 해군중장을 비롯하여 호디스Henry Hodes 미 육군소장, 크레이기 Lawrence Craigie 미 공군소장, 버크Arleigh Burke 미 해군소장, 백선엽 소장(제1군단장) 등이었다. 공산군 측 대표는 북한군 총참모장 남일 대장이 수석대표이고, 이상조 및 장평산 육군소장, 중공군 제1부사령관 겸 부정치위원 덩화鄧華, 참모장 셰팡解方 등이었다.

이처럼 휴전회담의 시작은 순조롭게 진행되었으나 양측이 제시한 의제를 조율하는 데만 16일이 소요되는 등 회담의 앞날이 순탄치 않을 것임을 예고하는 것 같았다. 그러나 협상타결까지 2년이 더 소요될 것이라고는 누구도 예측하지 못했다. 휴전협상이 진행되는 동안에도 전선에서는 협상의 주도권을 차지하고, 휴전 후 방어에 유리한 지형을 확보하기 위해 양측이 치열한 전투를 계속하고 있었다.

양측은 지루한 설전 끝에 휴회와 협상을 반복하면서 7월 26일 다음과 같이 휴전회담 의제에 대해 합의했다.

1) 정전의 기본조건으로 남북한 사이에 비무장지대를 설치할 수 있도록 군사분계선 설정
2) 정전감시기관의 구성, 권한, 기능을 포함하는 정전 및 휴전을 실천하기 위한 구체적인 조치
3) 포로에 관한 조치
4) 쌍방의 관계국 정부에 대한 건의

이와 같이 양측이 회담 의제에는 합의했지만 각 항목마다 입장 차이가 뚜렷하여 타결 과정이 순조롭지 않을 것임을 나타내고 있었다.

스탈린의 휴전회담 전략과 개성 문제

첫 번째 의제인 군사분계선과 관련하여 공산군 측 수석대표인 남일은 전쟁 이전의 38도선으로 설정해야 한다고 주장했다. 그러나 유엔군 측 수석대표인 조이 제독은 현재의 접촉선Line of Contact을 기준으로 하는 것이 합당하다고 반박했다. 이미 38도선은 지난 13개월의 전쟁 기간 동안 공산군이 네 번이나 넘나들었던 사실에 비추어보아도 의미가 없는 선이라고 역설했다.

군사분계선 협의가 진행되는 과정에서 8월 24일 김일성과 펑더화이는 전날(23일) 밤에 유엔 공군기가 회담장이 있는 개성을 폭격했다고 억

지 주장을 펼쳤다. 이에 대해 리지웨이 장군은 "날조된 사건에 대한 공산군 측의 항의는 회답할 가치가 없다"고 일축했고, 이로써 휴전회담은 무기한 중지되었다.

사실 회담장소 문제는 1951년 6월 30일 리지웨이 유엔군사령관이 최초 휴전회담을 제의하면서 원산항에 정박 중인 네덜란드 병원선에서 개최하자고 했다. 같은 날 마오쩌둥이 스탈린에게 회담을 7월 15일 시작하고, 회담장소는 개성으로 제안하겠다고 건의했다. 스탈린은 즉시 마오쩌둥에게 "정전협상에서 어떻게 행동할 것인가"라는 지침과 함께 유엔군사령관에게 보낼 다음의 전문까지 직접 작성하여 보냈다.

유엔군 최고사령관 리지웨이 장군!
6월 30일자 정전에 관한 귀하의 성명을 접수했다. 우리는 군사행동 중지와 정전협상을 위해 귀측 대표단과의 회동에 동의한다. 회담 장소는 38도선상의 개성 지구를 제안한다. 귀하가 동의할 경우 우리 대표단은 7월 10~15일 사이에 귀관의 대표들과 만날 용의가 있다.
− 조선인민군 총사령관 김일성, 중국의용군 사령관 펑더화이 −

7월 3일 마오쩌둥은 휴전협상 전략의 5가지 기본원칙을 다음과 같이 작성하여 스탈린의 의견을 물었다.

1) 쌍방이 동시에 전투중지 명령을 내릴 것
2) 쌍방 병력은 38도선을 따라 10마일씩 밖으로 철수하고, 38도선 기준 10마일 이내 완충지대를 설치할 것
3) 쌍방은 한반도 외부로부터 무기와 병력의 반입을 통한 무력증강 행위를 중지할 것

4) 중립국감시위원회 구성

5) 전쟁포로 송환과 관련하여 일대일 교환이 아닌 모든 포로의 일괄교환
   을 고수해야 함

이에 대해 스탈린은 전투행위 중지와 38도선 군사분계선에 대해서만
동의했다. 그러나 '중립국감시위원회' 구성 문제는 먼저 제기하지 말고
미국 측이 '유엔 군사정전위원회'를 설치하자고 제의하면 유엔이 전쟁
당사자라는 이유를 들어 거부하고, 대신 이를 제의하라고 지시했다. 또
한 그는 포로송환 문제는 일괄교환 방식을 반드시 관철시키도록 강조했
다. 이처럼 스탈린은 휴전협상을 막후에서 일일이 지시하고 통제했으며,
공산군 측은 그의 지시대로 움직였다.

그러면 마오쩌둥은 왜 휴전회담 장소를 원산항은 반대하고 개성으로
하자고 했으며, 회담 초기에 김일성과 펑더화이가 개성 폭격을 거론하
면서 회담을 중지시켰을까? 여기에는 공산군 측의 숨은 의도가 깔려 있
었다.

공산군 측은 최초 군사분계선을 38도선으로 설정하자고 했으나, 그렇
게 되면 38도선 이남 지역에 있는 개성은 당시 북한이 장악하고 있었지
만, 결국 남한에게 넘겨주어야만 했다. 그런데 개성 지역에 대한 공산 측
의 전략적·전술적 가치 평가는 1951년 11월 마오쩌둥이 스탈린에게 보
낸 전문을 보면 알 수 있다. "마오쩌둥과 김일성은 1951년 6월에 베이징
에서 정전협정 조건을 논의했고, 이때 개성은 서울 탈취를 위한 발판이
된다는 점에 동의했다"고 했다.

또한 휴전회담이 진행되고 있을 때 양측은 휴전 후 방어에 유리한 지
역을 확보하기 위해 치열한 전투를 하고 있었다. 따라서 당시 전력의 우
위를 점하고 있던 유엔군이 개성을 쉽게 점령할 수 있을 것으로 공산 측

은 판단했다. 이것은 10월 31일 재개된 휴전회담에서 공산군 측의 주장을 살펴보면 알 수 있다. 그들은 군사분계선 설정을 38도선으로 하자는 주장을 철회하는 대신, 휴전하는 시점의 지상군 접촉선으로 하되 비무장지대를 4km 폭으로 설치하자는 안을 제시했다. 그리고 이때부터 휴전회담은 개성보다 더 남쪽에 위치한 판문점에서 열리게 되었다.

이 제안에 대해 유엔군 측은 한국이 휴전을 반대하고 있지만 협상의 조기타결을 바라는 미국과 국제사회의 여론을 고려하여 이 절충안을 수용하기로 결정했다. 이에 따라 1951년 11월 27일 양측은 당시 지상군 접촉선을 기준으로 한 잠정 군사분계선과 비무장지대에 대해 합의했다. 이렇게 하여 개성은 결국 북한 지역이 되었고, 이것은 수도권 방위의 취약점으로 두고두고 남게 되었다.

고지 쟁탈전 : 해안분지, 피의 능선, 단장의 능선 확보작전

휴전협상은 1951년 7월 10일에 시작하여 1953년 7월 27일 정전협정이 체결될 때까지 2년간 지속되었다. 휴전협상 직전 유엔군의 상황은 중공군의 춘계공세를 저지하고 북한 지역으로 진격할 수 있는 힘이 있었다. 그러나 미국과 유엔군은 전쟁을 확대했을 경우에 추가로 들어갈 인적·물적 손실이 너무 클 것으로 판단하고 휴전회담을 시작했다. 유엔군 측은 전쟁 이전의 상태를 회복한 1951년 6월이 휴전회담을 시작할 수 있는 최적기라고 보았던 것이다.

한편 중국의 입장은 1951년 춘계공세에서 약 10만 명의 병력손실을 입은 상태였고, 소련이 지원하기로 한 60개 사단분의 전투장비와 물자가 지체되고 있어 38도선만 보장된다면 휴전에 응할 생각이었다. 무엇보다 춘계공세 때 대규모 피해를 입은 전선부대의 정비와 병력보충이 시급한 상황이었다.

1951년 북한은 더 이상 폭격할 목표물이 남아 있지 않았을 정도로 유엔 공군에 의해 거의 모든 산업시설이 철저하게 파괴되었다. 이와 같은 상황에서 체제 위기감마저 느낀 김일성은 휴전회담을 서두르게 되었다.

그러나 스탈린은 마오쩌둥에게 추가적인 지원을 약속하면서 휴전에 반대하는 입장이었다. 그렇지만 미국과의 전면전을 원하지 않고 있었기 때문에 38도선에 연하여 휴전회담을 하는 것에 대해 결국 동의했고, 막후에서 회담을 조종하고 통제했던 것이다.

이러한 양측의 입장 차이로 인해 휴전회담은 의제 선택부터 난항을 겪게 되었다. 그리고 2년간 기나긴 회담이 진행되면서 상대방에게 힘에 의한 강요를 하게 되었고, 그로 인해 국지적인 전투는 치열하게 진행되었다.

공산군은 휴전회담의 시작과 함께 전선이 소강상태에 이르자 그 기간을 이용하여 유엔군의 항공폭격에도 견딜 수 있도록 지하갱도를 구축하는 등 방어진지를 강화했다. 1951년 7월 20일경부터 유엔군의 전초선에서 1~5km 떨어진 주요 지형지물을 따라 공산군은 전초저항선Outpost Line of Resistance을 설치하고 아군의 작전활동에 대해 강력히 저항했다. 또한 적은 포병을 추가로 전방에 전개시키고 병력 및 장비를 보충하는 등 전투준비를 보강해나갔다.

이에 따라 미 제8군사령관 밴 플리트 장군은 제한목표 공격작전을 전개하여 공산군의 방어진지를 점령하고 아군의 방어선 중 취약한 부분을 보강하기로 했다.

미 제8군의 제한목표 공격작전은 1951년 8월 18일 해안분지를 확보하기 위한 '크리퍼 작전Operation Creeper'으로부터 시작되었다.

양구의 해안분지 동쪽에서는 국군 제1군단의 수도사단과 제11사단이 8월 18일부터 1주일 동안 924고지와 884고지의 북한군 제13사단과

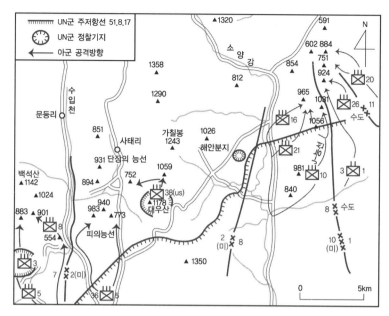

●●● 크리퍼 작전

제45사단을 각각 공격하여 8월 24일 점령했다. 이때 적은 남강 북쪽으로 후퇴했고, 국군은 향로봉 일대의 주요 고지를 확보했다.

미 제10군단의 국군 제8사단은 1031고지-965고지-854고지를 8월 20일부터 9월 18일까지 세 차례의 공격, 이른바 '노전평 전투'를 통해 점령했다. 이로써 군단 동측의 '낚시 바늘' 능선의 갈고리에 해당하는 고지들을 점령함으로써 방어선을 남강까지 추진하게 되었고 서화계곡의 도로망을 확보했다.

해안분지의 서쪽에서는 미 제2사단 및 배속된 국군 제5사단 36연대가 양구 북방의 '피의 능선(983고지-940고지-773고지)'에 있는 북한군 제12사단 및 제27사단 진지를 공격했다. 9월 5일까지 뺏고 빼앗기는 치열한 전투 끝에 이 일대의 고지를 점령했다. 18일간 지속된 전투에서 국군과 미군은 1개 연대 규모의 사상자가 발생했고, 북한군은 1개 사단 규모이상의 피해가 나는 등 대규모 인명살상으로 인해 '피의 능선Bloody Ridge'

●●● 피의 능선(983고지)

이라고 불렸다.

　미 제2사단(프랑스 대대 및 네덜란드 대대 배속)은 계속해서 11km 북방에
있는 문등리 일대 '단장의 능선(894고지-931고지-851고지)'을 점령하기 위
해 9월 12일 공격을 개시했다. 이 일대는 중공군 제68군단 204사단 및
북한군 제6·제12·제13사단 등 4개 사단이 방어하고 있었다. 미 제2사
단은 30만 발에 달하는 포병사격과 항공폭격 지원 하에 1개월간의 끈질

긴 공격으로 10월 13일 마침내 이 능선을 점령했다. 많은 사상자가 발생하여 "심장이 터질 것 같다"라고 종군기자들이 보도한 것이 계기가 되어 '단장의 능선Heartbreak Ridge'이라고 불리게 되었다. 이로써 가칠봉과 백석산 사이에 돌출된 전선을 조정하게 되었고, 북한군 2개 사단(제6·제12사단)은 치명적인 타격을 입고 지혜산 일대로 퇴각했다.

한편 미 제10군단은 미 제2사단의 계속적인 공격이 완강한 적의 저항으로 어려워지자 적 전투력을 분산시키기 위해 서측에 있는 백석산(1142고지)을 국군 제7사단이 공격하도록 했다. 국군 제7사단이 9월 24일 공격을 개시하여 주봉을 탈취했으나 적의 역습으로 다시 피탈당했다. 이에 군단은 국군 제8사단을 재투입하여 10월 1일 백석산을 탈환했다.

이렇게 해안분지의 서측과 동측 일대를 점령한 미 제10군단은 해안분지(펀치볼)의 북쪽을 점령하기 위해 미 제1해병사단(한국 해병 제1연대 배속)과 국군 제5사단을 투입하여 9월 20일경 김일성고지(924고지)와 모택동고지(1026고지) 등을 점령하고 해안분지 공격작전을 종료했다. 김일성고지와 모택동고지 명칭은 국군 해병 제1연대가 탈취하기 쉽지 않은 924고지와 1026고지를 반드시 확보하겠다는 결의를 다지기 위해 이름 붙인 것이었다. 이렇게 하여 확보한 841고지-가칠봉-서희령 선이 최전방 전선이 되었다.

동해안 지역에서는 국군 제1군단(수도·제3·제11사단)이 남강 이남 지역을 확보하고, 수도사단이 38도선 80km 북쪽에 있는 고성까지 진출하여 방어선을 크게 북상시켰다.

서부전선에서는 미 제1군단(미 제1기갑사단) 및 제3사단, 영연방 제1사단, 국군 제1사단)이 10월 3일부터 9일까지 진격하여 역곡천 남안까지 10km 북쪽으로 방어선을 추진했고, 연천-철원 간 철로와 병참선을 확보했다.

중서부전선에서는 미 제9군단(미 제7·제24·제25사단, 국군 제2·제6사단)이 10월 13일부터 20일까지 공격을 실시하여 방어선(하소리-외야동-봉화산-교암산-성동리-금성천 하구)을 개선하고, 철원-김화 간 철로와 도로를 확보했다. 이를 통해 군단은 공산군의 주요 작전 및 보급기지인 금성지구를 확보하게 되었다.

지리산 공비토벌작전

1950년 말, 국군과 유엔군의 인천상륙작전과 반격작전으로 퇴로가 차단된 북한군 패잔병들이 호남과 영남 지역의 지방 공비들과 합류하여 지리산 일대에서 게릴라전을 펴면서 우리 군의 병참선을 차단하거나 전투근무지원 시설을 위협했다. 또한 공비들은 집단으로 소도시와 지서들을 습격하고 촌락을 점거하여 식량을 약탈하거나 양민을 납치하는 등 갖가지 만행을 자행함으로써 주민들에게 큰 불안감을 갖게 했고 사기를 떨어뜨렸다.

육군본부는 공비들을 소탕하기 위해 두 차례에 걸쳐 토벌작전을 전개했다. 먼저 1950년 10월부터 1951년 5월까지 국군 전력의 3분의 1 규모인 3개 사단(제11·제8·제2사단)을 투입하여 대부분의 공비들을 격멸했다. 당시 북한군이 남한 내 제2전선을 형성함에 따라 실제 국군의 상당 규모가 북진작전에 참가하지 못한 것이었다. 이때 살아남은 일부 공비들이 산악지대로 분산 도주하여 재기할 기회를 노리고 있었다.

호남 지역에서 준동하는 공비들의 핵심은 북한의 남부군 소속 제81사단과 제92사단, 경남도당 사단인 제57사단, 그리고 전북도당 사단의 잔당이었다. 이들 중에는 여·순 반란군 출신 중 생존자들과 북한군 낙오병들이 포함되어 있었다.

1951년 말, 이들이 점차 세력을 확대하여 지리산 부근의 운봉, 곡성,

●●● 지리산 토벌부대의 박격포 진지

하동 등지에서 양민들에게 위해를 가하고, 남원-구례-순천에 이르는 전라선 철도를 파괴하고 군용열차를 습격하여 무기와 보급품을 약탈하는 등 후방교란을 일삼았다. 이들의 활동은 점점 대담해져서 군사작전에 위협이 될 뿐만 아니라 주민들의 정상적인 일상생활을 크게 위축시켰다.

정부에서는 유엔군사령부와 협의하여 후방 지역 군사시설 보호와 치안질서 유지를 위해 제2차 호남 지역 공비토벌작전을 전개하기로 했다. 1951년 하반기부터 전선이 점차 안정을 되찾고 피아간에 큰 전투가 일어나지 않자, 전방에서 2개 사단(수도, 제8사단)이 차출되었다.

육본은 1951년 11월 25일 백야전전투사령부(백야사)를 설치하고 사령관에 국군 제1군단장 백선엽 소장을 임명했다. 여기에는 수도사단과 제8사단, 서남지구전투사령부 및 경찰부대가 배속되었다. 백야전전투사령부는 전주로 이동하여 11월 26일부로 서남지구전투사령부로부터 서남지구 공비토벌 임무를 인수하고, 속초와 춘천에서 각각 이동한 수도사단과 제8사단을 포함한 배속부대를 지휘하게 되었다.

정부는 12월 1일 서남 지역에 계엄령을 선포하여 민간인의 이동을 통제하고 마을 간의 전화교신을 차단했다. 백야전전투사령부는 작전제대를 기동타격대, 저지부대, 거점수비대로 편성했다. 기동타격대는 양개 사단의 6개 연대로 편성하여 공비의 주력을 포착 섬멸하고, 저지부대는 공비의 퇴로를 차단하며 거점수비대는 주요 지점을 방호하도록 했다.

백야전전투사령부는 1951년 12월 2일부터 호남 지역 공비토벌작전, 일명 쥐잡기Rat Killer 작전을 4회에 걸쳐 실시했다. 제1기 작전(1951년 12월 2~14일)은 수도사단을 지리산 남쪽에, 제8사단을 지리산 북쪽에 각각 배치하여 지리산을 크게 포위한 다음 기동타격대로 공비의 근거지를 분쇄하고, 반복적인 수색작전을 실시하여 그 잔당을 색출했다. 이 작전에서 백야전전투사령부는 공비 사살 1,715명, 생포 1,710명, 귀순 132명, 소총 509정, 자동화기 86정, 수류탄 676발, 백미 769석, 벼 416가마 등의 전과를 올렸다. 공비들은 토벌부대를 피해 지리산 일대의 유리한 지형과 은거지를 버리고 분산 잠적했다.

제2기 작전(1951년 12월 16일~1952년 1월 4일)은 전주 인근의 산악 지역에 분산되어 있는 공비 잔당들을 수색 격멸하는 작전으로 공비 약 4,000명 이상을 사살하고 약 4,000여 명을 생포했다. 수도사단은 진안의 운장산에 있는 62개 공비 근거지를 소멸했고, 무주와 거창, 함양 일대의 공비들을 소탕했다. 제8사단은 노령산맥의 남서 회문산-장군봉-신선봉-내장산 일대에 은거 중인 공비들을 제거했다.

제3기 작전은 공비 잔당들이 지리산 일대로 재잠입을 시도하자 지리산, 백운산, 덕유산에 전투부대를 동시에 투입하여 공비들의 핵심 지도자로 활동하던 자들을 대부분 사살하거나 생포했다.

제4기 작전(1952년 2월 4일~3월 14일)은 백야전전투사령부와 제8사단이 2월 6일부로 전방 전선 지역으로 복귀함에 따라 수도사단이 작전을 전담했다. 수도사단은 백아산, 모후산, 조계산 지역에 대한 소탕작전과 수색작전을 반복 실시한 후, 3월 14일부로 작전임무를 서남지구전투사령부에 인계했다.

이로써 백야전전투사령부의 지리산 공비토벌작전은 종료되었다. 백야전전투사령부의 지리산 공비토벌작전 결과, 사살되거나 포로로 잡히거나 귀순한 공비는 1만 6,000여 명에 달했고, 노획무기도 3,000여 정에 이르렀다. 이처럼 백야전전투사령부의 공비토벌작전을 통해 호남 지역 일대에서 후방교란, 약탈, 살인, 방화 등을 자행하던 남부군을 비롯한 북한군 패잔병들로 구성된 공비들의 주력이 섬멸됨으로써 남부 지역은 안정을 되찾게 되었다.

휴전협상의 최대 걸림돌 포로교환 협상

포로처리 의제에 대한 회담은 1951년 12월 11일부터 시작되었다. 양측은 1949년의 제네바 협약Geneva Convetions(전쟁포로의 대우에 대한 협약) 제118조 "모든 포로는 적극적인 적대행위가 종료된 후 지체 없이 석방되고 송환해야 한다"는 규정에 따라 포로 문제를 처리하면 되는 것으로 쉽게 생각했다. 이 규정은 전쟁이 끝나면 인도주의적 차원에서 전쟁포로를 즉각 본국으로 돌려보내야 한다는 것이 그 취지였다. 그러나 공산군 포로 중에는 전쟁 이전의 자기 나라로 돌아가기를 희망하지 않은 포로가 상당수 있었다는 사실이 문제가 되었다.

따라서 유엔군 측에서는 포로 대우의 원칙으로 포로 개개인의 자유의사에 따라 북한 또는 남한, 중국 또는 자유중국(타이완)을 선택할 수 있게 해야 한다는 '자원송환원칙'을 정했다. 반면에 공산군 측에서는 모든 포로들은 원래의 나라에 송환시켜야 한다는 '강제송환원칙'을 내세웠다. 이 것은 마오쩌둥과 스탈린의 지침에 따른 것이었다. 쌍방이 이러한 원칙을 고집하게 되어 1952년 2월 27일부터 2개월 동안 회담이 중단되었다.

여기서 마오쩌둥이 포로의 강제송환원칙을 휴전협상 전략의 기본원 칙으로 정한 배경에는 6·25전쟁에 투입된 중공군 중의 상당수가 장제 스의 국민당군 출신들이 포함되었기 때문이었다. 이것은 정전협정 체결 당시 중공군 포로(2만 755명) 중에 대다수(1만 4,235명)인 69%가 중국으 로 귀환하지 않고 자유중국(타이완)행을 택한 것을 보면 알 수 있다. 이는 마오쩌둥이 왜 6·25전쟁에 굳이 많은 중공군을 투입하려 했는가를 간 접적으로 설명해주는 대목이기도 하다. 즉, 중국의 국공내전 당시 마오 쩌둥의 공산군에 투항했던 많은 수의 국민당군을 6·25전쟁에서 소모시 키고자 했던 의도가 있었음을 추론할 수 있다.

한편 1951년 12월 18일 포로명부의 교환 합의에 따라 공산군 측이 제출한 유엔군 포로의 명단은 극히 실망적인 수준이었다. 공산군 측은 국군 포로 7,142명과 유엔군 포로 4,417명(미군 3,198명 포함) 등 총 1만 1,559명의 명단을 제출하는 데 그쳤다. 이것은 전쟁 초기 북한이 발표한 포로 6만 5,000명에도 크게 미치지 못하는 것이었고, 국군과 유엔군이 추정한 실종자 규모인 국군 8만 8,000명, 미군 1만 1,500명에는 더더욱 미치지 못하는 숫자였다.

반면에 유엔군이 공산군 측에 건네준 포로 명단은 총 13만 2,474명 으로 그중 북한군이 9만 5,531명, 중공군 2만 700명, 남한 출신이 1만 6,243명이었다. 공산군 측은 유엔군 측이 제출한 명단에서 자신들이 추 정한 것보다 4만 4,259명이 부족하다고 주장했다.

한국 정부는 전투가 계속되면서 포로가 증가하자 1951년 1월부터 공 산군 포로들을 거제도에 격리 수용하기로 했다. 그해 가을까지 북한군 포로 13만여 명과 중공군 포로 2만여 명 등 총 15만여 명이 거제도에 수용되었다.

휴전회담이 포로교환 문제로 난항을 겪고 있는 동안 거제도 포로수용소에서 대규모 폭동이 일어났다. 당시 북한 공작원들이 계획적으로 투항하여 수용소 내에 잠입한 다음, 친공산포로들을 조종하여 반공포로들을 대상으로 폭동을 일으키는 경우가 많았다. 또한 이 공작원들은 포로수용소의 상황을 휴전회담 대표에게 첩보로 제공하는 임무도 수행했다.

그리고 1952년 5월 7일 포로수용소장 도드Francis T. Dodd 준장이 피랍되는 충격적인 사건이 발생했다. 포로교환 문제가 논의되는 상황에서 이같은 사건이 발생함에 따라 전 세계의 이목이 집중되기에 충분했다. 미제8군사령관 밴 플리트 장군은 이 사건에 신속히 대처하기 위해 미 제1군단 참모장 콜슨Charles F. Colson 준장을 신임 수용소장으로 임명하고, 도드 장군의 즉각적인 석방을 요구했다. 친공산포로들은 '포로의 인권과 개인생활 보장, 자원송환 즉각 중지, 강제심사 즉각 중지, 포로대표단 승인' 등 네 가지를 석방 조건으로 내세웠다. 신임 콜슨 소장은 '자원송환 요구'를 제외하고 세 가지를 인정하는 서한을 포로대표에게 보냈다. 이에 따라 도드 준장은 5일 후에 석방되었으나, 판문점에서 공산군 측은 이른바 '콜슨 문서'를 가지고 유엔군 측을 압박했다. 미군이 고문이나 징벌에 의해 공산군 포로의 자유의사를 강제했다는 증거로 이 문서를 제시하며 세계 여론을 호도한 것이다. 그러나 유엔군은 자유송환을 끝까지 주장했고, 5월 22일 휴전회담 수석대표가 조이 제독에서 윌리엄 해리슨 William K. Harrison 소장으로 바뀌었으나 자유송환원칙은 그대로 유지되었다.

또한 공산군 측은 유엔군이 만주와 북한 지역에서 세균전을 감행했다는 선전전을 대대적으로 전개했다. 1952년 2월 2일 파리의 유엔 총회에서 소련 대표 말리크가 "유엔군 측이 유독성 가스를 살포했다"고 연설한 데 이어, 모스크바 방송이 "유엔군 측이 북한 지역에 간첩을 보내어 우물에 독약을 넣고 천연두와 장티푸스균을 살포했다"고 주장했다. 이에 대해 유엔군 측은 국제적십자사에 진상조사를 의뢰하자고 제의했다. 그러나 공산군 측이 이에 불응하고 뚜렷한 물증을 내놓지 못하자, 이 문제는 잠잠해졌다. 이러한 터무니없는 주장은 휴전협상에서 유엔군 측을 궁지에 몰아넣으려는 심리전이며, 동시에 국제여론을 자극시켜 대부분의 회담을 방해하고 교란시키기 위한 것이었다.

1952년 8월까지 회담이 무의미하게 진행되자, 유엔군 측 수석대표 해리슨 소장은 9월 29일 포로 문제를 타개하기 위해 세 가지 타결안을 제시했다. 이에 대해 공산군 측 수석대표 남일은 10월 8일 회담에서 자유송환원칙이 포함된 유엔군 측의 포로교환 조건에는 동의할 수 없다면서 이를 거부했다. 그리고 공산군 측은 다음날(9일) 방송을 통해 유엔군이 고의로 회담을 결렬시켰다고 회담 중지의 책임을 떠넘겼다. 이로써 1953년 4월 25일까지 휴전회담은 장장 약 6개월 동안 중지되고 말았다.

공산군의 지하요새 구축과 전력 보강

휴전회담이 진행되는 10개월 동안 공산군은 전력을 크게 강화했다. 그들은 현재의 접촉선을 휴전선으로 고착화하기 위해 제2차 세계대전 당시 프랑스의 마지노선과 독일의 서부방벽처럼 견고한 진지를 구축해나갔다. 아군의 포병 및 항공폭격으로부터 방호를 받을 수 있도록 방어진지에 참호와 지하갱도를 구축했다. 그리고 주요 고지 후사면에서 터널을 파서 전사면까지 관통시키고, 지하에는 야포와 전차 등을 은폐시켰다가 필요시 끌어내어 운용하도록 했다. 방어진지 전방에는 지뢰를 매설하고 철조망을 설치했다.

중국 정부가 발간한 기록에 의하면 이때 "모든 사단이 3개월의 식량을 보관할 지하창고를 가지고 있었다"고 한다. 이와 같이 공산군이 전 전선에 걸쳐 방어진지를 강화한 것은 마오쩌둥이 펑더화이에게 지시한 대로 전쟁의 장기화에 대비하고 현 접촉선을 휴전선으로 설정하려는 의도가 있었기 때문이다. 또 중국의 기록에 의하면 "중국인민지원군이 1952년까지 갱도 7,789개, 길이 198.7km를 구축했고, 북조선군이 판 갱도는 총 1,730개, 길이 88.3km이었으며 각종 엄체호가 3만여 개, 참호 길이가 260km에 이르렀다"고 기술하고 있다.

당시 중공군부사령관 겸 후방근무사령관 홍쉐즈洪學智의 회고록에 의

●●● 중공군 지하갱도 내부의 군수창고

하면 많은 병사가 오랜 기간 미숫가루를 먹어 영양이 부족했고 계속된 땅굴공사로 피로가 쌓여 야맹증에 걸렸다고 한다. 또한 피아간의 집중 포화로 인해 땅굴 입구가 없어지거나 진입로를 찾지 못해 보급·수송요 원들이 방향을 잃는 경우가 많았다. 1개 수송소대 병력 40~50명이 물 자를 보충하러 가면 고작 2, 3명만 돌아올 정도였다고 술회하고 있다.

공산군 측의 병력은 1952년 5월 현재 전선 지역에 29만여 명, 후방에 62만여 명으로 총 91만여 명이었고, 그중 중공군이 63만여 명이었다. 공산군은 1951년 4~5월 춘계공세에서 입었던 손실에 대한 보충을 완 료했고, 휴전회담이 시작될 때보다 병력이 거의 두 배로 증가했다. 이에 비해 국군과 유엔군은 국군 9개 사단, 미군 4개 사단, 영연방 1개 사단으 로 전선 지역에 25만여 명, 후방에 있는 병력까지 합하여 총 70만여 명 이었다.

공산군의 화력 역시 대폭 보강되었다. 1952년 4월에는 야포가 710문 이었는데, 6월에 884문으로 증가했다. 아울러 적의 포병운용 능력도 크 게 향상되었다. 즉, 포병 집중사격을 실시하여 화력의 위력을 높이고, 사 격 후에는 진지를 이동시켜 아군의 대포병사격에 의한 피해를 받지 않 도록 했다. 그리고 전차와 대전차포를 1952년 7월 현재 520대로 증강 시켜 3개 기갑사단을 전선에 배치했고, 만주에 소련제 항공기 1,250대 를 보유하게 되었다.

전초진지 쟁탈전 : 벙커·백마고지, 저격·지형능선 전투

공산군의 대폭적인 병력, 화력, 진지 보강 등이 이루어진 상황에서 유엔 군이 대규모 공격작전을 펼쳐서 성과를 달성하기는 어렵게 되었다.

1952년 5월 12일 미국 정부는 리지웨이 유엔군사령관 후임으로 클 라크Mark W. Clark 대장을 임명하고, 그에게 전쟁의 완전한 승리가 아닌 휴전을 빠른 시일 내에 실현시키라는 임무를 부여했다. 이를 달성하기 위해서는 강력한 군사작전을 실시해도 된다는 허용사항도 포함되어 있었다. 다시 말해 대규모 공격작전은 안 되지만 공산군 측을 압박할 수 있는 작전은 실시할 수 있도록 함으로써 휴전회담에서 주도권을 잃지 않도록 했다.

당시 전선은 교착상태였고, 쌍방은 상대방을 자극할 만한 대규모 작전은 피하고 있었다. 그러나 휴전이 현 전선에서 성립되었을 경우 방어에 유리한 지역을 확보하기 위해 고지전은 계속되었다. 방어 지역의 전초진지는 적이 공격할 경우 이를 경고·지연·와해시키기 위해 전초부대가 점령하는 진지로서 방어진지의 맨 앞에 구축된다. 따라서 이곳은 피아 방어에 매우 중요한 지역이기 때문에 이를 탈취하기 위한 전투가 더욱 치열하게 이루어졌다.

이러한 전초진지 쟁탈전은 전 전선에 걸쳐 시행되었다. 서부전선 임진강-역곡천 부근의 미 제1군단은 미 제1해병사단이 벙커고지에서, 미 제2사단이 불모고지 일대에서, 국군 제1해병연대가 사천강 일대에서, 국군 제1사단이 베티고지와 노리고지 일대에서 1952년 7월부터 12월 초까지 전투가 진행되었다. 미 제2사단이 실시한 불모고지 일대의 포크찹고지(234고지) 전투에서는 배속된 태국군 대대가 11월 1일부터 11일까지 중공군 2개 연대의 공격을 격퇴하여 '작은 호랑이'라는 별칭을 얻기도 했다.

중서부전선의 철원-김화-금성천 부근 전투에서는 미 제9군단이 중공군 제15·제38군단과 치열한 고지 쟁탈전을 치렀다. 국군 제9사단은 1952년 10월 6일부터 15일까지 중공군 제38군단을 맞아 395m 고지(백마고지)에서 12차례 쟁탈전을 벌였고, 7차례나 주인이 바뀌었지만 끝까지 고지를 장악했다. 폭 2km, 종심 길이가 3km밖에 안 되는 독립고지에 아군은 막강한 포병화력과 항공폭격을 집중시켰다. 중공군은 1만여 명의 사상자가 발생했고, 국군은 3,500여 명의 인명피해가 있었다. 이 전투의 승리로 국군은 철원평야를 확보하고 철의 삼각지대(철원-평강-김화)의 중요한 요충지를 점령하게 되었다.

10월 14일 미 제9군단의 국군 제2사단과 미 제7사단이 김화 부근 오성산 일대의 중공군 전초진지인 저격능선과 삼각고지를 목표로 공격했다. 이 작전은 최초 각 사단에서 1개 대대로 공격을 시작했는데, 중공군 제15군단이 완강하게 저항함에 따라 2개 사단 전체가 투입되어 42일 동안 6·25전쟁 중 가장 치열한 격전을 치르게 되었다. 결국 군단은 저격능선만을 확보한 채 작전을 마치게 되었다.

중동부전선의 국군 제2군단은 1952년 5월 화천에서 재창설된 후 미 제9군단으로부터 금성-북한강 동안까지를 인수받아 중공군 제12군단 및 제68군단과 대치하고 있었다. 금성돌출부에 배치된 수도사단이 전초진지인 수도고지와 지형능선을 놓고 중공군 제12군단 35사단과 1952년 7월 7일부터 10월 14일까지 치열한 전투를 전개하여 군단 방어에 유리한 지형능선을 탈취 확보했다.

북한강-소양강-남강 부근 전투에서는 미 제10군단이 중공군의 공격을 받아 10월 중순에 크리스마스고지를 상실하기도 했으나, 국군 제1군단은 북한군 제1군단의 공격을 잘 저지하여 남강 남안의 주진지를 계속 확보했다.

유엔 해·공군의 공산군 압박 작전

휴전회담이 시작되면서 공산군은 전력보강을 위해 많은 병력과 장비를 후방에서 전선 지역으로 추진하고 있었다. 이러한 공산군의 기도를 차단하고 휴전에 응하도록 하기 위해 유엔 해·공군이 대규모 후방차단작

●●● 항공폭격 장면. 이러한 대공습에 의하여 북한의 기간산업시설이 초토화되었고, 실제 병력과 장비 보충이 제한을 받게 됨에 따라 공산군 측은 심리적으로 크게 위축되었다. 〈미 국립문서기록관리청〉

전을 1950년 8월 18일부터 전개했다. '스트랭글 작전Operation Strangle'으로 명명된 후방차단작전에는 미 제5공군의 9개 비행단과 극동해군의 함재기, 그리고 폭격사령부의 전투기 등이 출격하여 전선 지역으로 연결된 북한 내 주요 도로와 철로를 파괴했다.

1952년 3월 초 유엔 공군은 철로차단작전, 즉 '새처레이트 작전Operation Saturate'을 전개했다. 이는 철로의 짧은 구간을 주야로 계속 폭격하여 복구부대를 투입하지 못하도록 하는 작전 개념이다. 미 공군은 1일 평균 300대의 폭격기로 목표 지역의 철로 약 3km에 이르는 주요 구간을 폭격했는데 큰 성과가 있었다.

1952년 6월부터는 휴전회담을 종결짓기 위해 항공압박작전Air Pressure Operation을 전개했다. 미 제5공군과 미 해군 및 해병 함재기 500대를 동원하여 북한의 수력발전소 가운데 수풍, 부전, 장진, 허천 등 4개 지역을 동시에 공격하여 북한 발전시설의 90% 이상을 파괴했다. 이로 인해 북한은 약 2주 동안 전력공급이 중단되었고, 만주 지역은 전력공급이 4분의 1가량 줄어들었다. 이 작전은 1953년 2월까지 두 차례 더 진행되었는데, 작전 결과 휴전회담에서 포로 문제로 시간을 끌어왔던 공산군 측에 큰 압박으로 작용했다. 특히 김일성이 스탈린에게 보낸 전문에 의하면, "유엔군 폭격으로 북조선이 너무나 큰 타격을 입고 있다"고 하면서 조기 정전을 조심스럽게 건의했다.

또한 유엔군사령부에서는 교착상태에 빠진 휴전회담의 난관을 돌파하기 위해 평양대공습작전을 1952년 7월 11일부터 8월 29일까지 세 차례에 걸쳐 실시했다. 이 작전은 적의 보급품 파괴와 병력 살상을 목표로 실시했고, 아울러 전단을 대규모로 살포하여 심리전을 전개했다. 대규모 공습에 앞서 북한의 75개 도시에 "다음은 네 차례다"라는 제목의 '종이폭탄'을 뿌림으로써 공포 분위기를 조성했다.

이러한 대공습에 의하여 북한의 기간산업시설이 초토화되었고, 실제 병력과 장비 보충이 제한받게 됨에 따라 공산군 측은 심리적으로 크게 위축되었다. 또한 김일성으로 하여금 전쟁이 장기화되면 비록 승리한다고 해도 재건하기가 힘들 것이라는 위기감을 갖게 하여 스스로 휴전회담에 더 목을 매게 하는 효과가 있었다.

2. 국제정세의 변화와 이승만의 휴전 반대

상병포로교환과 포로교환협정 합의

1952년 10월 8일 포로 문제로 휴전회담이 무기한 휴회로 들어가면서 10월 14일 유엔 총회에서 이 문제가 다루어지게 되었다. 미국은 유엔 정치위원회에서 공산군 측이 포로의 강제송환원칙을 철회한다면 휴전 회담을 재개할 용의가 있다고 밝혔다. 이에 따라 영국 등 20개국이 자원 송환원칙에 의한 포로교환을 요구하는 공동결의안을 유엔 총회에 제출했다. 이에 대해 소련은 반대의사를 표명하고, 전쟁에 참가하지 않은 11개 국가로 위원회를 구성하여 강제송환원칙에 의한 포로송환 문제를 관장하도록 한다는 별도의 결의안을 제출했다.

이와 같은 2개의 안에 대해 인도가 중재안을 들고 나왔다. 이 절충안은 체코슬로바키아, 폴란드, 스위스, 스웨덴 등 4개국으로 포로송환위원회를 구성하여 포로교환을 일임하며, 포로들이 본국 송환을 원하면 허용한다는 것이었다. 미국이 인도의 중재안을 지지했고, 이 안은 압도적 지지로 유엔 총회에서 채택되었다. 그러나 공산 측은 이를 받아들이지 않았다.

이와 같이 유엔에서도 포로교환 문제가 어려움을 겪고 있을 때 1952년 12월 13일 국제적십자사 집행위원회가 상병傷病포로의 즉각 교환을 촉구했다. 상병포로는 부상을 입었거나 질병으로 인한 환자포로를 말하는 것으로 인도주의적 차원에서 최우선적으로 돌려보내야 한다는 것이 국제적십자사의 요구였다. 이에 대해 클라크 유엔군사령관이 1953년 2월 22일 상병포로를 즉각 교환하자고 공산군 측에 제의했다. 한 달여 동안 반응을 보이지 않던 공산군 측이 3월 28일 김일성과 펑더화이의 명의로 유엔군 측의 제의를 수락하고, 더 나아가 휴전회담도 재개할 것을

●●● 아이젠하워 미 대통령 당선자의 한국 전선 시찰

요구했다.

이러한 양측의 태도 변화는 미국과 소련의 국내 정치상황 변화와 무관하지 않았다. 1952년 11월 미국의 대통령선거에서 공화당의 아이젠하워Dwight D. Eisenhower가 압도적인 지지를 받고 당선되었다. 물론 아이젠하워의 당선은 제2차 세계대전의 영웅이라는 점도 작용했지만, 무엇보다 한국전쟁에서 민주당 정부가 헤어나지 못한 것도 주요한 요인이었다. 그는 대통령에 당선되어 공약한 대로 그해 12월 한국 전선을 방문했다. 그리고 한국 방문을 마치고 떠나는 기자회견에서 자신은 전쟁의 확대를 원하지 않고 있음을 밝혔다.

그리고 그는 1953년 2월 2일 미 상하원 합동회의에서 한국군의 전력을 증강하겠다는 구상을 발표했다. 신정부의 새로운 군사정책은 미군 병력을 삭감하고 군사비의 절약을 통해 적자재정을 줄여나간다는 것이었다. 이러한 정책에 따라 '한국전쟁을 초기의 명예로운 평화'로 끌고 간다는 것이 기본방침으로 확정되었다.

한편 1953년 3월 5일 스탈린의 사망은 휴전회담에 대한 공산군 측의 변화를 가져온 가장 큰 요인이었다. 스탈린은 6·25전쟁을 김일성과 함께 계획하고 결정했으며, 전쟁 기간 내내 모든 문제를 막후에서 지시하고 통제했던 인물이었다. 그는 공산주의국가들 가운데에서 절대적인 권위를 가지고 있었다. 따라서 그로서는 막대한 인적·물적 자원이 투입된 6·25전쟁을 별다른 소득 없이 전쟁 이전의 상태로 끝낸다는 결정은 받아들이기가 어려웠다. 그러나 그가 사망하자 공산 측의 휴전협상 태도가 일시에 바뀌게 되었다.

신임 소련 수상 말렌코프Georgie M. Malenkov는 스탈린보다 유연한 태도를 보였다. 그는 먼저 상병포로의 교환에 대한 유엔군 측의 제의를 중국과 북한이 받아들이도록 권고했다.

이렇게 하여 5월 3일까지 유엔군 측이 공산군 측에 건넨 상병포로는 총 6,670명이었고, 반대로 공산군 측에서 송환한 상병포로는 149명의 미군 포로를 포함하여 총 684명이었다.

이어서 유엔군 측에서는 5월 25일 포로교환 문제와 관련한 최종안을 공산군 측에 제시했다. 물론 이 안은 미 행정부가 참전국들과 협의하여 작성한 것이었다. 그 내용을 보면, "양측은 송환을 원하는 포로를 휴전이 조인된 후 2개월 내에 송환을 완료한다. 잔여 포로에 대해서는 90일간의 설득 기간을 갖도록 하며, 그 후 정치회담에서 30일 이내에 본국으로의 송환을 거부하는 포로 문제를 처리한다. 그래도 합의를 보지 못한 포로는 민간인 신분으로 전환하여 중립국송환위원회에 의해 중립국으로 보내져 그곳에서 자신의 거취를 스스로 결정하도록 한다"는 것이었다.

공산군 측은 6월 4일 속개된 회담에서 유엔군 측의 '5·25제안'에 대해 동의했다. 이 회의에는 한국의 휴전회담 대표 최덕신 장군이 참석하지 않았다. 이것은 포로교환협정에 한국의 입장을 반영하지 않은 것에 대한 정부의 항의를 나타낸 것이었다. 그러나 6월 8일 양측 수석대표가 서명함으로써 오랫동안 끌어왔던 포로교환협정이 마무리되었다.

반공포로 석방과 한·미 회담

포로교환협정이 합의에 이르자, 이날 유엔군사령관 클라크 장군은 이승만 대통령을 방문하여 휴전협상 타결에 협조해줄 것을 요청했다. 그러나 이승만 대통령의 휴전반대 입장은 확고했다. 6·25전쟁에 유엔군이 참전하면서 통일을 달성할 수 있는 절호의 기회로 생각했던 78세의 지도자 이승만은 다시 나라가 두 동강으로 갈라지는 것에 대한 회한이 컸다. 그래서 휴전협정이 타결되려는 시점에서 자신의 의사가 반영되지 않는 것에 대해 강한 불만이 있었다.

또한 이승만 대통령은 정전협정 체결 이후의 한국 안보에 대해 불안감을 가지고 있었다. 왜냐하면 미군을 비롯한 유엔군이 한국에서 철수하게 되면 한반도에 힘의 공백이 발생하기 때문이었다. 또 미군이 떠난 한국은 북한, 중국, 소련으로부터 포위되는 것을 의미하는데, 과연 전쟁으로 피폐해진 한국이 이를 헤쳐나갈 수 있을까 하는 것이 그의 우려였다. 이를 뒷받침하는 증거는 이승만 대통령이 전쟁 후 한국 안보에 대한 보장장치를 미국에 요구한 것을 보면 알 수 있다. 즉, 그는 휴전협정 체결 이전에 한·미상호방위조약을 체결할 것과 국군의 전력증강 및 경제재건을 위한 원조를 확실하게 보장하도록 요구하고 있었다. 나아가 그는 이러한 절박한 요구를 관철하기 위해 더욱 과감한 결정을 하게 되었다.

1953년 6월 18일 자정을 기해 한국 정부가 반공포로들을 석방한 것이었다. 전국의 포로수용소에서 2만 6,930명의 반공포로가 일제히 석방

되었다. 이 대통령은 포로교환협정이 체결되기 이틀 전인 6월 6일 원용덕 헌병사령관에게 반공포로를 석방하는 방안을 검토하라고 지시했다.

이것은 전쟁 후 한국 안보의 보장 없는 휴전회담에 대한 반대, 반공포로를 공산군에게 넘겨줄 수 없다는 대의명분, 휴전협상에서 한국의 의견이 제대로 반영되지 않는 것에 대한 배신감, 자유를 원하는 반공포로들의 탄원 등의 요인이 복합적으로 작용하여 내린 결정이었다.

그러나 휴전협상이 마무리 되어가는 단계에서 돌발적인 상황이 발생하게 되자, 미국과 유엔군 측은 매우 당황하게 되었다. 공산군 측은 반공포로 석방 다음날(6월 19일) 통역관 회의와 비무장지대의 세부 작업을 책임진 참모장교회의를 전면 취소했다. 그리고 6월 20일 속개된 휴전회담 본회의에서 김일성과 펑더화이는 유엔군 측이 이승만 대통령과 공모하여 반공포로를 석방했다고 비난하는 서한을 유엔군 측에 전달했다. 그러나 유엔군 측의 설득 끝에 공산군 측은 휴전회담 자체를 거부하지는 않았다.

이런 상황에서 이승만 대통령은 6월 22일 한국이 미국에게 요구하는 휴전 조건으로 다음과 같은 세 가지 사항을 요구했다.

1) 90일 이후까지 정치회담이 중공군 철수에 관한 타협에 실패하면, 다음 60일 이내에 휴전은 무효화되고 폐기될 것이며 한국군은 미 해·공군의 지원을 받아 북진할 것이다.
2) 휴전이 조인되기 전에 미국은 한·미상호방위조약을 체결해야 한다.
3) 미국은 한국의 육·해·공군을 증강시키기 위한 적절한 군사원조와 궁극적으로는 자급자족을 목표로 하여 경제를 회생시키기 위한 경제원조를 한국 정부에 제공해야 한다.

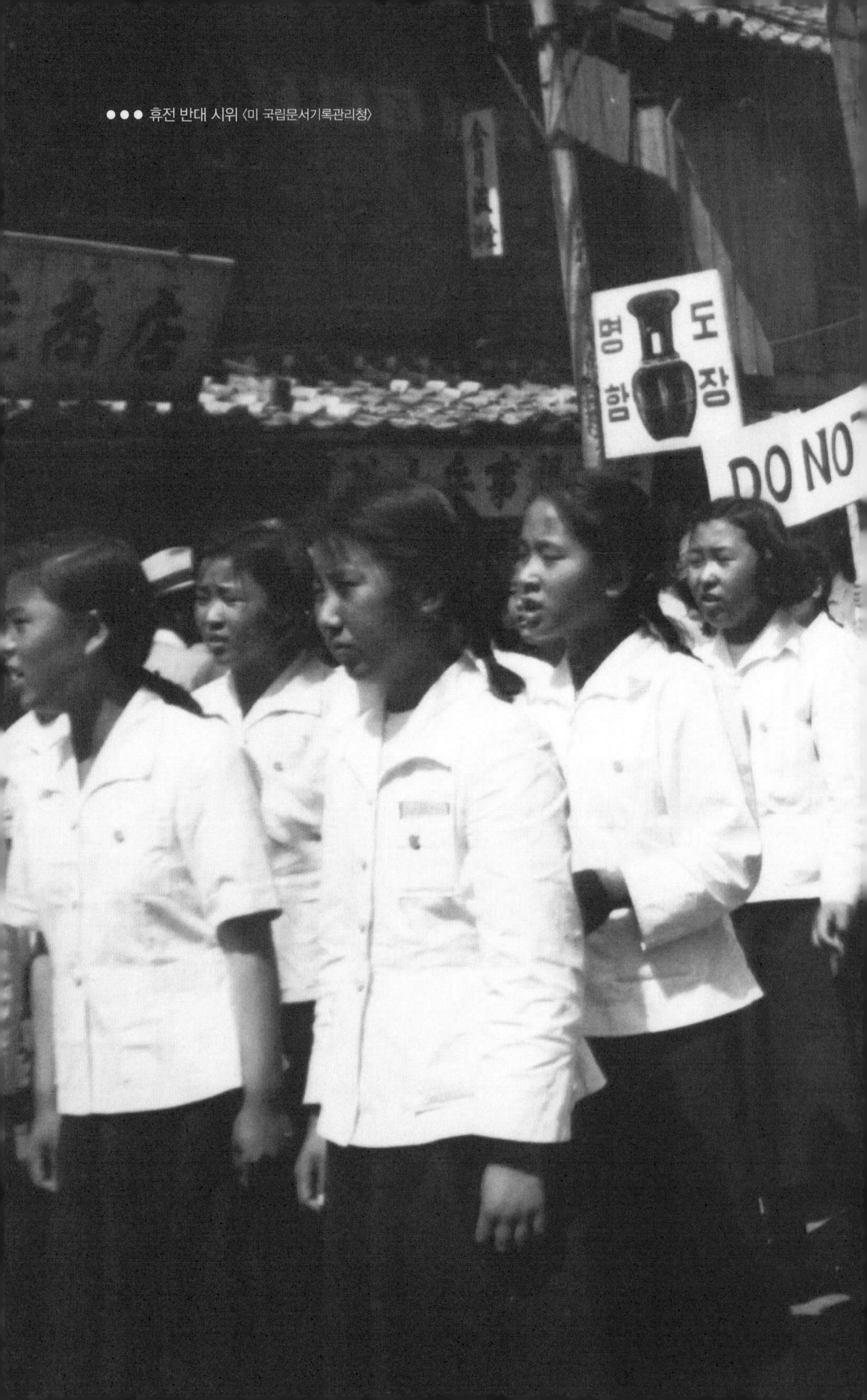

●●● 휴전 반대 시위 〈미 국립문서기록관리청〉

이와 같은 내용은 미국의 정책과 다르기 때문에 미국 정부가 수락하기는 곤란했다. 그러나 미국이 한국의 동의 없이는 휴전회담을 마무리하기 어렵기 때문에 이승만 대통령을 설득하고자 했다. 클라크 유엔군사령관이 6월 22일 한국을 다시 찾았다. 그는 미국이 상호방위조약 교섭을 할 용의가 있으며, 한국에 대한 경제지원을 약속한다는 내용의 미 대통령의 서한을 가지고 왔다.

이어 6월 25일에는 로버트슨Walter S. Robertson 미 대통령 특사가 이승만 대통령을 방문했다. 2주간의 회담에서 로버트슨 특사는 이승만 대통령에게 한·미상호방위조약 체결, 한국군 20개 사단 증편, 그리고 20억 달러의 경제원조를 구체적으로 약속했다. 이러한 상황 하에서 판문점에서는 7월 10일 휴전회담이 재개되었다.

중공군의 최후 공세 전략과 금성지구 전투

1953년 3월 말까지 중공군이 추가 병력을 한반도에 전개시켜 135만여 명으로 증가했고, 여기에 북한군 45만여 명을 포함하면 공산군은 180만여 명으로 전력이 대폭 강화되었다. 중공군 및 북한군은 병력뿐만 아니라 화력 및 보급 수준까지 크게 향상되었다.

이처럼 공산군의 전력이 보강되고 긴장이 높아지자, 클라크 유엔군사령관은 일본에서 정비 중에 있던 미 제24사단과 제187공정연대전투단을 한국에 재배치했다. 또한 그는 추가적인 미군 및 유엔군의 증원이 어려웠기 때문에 국군 20개 사단의 증편을 강력하게 주장하여 1953년 4월 22일 승인을 받았다. 이것은 공산군의 공격에 대응하기 위한 면도 있었지만, 휴전 후 북한의 재침을 방지하기 위한 방편이기도 했다. 이렇게 하여 국군은 1953년 5월 1일 제3군단이 재창설되었고, 6월에 제26·제27사단이 추가로 창설되어 국군은 3개 군단 18개 사단으로 확장되었다.

한편 중공군은 1953년 4월 말에 개최된 중국 군사위원회의 결정에
따라 중공군의 하계공세를 준비하고 있었다. 작전 목적은 부대를 단련시
키고 전투 경험을 쌓게 하며, 한편으로는 휴전회담을 지원하고 방어선을
유리하게 개선하는 데 두었다. 공격작전은 전 전선에 걸쳐 실시하되, 공
격의 중점은 금성 돌출부 일대를 방어하고 있는 국군 6개 사단(제5·제8·
제9·제11·제20·수도사단)과 미군 2개 사단(미 제3·제9사단)에 집중되었다.

금성 돌출부는 김화 저격능선-금성 남쪽 중치령, 회고개-교암산-지
형능선-수도고지-949고지-973고지-883고지에 연하여 형성되었다.
폭이 약 40km이며 북쪽으로 10km 정도 돌출되어 있었다. 이 지역은
국군과 유엔군이 1951년 봄에 확보했고, 1952년 공산군의 추계공세 시
에도 치열한 교전이 있었던 지역이다.

공산군의 마지막 공격은 1953년 5월부터 7월까지 3단계에 걸쳐 실시
되었다. 제1단계(1953년 5월 12~24일)는 금성 돌출부 전초진지를 적이 공

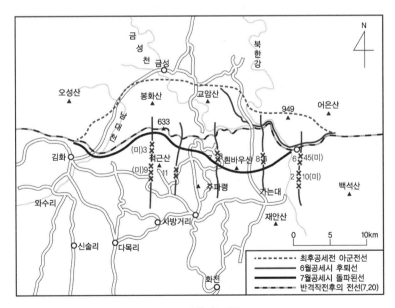

●●● 금성 지구 전투

격했는데, 국군 제9사단과 수도사단이 인명손실은 많았지만 중공군의 공격을 격퇴했다.

제2단계는 중공군 3개 병단(제9·제20·제19병단)의 6개 군단과 북한군 제3군단이 참가했고, 1951년 춘계공세 이후 가장 규모가 큰 공격이었다. 이때 중·조 연합사령관 펑더화이는 한국군 사단을 집중 공격하도록 지시했다.

6월 10일 중공군 제20병단 예하 제60군단이 금성 돌출부 우측 견부를 방어하고 있는 국군 제5사단을, 제67군단이 금성천 북방을 담당하고 있는 국군 제8사단을 각각 공격해왔다. 18일까지 계속된 공방전에서 국군 제2군단은 강력한 지상포격과 공중폭격의 지원을 받아 적을 저지했으나, 최초 방어선에서 4km를 후퇴하여 새로운 방어선(아이슬란드 선Iceland Line)을 점령했다. 이때 돌출부 동측을 방어하고 있던 국군 제20사단은 6월 10일부터 2주 동안 M1고지를 놓고 중공군 제33사단과 16회 빼앗기고 18회 반격하여 되찾는 혈전을 치르면서 끝까지 진지를 사수했다.

제3단계는 중공군의 최후 공세로 이승만 대통령이 '6·18 반공포로 석방'을 단행하자, 마오쩌둥이 한국군 부대에 대해 새로운 보복공격을 실시하라는 지령을 6월 19일 내림에 따라 실시되었다. 중국은 제2단계 공격 성과에 대한 선전 효과가 한국의 반공포로 석방으로 무색해졌고, 또한 정전협정 타결을 위해 한국 정부에 대한 압박을 가할 목적으로 대규모 공세를 단행했다. 중공군 지휘부는 7월 10일경 공격을 실시하되, 금성 돌출부를 방어하고 있는 국군 4개 사단(수도·제6·제8·제3사단)을 섬멸한다는 목표를 설정했다. 또한 적은 화천을 점령하여 화천수력발전소를 되찾으려는 의도도 갖고 있었다.

1953년 7월 13일 시작된 중공군의 공격은 좌측 견부 지역의 국군 수도사단을 중공군 제68군단의 4개 사단이, 우측 견부 지역의 국군 제3사단을 중공군 제60군단 및 제21군단의 6개 사단이 먼저 돌파하여 중앙의 국군 제6·제8사단의 퇴로를 차단하고 포위 섬멸하려고 했다. 중앙지역의 공격을 담당한 중공군은 제67군단에 배속된 2개 사단을 포함하여 총 5개 사단이었다.

이와 같이 중공군 15개 사단이 국군 4개 사단을 공격해오자 미 제8군 사령관 테일러Maxwell D. Taylor 장군은 7월 14일 모든 부대들(국군 수도·제6·제8·제3·제5사단)에게 금성천 남안 지역 일대에서 새로운 방어선을 편성하라고 지시했다. 그러나 국군 제3사단을 추격한 중공군에게 백암산(1179고지)마저 피탈당하게 되자, 국군 제2군단은 금성천 방어를 포기하고 와이오밍 선(삼천봉-적근산-주파령-수동령-1048고지-782고지) 북쪽에 연하여 방어선을 편성하게 되었다.

7월 15일 중공군은 공격을 멈추고 방어진지를 구축하며 재편성을 하는 등 작전한계점에 다다른 모습을 보였다. 이에 따라 미 제8군사령관은 국군 제2군단장 정일권 중장에게 반격작전을 실시하여 금성천을 회복하라고 명령했다. 국군 제2군단은 7월 16일 반격을 개시하여 많은 희생을 치르면서 마침내 19일 금성천 일대를 다시 확보한 상태에서 정전을 맞게 되었다.

중공군의 최후 공세인 금성지구 전투에서 국군은 1만 4,373명(전사 2,689명, 부상 7,548명, 실종 4,136명)의 인명손실을 입었다. 반면에 중공군의 손실은 확인된 인원이 2만 7,412명이었고, 추정 살상 인원 3만 8,700명을 합하면 총 6만 6,000여 명에 달했다. 피아의 전투피해 상황을 보면 이 전투가 얼마나 치열했는가를 알 수 있다.

6·25전쟁의 마지막 전투로 기록되고 있는 금성지구 전투에서 국군은 군단급 부대의 방어·철수·반격작전을 독자적으로 수행했다. 전쟁 초기에 방어력 발휘를 제대로 할 수 없을 만큼 취약했던 국군의 전투수행 능

●●● 1953년 7월 27일 판문점에서 열린 정전협정 조인식 장면. 유엔군 측 수석대표 해리슨(왼쪽 서명하는 사람)과 공산군 측 수석대표 남일(오른쪽에 앉아 있는 사람)이 각기 다른 테이블에 앉아 서명했다.

력이 3년 동안 전쟁을 수행하면서 그만큼 향상되었음을 보여주는 의미 있는 작전이었다.

3. 정전협정과 한·미상호방위조약 체결

정전협정 체결과 정전체제의 구축

1953년 7월 27일 10시 유엔군 측 수석대표 해리슨과 공산군 측 수석대

표 남일은 정전협정에 각각 서명했다. 양측 대표는 휴전회담이 시작된 지 159회 만에 최후 본회의장에서 각기 다른 테이블에 앉았다. 한글, 영어, 중국어로 된 정전협정문 각 6부에 서명을 마친 후, 이들은 10시 12분에 단 한마디의 인사말도 악수도 하지 않고 얼굴도 마주 보지 않은 채 회담장을 떠났다. 이는 적대적 전쟁이 아직 끝나지 않았고, 단지 정전협정에 서명만 했을 뿐이라는 것을 묵시적으로 나타내는 것이었다.

유엔군사령관 클라크 장군은 당일 오후 13시 문산 극장에서 한국의 휴전회담 대표 최덕신 장군, 미 제8군사령관 테일러 장군, 극동해군사령관 클라크 제독, 극동공군사령관 웨이랜드Otto P. Weyland 장군이 지켜보는 가운데 정전협정문에 서명했다. 김일성 조선인민군 최고사령관과 평더화이 중공군사령관은 평양과 개성에서 각각 서명했다. 한국 대표는 이승만 대통령의 뜻에 따라 정전협정 서명에 참여하지 않았으나 휴전의 성립에는 반대하지 않는다고 약속했다.

마침내 1953년 7월 27일 밤 22시를 기해 한국의 모든 전선에서 포성이 멎었고, 3년 1개월간의 전쟁이 중지되었다.

클라크 장군은 그의 회고록에서 "이 순간 나는 미완성의 역사 한 페이지에 종지부 아닌 종지부를 찍고 있다. 나는 서명이 끝나자 비로소 임무가 끝났다는 느낌이 들었다. 그러나 내 마음은 무거웠다. 그래서 나는 이런 성명서를 즉시 발표했다. '본관은 이 순간에 기쁨을 느끼지 못했다. 오히려 이 휴전이야말로 인류의 이익을 위해 보답이 될 수 있도록 기도할 시간'이라고 생각했다"고 술회하고 있다.

정전협정 체결 당시 유엔군은 국군 60만 명을 포함하여 94만여 명에 달했고, 공산군은 북한군 47만 명, 중공군 135만 명을 합하여 182만여 명이었다. 다시 말해 한국 전선의 군사력은 총 270만여 명으로 쌍방 간에 언제든지 전쟁이 재발할 수 있는 마찰요인으로 잠재하고 있었다.

한편 대한민국은 정전협정 체결을 원하지 않았지만, 미국을 비롯한 유엔 참전국들이 휴전을 결정했기 때문에 최소한의 담보를 조건으로 어쩔 수 없이 수락한 것이었다. 이승만 대통령은 1953년 7월 27일 판문점에서 정전협정 조인식이 있은 지 2시간 후에 성명을 발표했다.

정전이라는 것이 결코 싸움을 적게 하는 것이 아니라 더 많게 하고, 고난과 파괴를 더하게 하며, 전쟁과 파괴적 행동으로 공산군 측이 더욱 전진해 오게 되는 서곡에 지나지 않을 것이라고 확신했기 때문에 정전에 조인하는 것을 반대해왔다. … 한국의 해방과 통일 문제를 평화리에 해결하기 위해 일정한 기간 정치회담이 개최되고 있는 동안, 우리는 정전을 방해하지 않을 것이다. 우리와 미국 사이에 도달된 합의는 양국의 공동이익이 관련되어 있는 지역의 안전을 유지하기 위해 효과적으로 협조한다는 것을 보장하고 있다. (중략) 왜 우리들이 이와 같이 정책을 변경하여 정전을 방해하지 않기로 했는가 하는 상세한 설명은 차후 발표될 것이다.

7월 27일 정전협정이 조인되자 유엔 참전 회원국들이 워싱턴에 모여 만일 공산군이 다시 전쟁을 일으키면 유엔 회원국들이 공동으로 즉각 대처한다는 내용의 '공동정책선언Joint Policy Declaration'을 채택하고 8월 7일에 발표했다. 이것은 공산군 측의 한국 재침을 방지하기 위한 공개적인 선언이었다. 여기에는 "만일 정전협정의 중대한 위반으로 다시 전쟁이 일어난다면 적대행위를 한국 국경 내에 국한시킨다는 것은 불가능할 것이다"라는 내용을 포함했다. 즉, 전쟁 지역을 중국, 소련까지 확대할 수 있다고 함으로써 공산군 측의 정전협정 준수를 촉구하고 재도발에 대해서도 자유진영이 강력하게 경고하는 선언이었다.

비무장지대 설치와 정전관리기구 구성

양측은 "정전협정이 효력을 발생한 후 72시간 내에 일체의 군사력, 보급 및 장비를 비무장지대DMZ, Demilitarized Zone로부터 철거한다"고 합의함에 따라 7월 28일 아침부터 군사분계선MDL, Military Demarcation Line으로부터 물러나기 시작했다.

정전협정에 따라 설정된 군사분계선의 위치는 한강 하구-임진강 하구(문산 서남 8km)-판문점-고양대-유정리(철원 북쪽 12km)-하감령-밤성골-문등리-신탄리-수령-동해안의 감호(남쪽 1km)를 잇는 선이었다.

남북한의 경계를 나타내는 표지주가 군사분계선 155마일(약 248km)을 따라서 200m 간격으로 서부에서 동부전선 끝까지 1,292개 설치되었다. 완충지대buffer zone로 설치된 비무장지대 내에서 어떠한 적대행위도 허용되지 않으며, 군사정전위원회MAC, Military Armistice Committee의 허가를 받지 않은 인원의 출입도 통제되었다.

비무장지대 내에서의 양측의 군사력 철수는 예정대로 7월 30일까지 완료되었다. 또한 유엔군사령관의 군사적 관할로 남게 된 서해 5도(백령도, 대청도, 소청도, 연평도, 우도)를 제외한 동해안과 서해안의 비무장지대 이북에 있는 도서들로부터 8월 2일 이전에 모든 국군과 유엔군이 철수했다.

이로써 1945년 8월 15일 일본군의 항복접수와 무장해제를 위해 연합국이 설정했던 38도선이 6·25전쟁의 격전을 치른 후 군사분계선으로 변경됨에 따라 한반도 분단의 새로운 비극적 역사가 시작되었다.

정전협정은 유엔군 측과 공산군 측이 한반도에서 평화적 해결이 달성될 때까지 적대행위와 일체의 무장행동의 금지를 보장할 것을 다룬 문서이다. 이는 정전을 위해 양측의 군사령관 간에 합의한 협정으로 군사적 성격을 띠고 있었다. 따라서 정전체제의 이행을 감독하고 위반사건을 공동으로 협의하고 처리하기 위해 군사정전위원회를 두기로 했다. 이 위원회는 양측이 5명씩 위원을 추천하여 10명으로 구성되었다.

또한 정전협정 조인 후 양측이 한반도 내에서 새롭게 군사력을 증강시키는 것을 금지하기로 합의했는데, 이를 감독하기 위해 중립국감시위원회NNSC, Neutral Nations Supervisory Commission가 설치되었다. 중립국감시위원회는 스위스, 스웨덴, 폴란드, 체코슬로바키아 등 4개국 대표로 구성되었고, 1953년 8월 12일부터 활동에 들어갔다. 그러나 공산군 측이 이 위원회의 활동을 방해했다. 그들은 군사력 증강을 위해 지정된 감시항구 이외의 지역에서 비행장, 군사기지를 신축 또는 확장을 시도했다.

1954년 3월 29일 스위스와 스웨덴 대표는 이 문제를 공식적으로 유엔에 제기하여 공산군 측의 정전협정 위반사실에 대한 조사를 요구했다. 그러나 이것은 폴란드와 체코슬로바키아 대표에 의해 거부되었다.

이처럼 공산군 측이 군사력증강 금지조항을 준수할 태도를 보이지 않자, 1957년 유엔군사령부는 향후 미 제8군과 한국군의 전력증강을 추진할 것임을 선언했다. 이로써 정전협정에서 합의한 정전감시규정은 효력을 잃게 되었다.

포로 송환

포로 송환 문제는 휴전회담 시작 단계부터 뜨거운 감자였다. 제네바 협정에 의하면 모든 포로는 전쟁이 끝나면 즉각 돌려보내도록 되어 있었으나, 문제는 원래 자기 나라로 가지 않겠다는 포로가 상당수 있었기 때문이었다. 제2차 세계대전 종전 시에는 이러한 문제가 전혀 없었으나, 이념전쟁의 성격을 갖고 있는 6·25전쟁에서 새롭게 대두된 것이었다. 그러므로 '이들을 어떻게 처리할 것인가' 하는 것이 관건이었다. 양측은 포로송환위원회를 설치하여 해결하기로 합의했다. 또한 포로 송환 업무를 실질적으로 담당하기 위한 중립국송환위원회NNRC, Neutral Nations Repatriation Commission가 설치되어, 스위스, 스웨덴, 폴란드, 체코슬로바키아, 인도 등 5개국 대표로 구성되었다. 위원장과 집행 책임은 인도 대표가 맡기로 했다.

중립국송환위원회는 1953년 7월 30일 첫 회의를 갖고 8월 5일부터 송환 희망 포로의 송환을 먼저 시작하기로 합의했다. 첫 포로 교환은 중립국송환위원회의 감독 하에 판문점에서 시작되었다. 손원일 국방부 장관과 백선엽 육군총참모장, 테일러 미 제8군사령관과 웨이랜드 미 극동공군사령관이 판문점에 나와 포로 송환을 지켜보았다. 이날(5일) 정오까지 국군 포로 250명과 유엔군 포로(미군 포로 70명 포함) 150명 등 총 400명이 남쪽으로 귀환했으나, 이들의 건강상태는 좋지 않아 즉시 서울에 위치한 제86육군병원으로 이송되었다.

이날 유엔군 측은 2,758명의 공산군 포로(북한군 포로 2,158명, 중공군 포로 600명)들을 북한으로 보냈다. 이때 공산군 포로들이 유엔군 측이 지급한 의복을 찢고 팬츠만 입은 알몸으로 붉은 기를 휘두르며 미친 듯이 공산군 군가를 불러대는 기괴한 행동을 공산 측 기자들 앞에서 연출하기도 했다. 그동안 포로로 붙잡힌 것에 대한 책임을 면하고 남한에서의 포로생활에 대한 불만을 표출해보려는 그들의 행동을 지켜보면서 많은 사람들의 마음이 무거워지는 순간이었다.

9월 6일까지 실시된 포로 송환을 통해 유엔군은 7만 5,823명(북한군 포로 7만 183명, 중공군 포로 5,640명)의 공산군 포로를 송환했다. 이에 비해 공산군은 1만 2,773명(국군 7,862명, 미군 3,597명, 기타 참전국 1,314명)을 송환했다.

이때 1950년 7월 말 대전 전투에서 적에게 포로가 되었던 미 제24사단장 딘 소장이 3년 1개월간의 포로생활을 마치고 9월 4일 무사히 귀환했다. 그는 제121후송병원에서 검진을 마치고 9월 5일 미국으로 떠났다.

본국으로 송환을 희망하지 않는 포로들을 처리하기 위해 유엔군사령부는 8월 한 달 동안 포로수용시설 및 설득 장소, 중립국송환위원회 사무실과 인도군(5,500명) 숙영 시설 등을 설치했다. 인도는 포로 관리 및 송환 업무를 수행하기 위해 티마야K. S. Thimayya 장군을 인도 대표에 임명했다.

중립국송환위원회는 9월 9일 첫 회의를 갖고, 향후 포로 송환 절차 등을 논의했다. 유엔군 측은 9월 10일부터 24일까지 총 2만 2,604명의 본국 송환불원 포로들을 인도군에 넘겼다. 같은 기간 공산군 측은 359명을 인도군에 넘겼다.

공산군 측은 본국으로 송환되는 것을 희망하지 않은 포로들에 대해 공산권 국가인 폴란드와 체코슬로바키아 대표를 통해 하루 8시간 이상 설득할 수 있도록 하자고 요청했다. 그러나 실제 대다수 반공포로들은 면담 자체를 거부하고 있었고, 이것은 자유송환원칙에도 어긋나는 것이었기 때문에 유엔군 측이 수용할 수 없었다. 따라서 이 안은 부결되었고, 10월 15일부터 12월 23일까지 설득 작업이 진행되었는데 중공군 포로 중 극히 소수 인원(440명)만 중국으로의 귀환 의사를 밝혔고, 대다수 인원(1만 4,235명)이 유엔군 측으로 전향하여 대부분 자유중국(타이완)행을 희망했다. 그리고 북한군 포로 중 188명만 북한으로 돌아가기를 원했고, 나머지 7,604명이 한국으로 전향했다.

국군 및 유엔군 포로들은 공산군 측의 집요한 설득 때문인지 359명 중 10명(국군 8명, 미군 2명)만 유엔군 측으로 전향했고, 인도로 가기를 희망한 국군 포로 2명이 있었을 뿐 347명은 공산군 측으로 전향했다.

반공포로들은 1954년 1월 20일부터 21일까지 중립지대의 포로수용소로부터 유엔군 측에 인계되었고, 1월 23일 민간인 자격으로 한국과 자유중국(타이완), 유엔군 관계관들이 참석한 가운데 반공포로 인수식에 참석했다. 반면에 공산군 측은 친공산포로들의 인수를 거부하다가 1월 28일에 중국 및 북한 적십자사의 이름으로 이들을 인수해갔다. 이로써 포로 송환이 완료되었고, 중립국송환위원회도 1954년 2월 16일 해체되었다.

한·미상호방위조약 체결

휴전회담에 반대하는 이승만 대통령을 설득하기 위해 미국은 로버트슨 특사를 보내어 합의를 도출했다. 이승만 대통령이 휴전협정에 방해하지 않기로 하고 받아낸 약속은 이미 기술한 대로 경제원조, 한국군 전력증강, 한·미상호방위조약 체결, 90일 후 정치회담 탈퇴 등이었다. 이 중에 경제원조는 장기계획이 작성되기 이전에 우선 200만 달러를 지원하기로 했고, 국군의 20개 사단 증편도 전쟁 기간 중에 어느 정도 달성되었다.

그리고 한반도의 장래에 관한 일반적인 문제는 쌍방의 관련국 정부들의 정치회의에서 처리하기로 합의했다. 이와 관련하여 정전협정 제4조에는 다음과 같이 규정하고 있다.

한국 문제의 평화적 해결을 보장하기 위해 쌍방 군사령관은 쌍방의 관계 각국 정부에 정전협정이 조인되고 효력을 발생한 후 삼(3)개월 내에 각기 대표를 파견하여 쌍방의 한 급 높은 정치회의를 소집하고 한국으로부터의 모든 외국 군대의 철거 및 한국 문제의 평화적 해결 등 문제들을 협의할 것을 이에 건의한다.

이것은 정전협정 체결의 당사자들이 양측 군사령관들이었기 때문에 한반도 문제의 평화적 해결은 정치회담에 일임한다는 것이지만 그 성과를 기대하기는 어려운 것이었다. 따라서 이 정치회담에서 90일 내에 합의점을 찾지 못한다면 한·미 양국은 정치회담에서 탈퇴하기로 하는 공동성명을 발표했다. 마치 공산 측과의 정치회담의 결렬을 예측이라도 한 것처럼 이승만 대통령은 기간까지 명시하며 미국과의 행동 통일에 합의했던 것이다.

남은 과제는 한·미상호방위조약의 체결이었다. 사실 정전협정 체결 이후 미군과 유엔군이 한국에서 철수했을 때, 이승만 대통령이 가장 우려했던 것은 한국의 안전보장 문제였다. 그는 이를 미국으로부터 약속받은 후에야 정전협정 체결을 방해하지 않겠다고 한 것이었다.

국가 간의 협상은 자국의 국가이익 차원에서 늘 판단하고 추진되기 마련이다. 한·미상호방위조약 체결도 대한민국만의 요구에 의해서 체결된 것은 물론 아니었다. 이와 관련하여 덜레스John Foster Dulles 미 국무장관은 1953년 9월 2일 미국 재향군인회 연차대회에서 "미국은 극동에서 반공국가체제의 강화를 목적으로 1951년 필리핀, 오스트레일리아, 뉴질랜드, 일본에 이어 대한민국과 상호방위조약을 체결하게 되었다"고 밝힌 바 있다. 당시 미국은 소련의 팽창주의에 맞서기 위해 봉쇄정책을 펼치고 있었고, 그 정책의 일환으로 한·미상호방위조약을 체결하게 되었다는 것이다.

1953년 8월 8일 변영태 외무부 장관과 덜레스 미 국무장관이 서울 중앙청에서 '한·미상호방위조약'에 가조인했다. 그리고 같은 해 10월 1일 한·미상호방위조약은 미국 워싱턴에서 정식 체결되었다. 아이젠하워 미 대통령은 1954년 1월 11일 미 상원에 이를 제출하여 비준을 요청했고, 미 상원외교위원회는 "대외적인 무력 공격이 있을 때에만 상호 원조하는 책무를 갖는다는 조항을 첨부한다"는 문항을 삽입하여 1월 19일 조건부로 승인했다. 그리고 1954년 11월 17일 한·미상호방위조약은 정식으로 발효되었다.

이로써 한국과 미국은 한·미군사동맹의 법적인 틀을 마련하게 되었다. 덜레스 미 국무장관이 상원의 비준을 위한 상원외교위원회에서 밝힌 것처럼 "이 조약의 목적은 미국이 한국에 대한 공산 측의 침략에 대해 무관심하지 않을 것임"을 분명하게 하고 있는 것이다.

따라서 한·미상호방위조약은 북한의 재침을 억제하고, 만일 한국에 대한 침략이 있을 경우 한국과 미국이 공동으로 대처하도록 함으로써 대한민국의 안전은 물론 동북아시아의 평화와 안전에도 기여하고 있다.

제네바 정치회담의 결렬

정전협정에 따르면 양측은 정전협정 조인 후 3개월 이내, 즉 1953년 10월 27일 이전에 정치회담을 열어야 한다고 규정하고 있었다. 1953년 8월 17일에 개최된 유엔 임시총회에서 한국 문제를 해결할 정치회담에 대해 논의했다. 그러나 정치회담과 관련한 유엔 토의는 인도, 소련 등의 참가 여부를 놓고 2주간의 논쟁을 벌인 끝에 기한 만료일인 10월 26일 판문점에서 예비회담을 갖기로 하고 폐막했다.

첫 예비회담은 1953년 10월 26일 오전 11시 판문점의 새로 건립된 군사정전위원회 사무실에서 시작되었다. 그러나 의사일정 문제부터 난항을 겪었다. 그리고 소련의 참가자격 문제, 중립국 참가여부, 회담장소 선정 등과 관련하여 논란만 거듭하다가 이듬해 1월까지 양측의 의견이 팽팽히 맞선 가운데 결렬되었다.

한편 1954년 1월 25일 독일의 베를린에서는 제2차 세계대전의 전승국인 미국, 영국, 프랑스, 소련 등 4개국의 외무장관들이 독일과 오스트리아의 통일 문제를 논의하기 위해 회담을 가졌다. 이 회담에서 4개국 외상들은 4월 26일 스위스 제네바에서 중국을 포함한 5개국과 관계국들이 모여서 한국 통일 및 인도차이나 휴전 문제를 논의하는 아시아 회의를 개최하기로 합의했다. 이것은 인도차이나 전쟁에서 벗어날 방법을 모색하고 있던 프랑스의 제의에 의해 이루어졌다.

1954년 4월 26일 열린 제네바 회담에는 한국과 유엔 참전국 15개국(남아프리카공화국 불참), 북한, 중국, 소련 등 19개국이 참가했다. 한국의 수석대표인 변영태 외무장관은 북한에서의 유엔 감시 하 자유비밀선거, 중공군의 북한에서의 철수 등을 역설했다. 북한의 외상 남일은 '전한국위원회'를 조직하여 모든 선거업무를 관장하도록 하고, 그 조직은 남북한이 1 대 1로 균등하게 유지하며 위원회의 결정은 상호합의에 따른다는 등 전혀 다른 내용을 주장했다. 이 정치회담에서는 한국의 통일정부 수립을 위한 선거방식, 선거관리 및 감시 문제, 유엔의 권위 인정, 그리고 외국군 철수 문제 등에서 양측이 매우 심각한 의견 차이를 나타냈다.

결국 제네바 회담은 1954년 4월 26일부터 6월 15일까지 열렸으나 한국의 평화통일 문제에 대한 해결 방안을 마련하지 못한 채 끝나고 말았다. 자유진영이 예측한 대로 공산 측은 정치회담을 선전의 장으로 이용하려 했고, 그들은 남북한 자유선거에 의한 통일 방안을 모두 거부했다.

이처럼 제네바 정치회담이 별다른 소득 없이 끝남에 따라 한국 문제를 평화적으로 해결할 수 있는 국제사회에서의 길을 찾기가 어렵게 되었다. 그리고 남북한의 정전체제가 더욱 고착화되면서 자유민주주의체제에 의한 평화통일은 더욱 멀어지게 되었다.

맺음말

6·25전쟁이 끝난 후에도 북한은 적화통일을 위해 지금까지 무려 3,040여 회에 걸쳐 대한민국에 대해 침투 및 국지도발을 자행하고 있다. 특히 2010년대 들어서면서 그들은 천안함 피격사건과 연평도 포격도발, 전산망 사이버 공격 등 더욱 노골적이며 다양한 방법으로 도발을 감행하고 있다. 그리고 북한은 김일성-김정일-김정은으로 이어지는 독재체제의 보장과 경제적 지원을 동시에 얻기 위해 국제사회의 반대에도 불구하고 핵무기 개발 및 장거리 미사일 시험발사 등 '벼랑 끝 전술'을 계속 구사하고 있다.

북한의 김일성에 의해 시작된 6·25전쟁은 우리 민족에게 많은 인명 살상과 함께 뼈아픈 상처를 남긴 채 정전상태로 멈추었다. 전쟁 기간에 자행된 공산주의자들의 갖은 만행 또한 말할 수 없는 고통으로 남아 있다. 3년에 걸친 전쟁은 남한 내 수많은 인사들의 납치, 민간인 학살, 북한군의 점령 기간에 보여준 공산주의자들의 폭정, 강제 동원 및 어린 청소년들의 전선 투입 등 말로 다 표현할 수 없는 동족상잔의 비극이었다. 이러한 전쟁이 통일로 이어지지 못하고 휴전으로 종결됨에 따라 전후 남북한은 이념대립과 함께 극심한 체제갈등을 겪고 있다. 또 끊임없는 북한의 도발로 인해 남북한 간에 감정의 골은 더욱 깊어졌다.

다시 말해 6·25전쟁은 단순히 지나간 역사가 아니라, 현재 남북 문제의 시발점인 동시에 향후 남북통일의 최대 걸림돌이 되고 있는 것이다.

우리나라는 지정학적으로 중국, 러시아, 일본, 미국 등 강대국들의 국가이익이 충돌하는 지역에 위치하고 있다. 이에 따라 나라의 운명이 다른 나라의 선택에 의해 결정되기도 했다. 우리 역사를 살펴보면 나당연합군으로 백제와 고구려를 멸망시킨 신라는 당나라와 7년 전쟁(670~676)을 치른 뒤에 삼국통일을 이루었다. 조선시대 선조 왕은 임진왜란과 정유재란을 겪으면서 명나라군을 불러들여 일본군을 격퇴시켰다. 그러나 조선은 이후에도 국가의 방위체제를 제대로 갖추지 못한 결과, 30여 년 후 병자호란에서 인조 임금이 남한산성에서 적장에게 치욕을 당해야만 했다.

이러한 역사에서 교훈을 얻지 못한 탓일까? 청일전쟁, 러일전쟁 때는 우리의 영토가 다른 나라의 전쟁터가 되기도 했다. 구한말 무능했던 황제 고종과 자기 영달에만 눈이 어두웠던 신료들은 중국, 일본, 러시아, 미국 등 외세를 끌어들여 왕조를 유지하려고만 했다. 당시 세계는 산업혁명을 겪으면서 경제가 비약적으로 발전하고 국력이 더욱 강해져 제국주의가 위세를 떨치던 시기였다. 조선 왕조는 이러한 시대적 흐름을 따라가지 못하고 조용한 아침의 나라에 머물러 있었던 것이다.

청일전쟁과 러일전쟁을 통해 우리나라에 대한 침략야욕을 드러낸 일본은 1905년 7월 미국과의 가쓰라-테프트 밀약을 통해 조선의 보호권(지배권)을 미국으로부터 인정받았고, 같은 해 11월 을사늑약을 통해 조선의 외교권을 박탈했다. 1910년 8월 29일 일본의 병탄으로 대한제국은 멸망했고, 5천년 이어온 우리 민족사는 단절이 되었다. 1945년 8월 15일 광복을 맞이한 우리나라는 민족의 염원과는 상관없이 38도선에 연하여 남과 북으로 분단되었다.

우리가 역사를 통해 교훈을 얻고자 하는 것은 뼈아픈 경험을 통해 미래를 예측하고 대비하는 지혜를 얻고자 함이다. 일제 36년간 수탈의 역사를 거쳐 6·25를 겪은 20세기 우리나라의 역사에서 우리는 무엇을 배우고 교훈으로 삼아야 하는 것인가?

사실 6·25전쟁은 북한의 김일성이 1950년 6월 25일 대한민국을 불법 남침하여 치러진 전쟁이다. 그러나 이 전쟁은 최초 계획 단계부터 소련의 스탈린과 중국의 마오쩌둥이 개입했고, 소련과 중국의 전폭적인 지원 하에 전쟁이 수행되었다. 제2차 세계대전에서 전투 경험이 많은 소련 군사고문단이 북한군을 훈련시키고, 6·25남침 공격계획을 수립하는 등 북한의 전쟁을 지도했다. 그리고 소련은 공군력을 투입하여 북한을 지원했고, 현대화된 장비와 물자를 중국에 제공하여 대규모 중공군으로 하여금 북한을 지원하게 했다.

그러나 전쟁이 발발한 지 3일 만에 미국의 해·공군이 우리나라를 지원했다. 곧이어 미국은 지상군을 투입하여 질풍노도처럼 밀려오는 북한군의 공세를 낙동강 선에서 저지했다. 또 유엔 회원국 21개국(의료지원 5개국 포함)은 자유민주주의와 국제평화에 도전하는 공산주의에 맞서 신생 대한민국을 지원했다.

따라서 6·25전쟁은 전쟁의 계획, 준비, 실시의 전 단계에서 소련과 중국 등 공산권 국가들이 참여했고, 전쟁 발발 후에는 미국과 유엔을 포함한 자유진영의 국가들이 연합하여 대응한 국제 전쟁이었다. 제2차 세계대전 이후 미·소 간에 형성된 냉전체제 하에서 자유진영 22개국과 공산진영 3개국이 참여한 국제 전쟁이 한반도에서 치러진 것이다.

이와 같이 6·25전쟁은 국제 전쟁으로 진행되었기 때문에 전쟁의 결말도 우리의 바람대로 끝나지 않았다. 즉, 부산 교두보까지 밀린 상황에서 미국과 유엔의 도움으로 반격하여 통일의 문턱까지 갔지만, 중공군의 침입으로 38도선까지 후퇴하여 남과 북이 다시 갈라진 상태로 휴전을 하게 되었다. 또한 참전국들은 6·25전쟁 당시 정책결정 과정에서 우리의 입장보다는 자기 나라의 국가이익에 따라 모든 것을 결정했다.

일부 학자들은 6·25전쟁을 제한전쟁으로 규정하기도 한다. 이 전쟁은 자유진영과 공산진영의 25개국 이상이 참전했고, 미·소 냉전시대에 치러진 대리전쟁의 성격을 띠고 있기도 하다. 그러나 미국과 소련은 상호 직접적인 충돌로 인해 전쟁이 제3차 세계대전으로 확대되는 것을 거부했다. 이에 따라 양국은 전장을 한반도에 국한하려 했고, 만주 등 중국 지역으로 확대되는 모든 군사행동을 제한했다.

또한 6·25전쟁은 전쟁의 수단 면에서도 제한전쟁의 성격을 띠었다. 당시 미국과 소련은 핵무기를 보유하고 있었다. 또 전술핵무기를 가지고 있었던 미국은 이의 사용을 검토하기도 했지만 실제 투입하지는 않았다. 다시 말해 6·25전쟁은 핵무기 시대에 치러진 최초의 제한전쟁이었다.

그러나 6·25전쟁은 당사자인 대한민국과 북한에게는 국가 총력전이었다. 국가의 모든 인력과 자원이 투입되어 재원이 고갈되었고, 국가의 기간시설과 자산이 철저하게 파괴되었다. 또한 자유민주주의와 공산주의 간의 이념전쟁의 성격을 띠면서 전쟁은 더욱 격화되었고, 상대적으로 민간인 피해도 더 많이 발생했다.

이와 더불어 6·25전쟁은 '끝나지 않은 전쟁'으로 불려지기도 한다. 3년간의 전쟁이 정전상태, 즉 교전을 정지한 상태로 끝나면서 대한민국과 북한은 계속 대치상태에 있다. 그리고 북한이 끊임없이 도발함으로써 전쟁이 끝나지 않았음을 상기시켜주고 있다.

일부 학자들은 6·25전쟁을 '승자도 패자도 없는 전쟁' 또는 '잊혀진 전쟁'으로 부르기도 한다. 휴전이 성립된 1953년을 기준으로 보면, 정전협정의 체결은 '승리 없는 휴전'이었다. 당시 남과 북은 휴전선에 연하여 전쟁 이전의 상태로 되돌려졌기 때문이다. 그러나 오늘날 대한민국의 발전된 모습과 세계 최빈국이자 인권유린이 자행되고 있는 북한 체제를 비교해볼 때 역사는 그렇게 평가하지 않을 것이다.

전쟁이 발발하여 한 달 만에 낙동강까지 밀려서 김일성의 공산치하에 들어가는 절체절명의 위기에서 미국과 유엔의 도움으로 대한민국이 되살아난 것을 두고 비겼다고 할 수는 없다. 또한 현재 남북한의 차이를 보면 6·25전쟁은 분명히 자유진영이 승리한 전쟁이었다고 말할 수 있다.

그리고 대한민국을 지키기 위해 목숨을 초개와 같이 바쳤던 국군과 경찰, 꽃다운 나이에 총을 들었던 학도의용군, 17세 이하의 소년지원병, 미군에 배속되었던 카투사, 산악과 하천을 넘나들며 식량과 탄약을 날랐던 지게부대인 노무자, 이름도 없이 빛도 없이 싸웠던 40여 개에 달하는 각종 유격대, 준군사단체로 치안유지를 담당하고 보충병 역할을 해왔던 대한청년단과 청년방위대, 제2국민역役으로 구성된 국민방위군, 여군, 향토자위대 등이 없었다면 이 나라는 존재할 수 없었다.

또한 대한민국이 어디에 있는 나라인지도 모르고 오직 자유와 민주주의를 수호하기 위해 이 땅에 와서 고귀한 생명을 바친 수많은 유엔군 장병들이 있다. 그들과 그 가족들의 헌신이 없었다면 오늘날 대한민국이 자유와 번영을 누릴 수 있을까를 생각하면 결코 잊혀진 전쟁이라고 할 수 없다. 오히려 우리가 잊지 말고 반드시 기억해야 하는 전쟁인 것이다.

6·25전쟁은 우리 인류의 소중한 가치인 자유와 평화, 민주주의와 시장경제체제를 지키기 위해 얼마나 많은 희생이 있었는가를 말해주고 있다. 그리고 그 가치를 지키는 것이 어렵고 힘들더라도 후세를 위해 반드시 지켜내야 한다는 것을 역사적 사실로써 우리에게 가르쳐주고 있다.

6·25전쟁 연표

연도	대한민국 / 북한	유엔과 국제사회
1945	8. 9 소련군 한반도 진입 8. 15 광복 8. 16 소련군 청진항 점령 9. 8 미군 남한 진주	(1943년 11월 카이로 선언) 2. 21 얄타협정 5. 7 독일 항복 8. 15 일본 항복 10. 24 유엔 창설 12. 26 모스크바 3상회의
1946	3. 20 제1차 미·소 공동위원회 개최 (5. 8 결렬) 9월~11월 남한 전면 파업	1. 10 제1차 유엔 총회 6월 중국 국공내전(2차) 재개
1947	2월 북조선인민위원회 구성 5. 21 제2차 미·소 공동위원회 (10. 22 무기 휴회)	3. 12 트루먼 독트린 발표 6월 마셜 플랜(유럽부흥계획) 제안 9. 16 제2차 유엔 총회 10. 5 코민포름 결성 10. 18 미국, 유엔에 한국 문제 상정 11. 14 유엔 한국임시위원단 설치 결정
1948	4. 3 제주 4·3사건 4. 8 주한미군 철수 결정 (NSC-8 / 12. 31 완료 결정) 5. 10 남한 총선거 실시 8. 15 대한민국 정부 수립 9. 9 조선민주주의인민공화국 선포 10. 19 여수·순천 사건 11. 20 미국의 남한 주둔 필요 결의 (국회) 12. 25 소련군, 북한에서 철수	3. 12 유엔 한국임시위원단, 남한 총선거 실시 가결 4. 1 베를린 봉쇄 6. 28 코민포름, 유고 공산당 제명 9. 21 제3차 유엔 총회 11. 2 트루먼 대통령 재선 12. 12 유엔: 대한민국을 한반도 유일의 합법정부로 승인
1949	3. 5 스탈린·김일성 회담(모스크바) 5월 김일성 특사(김일), 마오쩌둥 방문 6. 29 미군, 한국에서 철수 완료 7. 1 주한미군사고문단 설치 8. 8 이승만·장제스 회담, 반공 공동성명 발표(서울)	1. 25 소련·동구 5개국, 코메콘 (경제상호원조회의) 설치 4. 4 서방 12개국, NATO (북대서양조약기구) 결성 8. 29 소련 핵실험 성공 9. 20 제4차 유엔 총회 10. 1 중화인민공화국 건국

연도	대한민국 / 북한	유엔과 국제사회
1950	1. 5 트루먼 대통령, 대만 문제에 불개입 성명 발표	1. 30 소련, 유엔 안보리 불참 선언
	1. 12 애치슨 미 국무장관, 미 극동방위선 발표	2. 14 중·소 우호동맹 상호원조조약 체결
	3. 30~4. 25 김일성 소련 방문	6. 25 유엔 안보리 결의: 북한군의 침략 중지 및 38도선 이북으로 철수 요구
	5. 13~5. 16 김일성 중국 방문	6. 27 유엔 안보리: 한국 군사지원 결의 미 해·공군 한국 지원 명령 미 7함대 대만 해협 파견
	5. 30 국회의원(제2대) 선거	6. 30 트루먼, 미 지상군 투입 결정 미 해·공군 북한 타격 명령
	6. 25 북한군 남침 공격	7. 7 유엔 안보리: 한국 파병 결의
	6. 27 정부 대전 이전	7. 8 유엔 안보리 결의 • 유엔통합사령부 미국에 위임 • 맥아더 유엔군사령관 임명
	6. 28 북한군 서울 점령	7. 8 일본 경찰예비대 창설 명령
	6. 29 장제스 군대 한국 파병 제의 (미국이 거부)	7. 31 맥아더·장제스 면담, 대만방위 성명(8. 1)
	7. 1 미 지상군 선발대 부산 도착	
	7. 5 스미스 대대 오산(죽미령) 전투	
	7. 13 미 8군사령부 설치(대구)	
	7. 14 이승만 대통령, 전시작전 통제권 이양 / 대전협정	8. 17 오스틴 미 유엔대사, 북진 주장
	9. 15 인천상륙작전(미 10군단) 낙동강 반격 개시	8. 31 미국, 북진문제 검토
	9. 28 서울 수복	9. 27 유엔군 북진 명령 * 전쟁 목표의 확대
	10. 1 국군 38선 돌파	10. 3 저우언라이, 인도 대사에게 중국군 개입 의사 전달
	10. 8 유엔군 북진 개시	10. 7 유엔 총회: 통일·독립· 민주 한국 수립 결의
	10. 19 평양 탈환 중공군 압록강 도하	10. 15 트루먼·맥아더 웨이크섬 회담
	10. 25 중공군 제1차 공세	11. 10 유엔, 중국군 철수 요구
	11. 24 맥아더 총공격 명령	12. 4 트루먼·애틀리 회담: 확전 방지
	11. 25 중공군 제2차 공세, 국군 및 유엔군 철수	12. 19 미, 중국 무역 금지 아이젠하워 나토사령관 임명
	11. 27~12. 11 장진호 전투	12. 22 저우언라이, 한국 정전3인 위원회 협상 거부
	12. 14~24 흥남 철수작전	

연도	대한민국 / 북한	유엔과 국제사회
1951	1. 4 1·4후퇴 1. 25 국군 및 유엔군 재반격 3. 14 국군 및 유엔군 서울 재탈환 4. 3 국군 및 유엔군 38도선 돌파 4. 23 중·조 연합군 38도선 이남 침입 5. 24 국군 및 유엔군 38도선 세 번째 돌파 6. 30 리지웨이, 정전회담 제의 7. 1 공산 측, 정전협상 제안 7. 10 휴전회담 개시(개성) 10. 25 휴전회담 재개(판문점) 12. 18 포로명단 교환	2. 1 유엔 총회, 중국을 침략자로 규정 3. 24 맥아더, '중국 본토 공격도 불사' 성명 발표 4. 11 맥아더 해임, 후임 리지웨이 중장 유엔군사령관 임명 5. 3 미 상원, 맥아더 청문회(~8. 17) 6. 23 말리크 소련 유엔대표, 한국전쟁 정전협정 제안 8. 30 미·필리핀 상호방위조약 조인 9. 1 미·호주·뉴질랜드, 태평양 안전보장조약(ANZUS) 조인 9. 8 샌프란시스코 대일강화조약 서명(49개국) 미·일 안전보장조약 조인 9. 10 서독군 NATO 편입 결정
1952	1. 18 한국 해양주권선언, 이승만 라인 설정 2~5월 공산군 측, 미국의 세균전 비난 5. 7 거제도 포로수용소장 납치 사건 6. 23 미 공군 수풍댐 폭격 10. 8 포로교환 문제 합의 실패, 휴전회담 무기 휴회 (~1953. 4. 25 / 6개월)	5. 12 클라크 대장 신임 유엔군사령관 취임 8. 17 오스틴 미 유엔대사, 북진 주장 5. 27 유럽방위공동체조약 서명 6~10월 유엔 안보리, 세균전 문제 토의 10월 일본 보안대 창설 * 1954. 7월 자위대 창설 11. 1 미국, 수소폭탄실험 성공 12. 2 아이젠하워 미 대통령 당선자 한국 전선 방문
1953	3. 28 상병(傷病)포로 교환 합의 (5. 3 교환 완료) 4. 26 휴전회담 본회의 재개 6. 8 포로교환협정 서명 6. 18 반공포로 석방 7. 27 정전협정 조인 10. 1 한·미상호방위조약 서명 10. 26 정치회담 예비회담 개시(판문점) ※ 포로 송환 완료(1954. 1. 21)	1. 20 아이젠하워 미국 대통령 취임 3. 5 스탈린 사망 4. 18 유엔 총회, 한국 휴전 결의 가결 6. 17 동베를린, 반(反)소련 폭동 8. 8 소련, 수소폭탄 보유 선언 ※ 제네바 정치회담 결렬(1954. 4. 26~6. 15)

참고 문헌

Ⅰ. 자료

● 보고서, 연감, 정부간행물

공군본부 역, 『6·25전쟁 연합항공전사 1950-1953』(계룡 : 공군본부, 2013).

공군본부, 『6·25전쟁 항공전사』(계룡 : 공군본부, 2002).

공군본부, 『UN 공군사』(하)(서울 : 공군본부, 1978).

공군본부, 『공군사』 1집(개정판)(계룡 : 공군본부, 2011).

공보처통계국, 『대한민국통계연감』(서울 : 통계국, 1952).

국방군사연구소, 『한국전쟁』(상·중·하)(서울 : 국방군사연구소, 1995~1997).

국방군사연구소, 『한국전쟁지원사』(서울 : 신오성, 1995).

국방부 군사편찬연구소, 『건군사』(서울: 국방부 군사편찬연구소, 2002).

국방부 군사편찬연구소, 『태극무공훈장에 빛나는 6·25전쟁 영웅』(서울 : 국방부 군사편찬연구소, 2003).

국방부 군사편찬연구소, 『6·25전쟁사』(1~11권)(서울 : 국방부, 2004~2013).

국방부 군사편찬연구소, 『소련군사고문단장 라주바예프의 6·25전쟁 보고서』(1~3)(서울 : 국방부 군사편찬연구소, 2001).

국방부 군사편찬연구소, 『중국군의 한국전쟁사』(1~3)(서울 : 국방부 군사편찬연구소, 2002~2005).

국방부 군사편찬연구소, 『한국전쟁의 유격전사』(서울 : 국방부 군사편찬연구소, 2002).

국방부 군사편찬연구소, 『한미군사관계사』(서울 : 국방부 군사편찬연구소, 2002).

국방부 전사편찬위원회(역), 『미 합동참모본부사 : 한국전쟁』(상·하)(서울 : 국방부, 1990~1991).

국방부 전사편찬위원회, 『대비정규전사(1945~1960)』(서울 : 국방, 1988).

국방부 전사편찬위원회, 『한국전쟁 휴전사』(서울 : 국방, 1989).

국방부정훈국전사편찬회 편, 『한국전란 1~4년지』(서울 : 국방부, 1952~1955).

국사편찬위원회(편역), 『한국전쟁, 문서와 자료, 1950~53년』(과천 : 국사편찬위원회, 2006).

내무부통계국, 『대한민국통계연감』(서울 : 통계국, 1955).

대검찰청 공안부, 『좌익사건실록』 제11권(서울 : 대검찰청, 1975).

대한민국 외무부(편역), 『한국전쟁 관련 소련극비외교문서』 1~4권(서울 : 미발간, 1994).

소련군총참모부 저, 국방부 군사편찬연구소 역, 「소련군 총참모부 전투일지 : 1950년 6월 25일~1951년 12월 31일」(미발간).

육군본부 정보참모부, 『공비연혁』(서울 : 육군본부, 1971).

육군본부, 『창군전사』(서울 : 육군본부, 1980).

육군본부, 『6·25사변 후방전사 : 인사편』(서울 : 육군본부, 1953).

정부기록보존소, 『한국전쟁관련 중국자료선집』 II (대전 : 신진기획, 2002).

해군본부, 『6·25전쟁과 한국해군작전』(계룡: 해군본부, 2012).

해병대사령부, 『해병발전사』(서울 : 해병대사령부, 1961).

해병대사령부, 『해병전투사』제1집(서울 : 해병대사령부, 1958).

● 회고록

백선엽,『6·25전쟁 회고록 : 군과 나』(서울 : 대륙연구소, 1989).

백선엽,『백선엽의 6·25전쟁 징비록』제1~2권(서울 : 책밭, 2016).

유재흥,『격동의 세월』(서울 : 을유문화사, 1994).

이형근,『군번 1번의 외길 인생』(서울 : 중앙일보사, 1993).

임부택,『낙동강에서 초산까지』(서울 : 그루터기, 1996).

장도영,『망향』(서울 : 숲속의 꿈, 2001).

장성환,『나의 항공생활』(서울 : 공군본부 정훈감실, 1954).

정일권,『정일권 회고록 : 6·25비록, 전쟁과 휴전』(서울 : 동아일보사, 1986).

조병옥,『나의 회고록』(서울 : 해동, 1986).

주영복,『내가 겪은 조선전쟁』제1권 (서울 : 고려원, 1991).

Ⅱ. 저서 및 논문

박두복 외,『한국전쟁과 중국』(서울 : 백산서당, 2001).

김남식,『남로당연구』1(서울 : 돌베개, 1984).

김보영,『전쟁과 휴전』(서울 : 한양대학교출판부, 2016).

김점곤,『한국전쟁과 노동당전략』(서울 : 박영사, 1984).

김주환 편,『미국의 세계전략과 한국전쟁』(서울 : 청사, 1989).

김중생,『조선의용군의 밀입북과 6·25전쟁』(서울 : 명지출판사, 2000).

김철범,『한국전쟁과 냉전』(서울 : 평민사, 1991).

김학준,『한국문제와 국제정치』(서울 : 박영사, 1992).

김학준,『한국전쟁 : 원인·과정·휴전·영향』(서울 : 박영사, 1997).

남정옥,『미국은 왜 한국전쟁에서 휴전할 수밖에 없었을까』(파주 : 한국학술정보,

2010).

데이빗 쑤이 저, 한국전략문제연구소 역, 『중국의 6·25전쟁 참전』(서울 : 다와, 2011).

러시아 국방부 편, 김종국 역, 『러시아가 본 한국전쟁』(대전 : 오비기획, 2002).

매튜 B. 리지웨이 저, 김재관 역, 『한국전쟁』(서울 : 정우사, 1984).

모스맨 저, 백선진 역, 『밀물과 썰물』(서울 : 대륙연구소 출판부, 1995).

박동찬, 『통계로 본 6·25전쟁』(서울 : 국방부 군사편찬연구소, 2014)

부산일보사, 『임시수도 천일』(상·하)(부산 : 부산일보사, 1984).

서상문, 『毛澤東과 6·25전쟁』(서울 : 국방부 군사편찬연구소, 2006).

서용선 외, 『한국전쟁 점령정책·노무운용·동원』(서울 : 국방군사연구소, 1995).

시성문 조용전 저, 윤영무 역, 『중국인이 본 한국전쟁 : 판문점 담판』(서울 : 한백사, 1991).

神谷不二 저, 이기택 역, 『한국전쟁』(서울 : 프로젝트한반도출판, 2003).

양영조, 『한국전쟁과 동북아 국가정책』(서울 : 선인, 2007).

엽우몽 저, 안몽필 역, 『검은눈(黑雪) : 중국군 한국전쟁 참전 비사』(서울 : 행림출판, 1991).

예브게니 바자노프·나딸리아 바자노프 저, 김광린 역, 『소련의 자료로 본 한국전쟁의 전말』(서울 : 열림, 1997).

온창일 외, 『6·25전쟁 60대전투』(서울 : 황금알, 2010).

윌리엄 스툭 저, 김형인 외 역, 『한국전쟁의 국제사』(서울 : 푸른역사, 2001).

장준익, 『북한인민군대사』(서울 : 서문당, 1991).

장창국, 『육사졸업생』(서울 : 중앙일보사, 1984).

조성훈, 『한국전쟁과 포로』(서울 : 선인, 2010).

짐 하스만·정일화 공저, 『한국대통령을 움직인 미군대위 하우스만』(서울 : 한국문원, 1995).

토르쿠노프 저, 구종서 역, 『한국전쟁의 진실과 수수께끼』(서울 : 에디터, 2003).

한국전략문제연구소 역, 『중공군의 한국전쟁사』(서울 : 세경사, 1991).

한용원, 『창군』(서울 : 박영사, 1984).

홍학지 저, 홍인표 역, 『중국이 본 한국전쟁』(서울 : 고려원, 1992).

부록

1. 남·북한군 전력 비교(1950. 6. 25)

구 분		국 군	북 한 군
총병력		103,827명	188,297명
육군	병력	• 사단: 8개 (수도경비사령부, 제1·2·3·5·6·7·8사단) • 독립연대: 2개 • 기타 지원부대 등 계: 94,974명	• 보병사단: 10개 (제1·2·3·4·5·6·10·12·13·15사단) • 경비여단: 4개 (제1·3·7여단 및 제5철도여단) • 전차여단: 1개 • 포병연대: 1개 • 고사포연대: 1개 • 모터사이클연대: 1개 • 공병연대: 1개 • 통신연대: 1개 • 경비연대: 1개 등 계: 175,200명
	주요 무기 및 장비	• 105mm M3 곡사포: 91문 • 81mm 박격포: 384문 • 60mm 박격포: 576문 • 57mm 대전차포: 140문 • 2.36 로켓포: 1,900문 • 장갑차: 27대	• 곡사포: 565문 • 박격포: 875문 • 대전차포: 552문 • 고사포: 72문 • T-34 전차: 242대 • SU-76 자주포(직사포): 186문 • 장갑차: 59대 • 모터사이클: 500대
해군 (해병대 포함)	병력	6,956명(해병대 1,241명포함)	10,297명(육전대 5,483명 포함)
	함정	JMS(소해정) 10척, YMS(소해정) 15척, PC(구잠함) 4척 등 총 36척	소형 경비정 3척, 어뢰정 5척, 소형 어선 96척 등 총 115척
공군	병력	1,897명	2,800명
	항공기	T-6기 10대, L-5기 4대, L-4기 8대 등 총 22대	전투기 84대, 저공습격기 113대, 기타 항공기 등 총 226대

2. 유엔 참전국 현황(전투부대 / 의료지원부대)

국가수	국가명	참전 규모		한국 도착 일자	참전 연인원(명)
1	미국	해군	극동 해군, 미 제7함대	1950. 6. 27	1,789,000
		공군	극동 공군		
		육군	야전군: 1 군단: 3 보병사단: 8 해병사단: 1 연대전투단: 2	1950. 7. 1	
2	영국	해군	함정 17척 (항모 1척 포함)	1950. 7. 1	56,000
		육군	보병여단: 2 해병특공대: 1	1950. 8. 28	
3	오스트레일리아	해군	항공모함: 1척 구축함: 2척 프리깃함: 1척	1950. 7. 1	17,164
		공군	전투비행대대: 1 수송기편대: 1		
		육군	보병대대: 2	1950. 9. 27	
4	네덜란드	해군	구축함: 1척	1950. 7. 19	5,322
		육군	보병대대: 1	1950. 11. 23	
5	캐나다	공군	수송기대대: 1	1950. 7. 28	26,791
		해군	구축함: 3척	1950. 7. 30	
		육군	보병여단: 1	1950. 12. 18	
6	뉴질랜드	해군	프리깃함: 1척	1950. 7. 30	3,794
		육군	포병대대: 1	1950. 12. 31	
7	프랑스	해군	구축함: 1척	1950. 7.	3,421
		육군	보병대대: 1	1950. 11. 29	
8	필리핀	육군	보병대대: 1	1950. 9. 19	7,420

국가수	국가명		참전 규모	한국도착일자	참전 연인원(명)
9	터키	육군	보병여단: 1	1950. 10. 17	21,212
10	태국	해군	프리깃함: 7척 수송선 : 1척	1950. 11. 7	6,326
		육군	보병대대: 1		
		공군	수송기편대	1951. 6. 18	
11	남아프리카 공화국	공군	전투비행대대: 1	1950. 11. 12	826
12	그리스	공군	수송기편대	1950. 12. 1	4,992
		육군	보병대대: 1	1950. 12. 9	
13	벨기에	육군	보병대대: 1	1951. 1. 31	3,498
14	룩셈부르크	육군	보병소대: 1	1951. 1. 31	100
15	에티오피아	육군	보병대대: 1	1951. 5. 6	3,518
16	콜롬비아	해군	프리깃함: 1척	1951. 5. 8	5,100
		육군	보병대대: 1	1951. 6. 15	
17	스웨덴	병원	적십자병원(SRCH)	1950. 9. 23	1,124
18	인도	병원	제60야전병원	1950. 11. 20	627
19	덴마크	병원선	병원선(Jutlandia호)	1951. 3. 2	630
20	노르웨이	병원	이동 외과병원(NORMASH)	1951. 6. 22	623
21	이탈리아	병원	제68적십자병원	1951. 11. 16	128

3. 유엔 물자지원국(1950. 7~1956. 6)

구분	국가명	제의 시기	지원 기관	지원액	지원 시기	비고
1	과테말라		UNKRA	7,704	1953. 12 이전	목재 (미산정)
2	도미니카		UNKRA	275,200	1953. 6	
3	독일(서독)		ERP	47,619(현물)	1954. 8 이전	
4	라이베리아	50년	CRIK	15,000(현물)	1951	생고무
5	리히텐슈타인		UNKRA	465(현금)	1956. 6 이전	
6	레바논	50년	UNKRA	50,000(현금)	1952. 12 이전	현금
7	모나코		UNKRA	1,144	1954. 8 이전	현금, 물자
8	멕시코	50년	CRIK	346,821(현물)	1951년	두류, 닭고기
9	버마(미얀마)		CRIK	49,934(현물)	1951년	식량
10	베네수엘라	50년	CRIK	180,842	1951년	현금, 의료품
11	베트남		UNKRA	11,943(현물)	1952. 12 이전	현금, 물자
12	사우디아라비아		UNKRA	20,000(현금)	1952. 12 이전	
13	시리아		UNKRA	3,650	1953. 12	
14	스위스		UNKRA	313,954	1953. 6 이전	현금, 물자
15	아르헨티나		CRIK	500,000(식량)	1952. 5 이전	식량, 의약, 비누
16	아이슬란드	50년	CRIK	45,400(현물)	1951년	간유
17	아이티		ERP	2,000(현물)	1954. 8 이전	
18	이스라엘	50년	CRIK	96,600(현물)	1951	미곡, 의약
19	이란		CRIK	3,900(현물)	1952. 5 이전	미곡, 직물
20	이집트		UNKRA	28,716(현물)	1953. 12 이전	
21	인도네시아		UNKRA	143,706(현금)	1952. 12 이전	
22	일본		CRIK	50,000(현물)	1951	

구분	국명	제의 시기	지원 기관	지원액	지원 시기	비고
23	에콰도르	50년	CRIK	99,441(현물)	1951	미곡
24	엘살바도르			500(현금)	1953. 12 이전	
25	오스트리아		CRIK	3,616,446	1952. 5 이전	현금, 미곡
26	온두라스		UNKRA	2,500(현금)	1952. 12 이전	
27	우루과이	50년	ERP	250,780(현물)	1954. 8 이전	모포 등
28	자메이카		CRIK	25,167(현물)	1951	미곡
29	중국(대만)	50년	CRIK	634,782(현물)	1952. 5 이전	석탄, 미곡, 연료
30	칠레		UNKRA	250,000(현금)	1953. 12	
31	쿠바	50년	CRIK	270,962(현물)	1951	미곡, 의약
32	캄보디아		CRIK	27,420(현물)	1951	현금, 미곡
33	코스타리카		CRIK	?	1951	물품
34	파나마		UNKRA	3,000	1953. 12 이전	
35	파라과이	50년	UNKRA	10,000(현금)	1954. 8 이전	
36	파키스탄	50년	CRIK	378,285(현물)	1951	소맥, 현금
37	페루	50년	ERP	58,723(현물)	1954. 8 이전	군화 밑창
38	헝가리		CRIK	?	1951	물자
39	교황청		UNKRA	10,000(현금)	1956. 6 이전	
40	니카라과	50년	UNKRA			지원 의사 표명
41	볼리비아	50년	UNKRA			지원 의사 표명
42	브라질	50년	UNKRA			지원 의사 표명

❖ 비고: 전투부대 및 의료지원 국가를 제외한 순수 물자지원 국가임. 니카라과, 볼리비아,
    브라질은 지원 의사를 밝힌 국가임.
    CRIK(한국민간구제단), ERP(유엔 긴급구제계획), UNKRA(유엔 한국재건단)

4. 아군 및 적군 인명 피해 현황

〈국군 및 유엔군 인명 피해 현황〉

국 명	전사/사망	부 상	실 종	포 로	계
한 국	137,899	450,742	24,495	8,343	621,479
미 국	33,686	92,134	3,737	4,439	133,996
영 국	1,078	2,674	179	978	4,909
오스트레일리아	340	1,216	-	28	1,584
네 덜 란 드	120	645	-	3	768
캐 나 다	516	1,212	1	32	1,761
뉴 질 랜 드	23	79	1	-	103
프 랑 스	262	1,008	7	12	1,289
필 리 핀	112	299	16	41	468
터 키	966	1,155	-	244	2,365
태 국	129	1,139	5	-	1,273
남아프리카공화국	36	-	-	8	44
그 리 스	192	543	-	3	738
벨 기 에	99	336	4	1	440
룩셈부르크	2	13	-	-	15
에티오피아	122	536	-	-	658
콜 롬 비 아	213	448	-	28	689
인 　 도	3	23	-	-	26
노 르 웨 이	3	-	-	-	3
합 계	175,801	554,202	28,445	14,160	772,608

〈시·도별 민간인 피해 현황〉

구 분	사 망	학 살	부 상	납 치	행 불	계
서 울	29,628	8,800	34,680	20,738	36,062	129,908
경 기	39,728	7,511	25,479	16,057	39,965	128,740
충 북	24,320	3,409	12,658	6,312	23,304	70,003
충 남	23,707	5,561	20,290	10,022	15,829	75,409
전 북	40,462	14,216	15,364	7,210	14,609	91,861
전 남	14,193	69,787	52,168	4,171	53,469	193,788
경 북	35,485	6,609	21,061	7,584	27,112	97,851
경 남	19,963	6,099	32,417	1,841	11,986	72,306
강 원	17,122	6,825	15,483	10,528	80,819	130,777
제 주	55	119	25	69	57	325
계	244,663	128,936	229,625	84,532	303,212	990,968

〈북한군 인명 피해 현황〉

출처 문헌	사 망	실종 / 포로	비전투손실	총 계	비 고
한국전란 4년지	508,797	98,599	–	607,396	
군사정전위원회편람	520,000	120,000	–	640,000	
The US Military Experience in Korea	522,000	102,000	177,000	801,000	사망에 부상 포함

〈중공군 인명 피해 현황〉

- 중국 발표

전투 손실				비전투 손실	총 계
사망	부상	행불 / 포로	소계	사망	
116,000여 명	220,000여 명	29,000여 명	366,000여 명	25,000여 명	391,000여 명

- 한국 추정

구 분	전투 손실	비전투 손실	계
사 망	135,600	13,000	148,600
부 상	208,400	590,000	798,400
실 종	3,900	–	3,900
포 로	21,700	–	21,700
총 계	369,600	603,000	972,600

〈소련군 피해 현황〉

유 형	장교	하사관	사병	계	항공기 손실
전투 중 사망	161	43	78	282	335대
부상 후 사망	3	6	3	12	
병사	4	1	16	21	
합계	168	50	97	315	

5. 국군 및 유엔군 주요 작전

〈주요 군사 작전〉

작전(Operation)명	작전 기간	내 용	비 고
블루하트 (Blueheart) 작전	1950. 7월 초	맥아더의 최초 인천상륙작전 계획'안'	미실시
크로마이트 (Chromite) 작전	1950. 9. 15	맥아더의 인천상륙작전 계획	1950. 8. 30 합참 승인
테일 보드 (Tail Board) 작전	1950. 10. 26	미 제10군단의 원산상륙작전	
울프하운드 (Wolfhound) 작전	1951. 1. 15–25	미 제8군의 수원까지의 위력수색작전	미 제25사단 27연대 국군 제1사단 1개 대대
썬더볼트 (Thunderbolt) 작전	1951. 1. 25– 2. 1	미 제8군의 한강 이남으로의 진격작전	
라운드 업 (Round Up) 작전	1951. 2. 5–11	미 제10군단 원주–홍천–춘천 진격작전	
펀치(Punch) 작전	1951. 2. 5–9	미 제25사단의 서울 남쪽 440고지 공략작전	미 제1군단 배속
킬러(Killer) 작전	1951. 2. 21– 3. 6	중부전선에 중점을 둔 미 제8군의 반격작전	
리퍼(Ripper) 작전	1951. 3. 7–15	리지웨이의 서울 동북방 확보 위한 공세작전	
커레이저스 (Courageous) 작전	1951. 3. 22–29	리지웨이의 38도선으로의 진격작전	맥아더 승인
토마호크 (Tomahawk) 작전	1951. 3. 23	임진강 회복 위한 문산 지역 공정작전	제187공수전투단
러기드(Rugged) 작전	1951. 4. 3–6	제8군의 캔자스–와이오밍 선 진격작전	미 제9군단

작전(Operation)명	작전 기간	내 용	비 고
돈틀리스 (Dauntless) 작전	1951. 4. 6–11	미 제1군단의 캔자스– 와이오밍 선 진격작전	
파일 드라이브 (Pile Driver) 작전	1951. 6. 1–13	미 제1군단의 캔자스– 와이오밍 선 구축작전	철의 삼각지대
크리퍼 (Creeper) 작전	1951. 8. 18–29	미 제10군단의 해안분지 공격 전 (前) 단계 작전	제한공격작전
아파치 (Apache) 작전	1951. 9. 5–	미 제8군의 동부전선 진격작전	에트나 선 확보
윈드 밀 (Wind Mill) 작전	1951. 9. 13	미 해병 제161헬리콥터수송대대의 긴급공수작전	최초의 헬기공수작전
코만도 (Commando) 작전	1951. 10. 3–8	영 연방사단의 고지 확보 위한 공격작전	미 제1군단 배속
터치다운 (Touchdown) 작전	1951. 10. 5–15	단장의 능선 전투의 제2단계 작전명	미 제2사단
래트 킬러 (Rat Killer) 작전	1951. 12. 2– 1952. 3. 15	밴 플리트의 후방 지역 게릴라 토벌작전	백야전사 창설
클램업 (Clam–Up) 작전	1952. 2. 10–15	전선 지역에서 포로생포작전 계획	유엔사 계획
쇼우다운 (Showdown) 작전	1952. 10. 13– 11. 8	미 제9군단의 제한된 공세작전	철의 삼각지대
체로키 스트라이크 (Cherokee Strike) 작전	1952. 10. 9– 1953. 7. 27	유엔 해군의 지상 목표물 폭격작전	
미그(MIG) 작전	1951. 4월 이후	미국의 MIG 전투기에 대한 정보획득작전	
스트랭글 (Strangle) 작전	1951. 6월 이후	미 공군의 북한의 도로 및 철도 파괴작전	후방차단작전
새추레이트 (Saturate) 작전	1952. 3. 3– 6. 30	유엔 공군의 철도에 대한 새로운 차단작전	스트랭글 작전 분석
물라(Moolah) 작전	1953. 4월	MIG 전투기 귀순유도ㆍ 정보획득 작전	1953. 9. 21 1대 귀순
허드슨 하버 (Hudson Harbor) 작전	1951. 4월 이후	미국의 원자탄 사용 대비 계획	NSC–147 승인

〈작전통제선 설치 현황〉

구 분		설치 시기	위 치	비 고
낙동강 방어선	엑스(X) 선	1950. 8	최초 낙동강 방어선	미 제8군사령관 설정
	와이(Y) 선		최후의 낙동강 저지선 (나동강–왜관–포항)	
	데이비드(David) 선		마산–밀양–울산	유엔군사령관 지시
북진작전	맥아더 라인 (MacArthur Line)	1950.10. 2	정주–군우리–영원–함흥 (국경선 90~170km)	유엔군 작명 제2호에 의거 설치
	신 맥아더 라인 (MacArthur Line)	1950. 10. 20	선천–고인동–풍산–성진 (압록강 60km)	맥아더 지시
킬러 작전	애리조나 (Arizona) 선	1951. 2	남한강 동쪽 양평–횡성–평창	
리퍼 작전	알바니(Albany) 선	1951. 3	양수리–양덕원리–태기산–속사리	홍천·춘천 점령으로 동측으로부터 수도권 지역 압력
	버팔로(Buffalo) 선		미금리–진벌리–홍천 북쪽–한계리	
	카이로(Cairo) 선		가평–춘천 남쪽–한계 북쪽	
	아이다호(Idaho) 선		서울 동쪽 덕소–가평–춘천 북방–한계	최종 작전목표선
서울 재탈환작전	링컨(Lincoln) 선	1951. 3	한강–북한산–용마봉–버팔로 선	미 제1군단 전진한계선
커레이저스 작전	아스펜(Aspen) 선	1951. 3	임진강 하구–문산 북쪽–의정부 북쪽	토마호크 작전 연계
	벤톤(Benton) 선		임진강에 연하는 선	
러기드 작전	캔자스(Kansas) 선	1951. 4	임진강 하구–전곡–화천–양양(186km)	38선 이북 3.2~16km

구 분		설치 시기	위 치	비 고
돈틀리스 작전	와이오밍 (Wyoming) 선	1951. 4	전곡-철원-김화- 화천 저수지 서쪽	유엔군 전진한계선
	유타(Utah) 선		전곡-금학산-광덕산- 사창리	
중공군 4월 공세	알라바마 (Alabama) 선	1951. 4	양구-가전리-송도진리	제3군단 보급로 개선
	델타(Delta) 선		성동리-노고산-덕정- 포천-가평	중공군 4월 공세 이전 미 제8군 작전 개념
	골든(Golden) 선		서울 외곽 수색-북한산- 덕소	
	네바다(Nevada) 선		한강-양평-횡성-양양	
	노 네임 (No Name) 선		용문산-홍천-한계령- 속초	네바다 선 30~40㎞ 이북
	미주리(Missouri) 선		가리산-신월리-915고지- 대진리	홍천-인제-간성 북쪽
중공군 5월 공세	와코(Waco) 선	1951. 5	778고지-한계-장평리- 1009고지	어론리 전투 (1951. 5. 16~19)
	토페카(Topeka) 선		문산-포천-춘천	미 제1·9군단 공격선
1951년 6월	신 캔자스 선	1951. 6	화천저수지-펀치볼 남쪽- 향로봉-거진	파일 드라이브 작전
1951년 추계 공세작전	노매드(Nomad) 선	1951. 10	죽동-여문리-529고지	코만도 작전
	폴라(Polar) 선		교암산-송동리-하소리- 금성천 하구	
	제임스타운 (Jamestown) 선		임진강-고왕산-역곡천- 철원-정연리	
	게리(Gary) 선		용호동-949고지- 973고지-석장동	
펀치볼 작전	헤이스(Hays) 선	1951. 8.	박달고개-가칠봉- 서희동-성내동	미 제10군단 작전통제선
아파치 작전	에트나(Etna) 선	1951. 9	금성 북쪽-이포리 북쪽- 동해안 말무리	

고지 및 진지명	고지(m)	위치 및 장소	비 고
앵커 힐(Anchor Hill)	351	강원도 고성군 현내면	군사분계선 북쪽
애로우헤드(Arrowhead)	281	강원도 철원군 철원읍 중세리	남방한계선 북쪽
벙커 힐(Bunker Hill)	800		
수도고지(Capitol Hill)	610	강원도 철원군 금성일대	군사분계선 북쪽
크리스마스고지(Chrimas Hill)	1090	강원도 양구군 방산면 일대	군사분계선 북쪽
M-1고지		강원도 양구군 방산면 일대	군사분계선 북쪽
지형능선(Finger Ridge)	690	강원도 철원군 원동면 수도고지 일대	군사분계선 북쪽
피의능선(Bloody Ridge)	983-940-773	강원도 양구군 방산면/동면 두밀령	남방한계선 북쪽
단장의 능선 (Heartbreak Ridge)	894-931-851	강원도 양구군 동면 사태리, 문등리	남방한계선 북쪽
후크(Hook)	150	서울 북방	
리틀 지브롤터(Little Gibralter, 高旺山)	355	경기도 연천군 왕징면 고왕리 고왕산	남방한계선 북쪽
백마고지(Whitehorse)	395	강원도 철원군 철원읍 백마고지 일대	남방한계선 북쪽
제인 러셀(Jane Russell)	898	강원도 김화읍 북방 저격능선 서쪽	북방한계선 북쪽
켈리(Kelly)		경기도 임진강 서쪽	
불모고지(Old Baldy)	266	경기도 연천군 신서면 불모고지 일대	군사분계선 북쪽
포크 찹 힐 (Pork Chop Hill)	234	경기도 연천군 신서면 신현리 하사골	군사분계선 북쪽
펀치볼(Punchbowl)	1026	강원도 양구군 해안면, 인제군 서화면	남방한계선 남쪽
저격능선(Snipers Ridge)	580	강원도 김화읍 북방 저격능선 일대	북방한계선 북쪽
테시(Tessie)	150	경기도 연천군 왕징면 고왕산 동북방	군사분계선 북쪽
노리(Big Nori, Little Nori)	110		
베티(Betty)고지	105		
퀸(Queen)고지	250	경기도 연천군 임진강과 역곡천 분기점	군사분계선 북쪽

6. 국군 주요부대 및 지휘관

〈육군〉

구 분	역 대	계 급	성 명	부임 일자
육군총참모장	제4대	소장	채병덕	1950. 4. 10
	제5대	소장	정일권	1950. 6. 30
	제6대	소장	이종찬	1951. 6. 23
	제7대	중장	백선엽	1952. 7. 23
제1군단	초대	소장	김홍일	1950. 7. 5
	제2대	소장	김백일	1950. 9. 1
	제3대	소장	백선엽	1951. 4. 7
	제4대	중장	이형근	1952. 2. 2
제2군단	초대	준장	김백일	1950. 7. 12
	제2대	준장	유재흥	1950. 7. 20
	제3대	준장	백선엽	1950. 10. 24
	제4대	소장	유재흥	1950. 12. 8
	제5대	중장	백선엽	1952. 4. 5
	제6대	중장	유재흥	1952. 7. 23
	제7대	중장	정일권	1953. 2. 3
제3군단	초대	준장	이형근	1950. 10. 24
	제2대	소장	유재흥	1951. 1. 9
	제3대	소장	강문봉	1953. 5. 1
수도사단	제2대	대령	이종찬	1950. 6. 10
	제3대	준장	이준식	1950. 7. 5
	제4대	준장	김석원	1950. 7. 7
	제5대	대령	백인엽	1950. 8. 7
	제6대	대령	송요찬	1950. 9. 1
	제7대	준장	이용문	1952. 7. 30
	제8대	소장	송요찬	1952. 10. 10
제1사단	제5대	대령	백선엽	1950. 4. 22
	제6대	준장	최영희	1950. 10. 24
	제7대	준장	백선엽	1950. 12. 8
	제8대	준장	강문봉	1951. 4. 6
	제9대	준장	박임항	1951. 7. 4
	제10대	준장	김동빈	1953. 5. 5

구 분	역 대	계 급	성 명	부임 일자
제2사단	제5대	준장	이형근	1950. 6. 10
	제6대	대령	이한림	1950. 7. 1
	제7대	준장	함병선	1950. 11. 6
	제8대	중장	정일권	1952. 7. 29
	제9대	소장	강문봉	1952. 10. 31
	제10대	준장	김웅수	1953. 4. 22
제3사단	제5대	대령	유승렬	1950. 4. 22
	제6대	준장	이준식	1950. 7. 10
	제7대	준장	김석원	1950. 8. 7
	제8대	대령	이종찬	1950. 9. 1
	제9대	준장	최 석	1950. 11. 12
	제10대	준장	김종오	1951. 3. 17
	제11대	준장	백남권	1951. 5. 23
	제12대	준장	임선하	1952. 10. 10
제5사단	제6대	소장	이응준	1950. 4. 21
	제7대	대령	이형석	1950. 7. 5
	제8대	대령	민기식	1950. 10. 8
	대리	대령	임부택	1951. 11. 7
	제9대	준장	장창국	1952. 1. 31
	제10대	준장	김종갑	1952. 8. 1
	제11대	준장	최홍희	1953. 5. 4
	제12대	소장	김종갑	1953. 6. 15
	제13대	소장	박병권	1953. 6. 29
	제14대	소장	장도영	1953. 7. 16
제6사단	제5대	대령	김종오	1950. 6. 10
	제6대	준장	장도영	1950. 10. 31
	제7대	준장	백인엽	1952. 1. 10
	대리	대령	김용주	1953. 5. 9
	제8대	준장	김점곤	1953. 7. 5
제7사단	제2대	준장	유재흥	1950. 6. 20
	제3대	대령	민기식	1950. 7. 5
	제4대	대령	신상철	1950. 7. 20
	제5대	준장	김형일	1950. 12. 19
	제6대	대령	김용배	1951. 5. 23
	제7대	준장	이성가	1951. 9. 1
	제8대	준장	임충식	1952. 9. 2
	제9대	준장	김용배	1953. 2. 10

구 분	역 대	계 급	성 명	부임 일자
제8사단	제2대	대령	이성가	1950. 6. 23
	제3대	대령	최덕신	1950. 8. 4
	제4대	준장	이성가	1950. 8. 25
	제5대	준장	최영희	1950. 12. 15
	제6대	준장	이형석	1952. 4. 15
	제7대	준장	김익렬	1952. 5. 30
	제8대	준장	이명재	1953. 5. 21
	제9대	소장	송요찬	1953. 6. 16
제9사단	초대	준장	장도영	1950. 10. 25
	제2대	준장	김종오	1950. 10. 31
	제3대	준장	오덕준	1950. 11. 12
	제4대	준장	김종갑	1950. 12. 30
	제5대	준장	이성가	1951. 3. 3
	제6대	준장	최 석	1951. 4. 27
	제7대	준장	박병권	1951. 8. 15
	제8대	준장	김종오	1952. 5. 30
	제9대	준장	김점곤	1952. 10. 26
	제10대	준장	이한림	1953. 6. 15
제11사단	초대	대령	최덕신	1950. 9. 25
	제2대	준장	오덕준	1951. 5. 28
	제3대	준장	임부택	1952. 8. 29
제12사단	초대	준장	윤춘근	1952. 11. 8
제15사단	초대	준장	이정석	1952. 11. 8
	제2대	준장	최영희	1953. 6. 26
제20사단	초대	준장	유흥수	1953. 2. 9
	제2대	준장	송석하	1953. 3. 27
제21사단	초대	소장	민기식	1953. 2. 9
제22사단	초대	준장	박기병	1953. 4. 25
제25사단	초대	준장	문용채	1953. 5. 11

〈해군〉

구 분	역 대	계 급	성 명	부임 일자
해군총참모장	제1대	소장	손원일	1948. 9. 5
	제2대	소장	박옥규	1953. 6. 30
진해통제부 사령관	제3대	준장	김성삼	1950. 4. 10
	제4대	소장	정긍모	1951. 2. 9
제1함대사령관	제1대	중장	손원일	1952. 3. 1
	제2대	소장	박옥규	1953. 5. 24

〈공군〉

구 분		역 대	계 급	성 명	부임 일자
총참모장		제1대	대령	김정렬	1949. 10. 1
		제2대	소장	최용덕	1952. 12. 1
비행단장	비행단장	제1대	대령	이근석	1950. 5. 14
		제2대	준장	김정렬	1950. 7. 6
		제3대	대령	장덕창	1950. 7. 28
	제1전투비행단장	제1대	준장	장덕창	1951. 8. 1
	제1훈련비행단장	제1대	준장	장덕창	1953. 2. 15
	제10전투비행단장	제1대	대령	김영환	1953. 2. 15

〈해병대〉

구 분	역 대	계급	성 명	부임일자
사령관	제1대	소장	신현준	1949. 2. 1
제1연대장	제1대	대령	김성은	1950. 12. 23
	제2대	대령	김대식	1951. 5. 1
	제3대	중령	김동하	1951. 7. 1
	제4대(전투단장겸)	준장	김석범	1952. 3. 21
	제5대(전투단장겸)	대령	김성은	1952. 10. 16
	제6대(전투단장겸)	대령	고길훈	1953. 7. 7
교육단장	제1대	대령	김동하	1953. 1. 1
	제2대	대령	김대식	1953. 3. 5
	제3대	준장	김성은	1953. 7. 7

7. 미군 참전부대 현황

〈유엔군 및 미 제8군 사령관〉

구분	계급	성명	참전 기간	비고
유엔군 사령관	원수	Douglas MacArthur	1950. 7. 7~1951. 4. 11	
	중장	Matthew B. Ridgway	1951. 4. 11~1952. 5. 12	1951. 5. 11. 대장 진급
	대장	Mark W. Clark	1952. 5. 12~1953. 10. 7	
제8군 사령관	중장	Walton H. Walker	1950. 7. 13~1950. 12. 23	1951. 1. 2. 대장 추서
	중장	Matthew B. Ridgway	1950. 12. 26~1951. 4. 14	1951. 5. 11. 대장 진급
	중장	James A. Van Fleet	1951. 4. 14~1953. 2. 10	1951. 8. 1. 대장 진급
	중장	Maxwell D. Taylor	1953. 2. 11~1955. 3. 1	1953. 6. 23. 대장 진급

〈미국 육군 주요 참전 부대〉

부대명	참전 및 주둔 기간	지휘관
제8군사령부	1950. 7. 13~현재	제1 · 9 · 10군단 ※ 제10군단은 1950. 12. 24. 이후 배속
제1군단	1950. 9. 12~1955. 1	John B. Coulter(1950. 8), Frank W. Milburn(1950. 9), John W. O'Daniel(1951. 7), John W. Kendal(1952. 6), Bruce C. Clarke(1953. 4)
제9군단	1950. 9. 23~1954. 9	Frank W. Milburn(1950. 8), John B. Coulter(1950. 9), Bryan E. Moore (1951. 1 / 1951. 2. 23 헬기사고 순직), William H. Hoge(1951. 3), Willard G. Wyman(1951. 12), Reuben E. Jenkins(1952. 8)
제10군단	1950. 9. 15~1954. 9	Edward M. Almond(1950. 8), Cloves E. Byers(1951. 7), Williston B. Palmer(1951. 12), Issac D. White(1952. 8)
제1기병사단	1950. 7. 18~1951. 12. 22	Hobert R. Gay(1950. 7), Charles D. Palmer(1951. 2), Thomas L. Harrold(1951. 7)

부대명	참전 및 주둔 기간	지휘관
제2보병사단	1950. 7. 31~1954. 9. 21	Laurence B. Keiser(1950. 7), Robert B. McClure(1950. 12), Clark L. Ruffner(1951. 1), Robert N. Young(1951. 9), James C. Fry(1952. 5), William L. Barriger(1953. 5)
제3보병사단	1950. 11. 10~1954. 1	Robert H. Soule(1950. 11), Thomas J. Cross(1951. 10), Robert I. Dulaney(1952. 4), George W. Symthe(1952. 10), Eugene W. Ridings(1953. 5) ※ 연대별 도착: 65연대(1950. 9), 7연대(1950. 10), 15연대(1950. 11)
제7보병사단	1950. 9. 17~1971. 4. 1	David G. Barr(1950. 9), C .B. Ferenbough(1951. 2), L. L. Lemnitzer(1951. 12), Wayne C. Smith(1952. 7), Arthur G. Trudeau(1953. 3)
제24보병사단	1950. 7. 1~1952. 2. 4	William F. Dean(1949. 10), John H. Church(1950. 7), B. N. Bryan(1951. 1), Charles L. Dasher(1952. 11) ※ 부대재편성(1950. 8. 31): 34연대 해체, 5연대 전투단 / 제6중전차대대 배속 ※ 2차 파견(1953. 7. 3)
제25보병사단	1950. 7. 10~1954. 10.	William B. Kean(1948. 8), J. S. Bradley(1951. 2), Ira P. Swift(1951. 7), Sammuel T. Williams(1952. 7), Louis T. Heath(1953. 6) ※ 부대재편성(1950. 10. 1): 24연대 / 159포병대대 해체, 14연대 / 69포병대대로 교체
제40보병사단	1952. 1. 22~1954. 3.	Daniel H. Hudelson(1951. 1), J. P. Cleland(1952. 6), Ridgely Gaither(1953. 4) ※ 주(州)방위사단
제45보병사단	1951. 12. 17~1954. 5.	James C. Stylon(1951. 12), David L. Ruffner(1952. 5), Philip Ginder(1953. 3) ※ 주(州)방위사단
제5연대전투단	1950. 7. 31~8. 31	※ 제34연대 해체 후 제24사단에 배속 (1950. 8. 31)
제187공수 연대전투단	1950. 9. 24~1951. 6. 28 1952. 5. 17~1952. 7. 13 1953. 6. 23~1953. 9.	

〈미 극동해군 편제 및 전력〉

구 분	편 제	주요 전력	작전 지역	비 고
TF-77 (제7공격함대)	• Task Group 77.1(지원임무) • Task Group 77.2(호위임무) • Task Group 77.4(항모단)	• 항모 11척 • 기타 전함	동해안	
TF-90 (상륙군함대)	• 1950. 7. 18 포항상륙작전 • 1950. 9. 15 인천상륙작전 • 1950. 10. 25 원산상륙작전 • 1950. 12. 10 흥남철수작전 • 1952. 10월 Decoy 양동작전	임무에 따라 편성	동·서해안	
TF-95 (봉쇄·엄호함대)	• Task Group 95.1(서해작전) • Task Group 95.2(동해작전) • Task Group 95.6(소해작전) • Task Group 95.7(한국해군)	• 경함모 • 전함 4척 − 아이오와(Iowa) − 미주리(Missouri) − 뉴저지(New Jersy) − 위스콘신(Wisconsin) • 순양함·구축함 등	서해안 동해안	1950. 9. 12 창설

〈미국 공군 참전 부대〉

부 대		주둔 기지	주력 기종
극동공군사령부	사령부	도쿄(東京)	
제5공군	사령부	이다즈케(板付)	
	제8전폭비행단	수원(K-13)	F-86
	제18전폭비행단	오산(K-55)	F-86
	제49전폭비행단	군산(K-8)	F-84
	제58전폭비행단	대구(K-2)	F-84E
	제474전폭비행단	대구(K-2)	F-84E
	제51전투요격비행단	수원(K-13)	F-86
	제4전투요격비행단	김포(K-14)	F-86
	제3폭격비행단	군산(K-8)	B-26
	제17폭격비행단	부산 수영(K-9)	B-26
극동공군 폭격사령부(임시)	사령부	요코타(橫田)	
	제19폭격전대	가데나(嘉手納)	B-29
	제98폭격비행단	요코타(橫田)	B-29
	제307폭격전대	가데나(嘉手納)	B-29

부 대		주둔 기지	주력 기종
극동공군 수송사령부(임시) 겸 제315항공사단	사령부	히가시후추(東府中)	
	제314공수비행전대	아시야(蘆屋)	C-119
	제315공수비행단	일본 브래디(Brady)	C-46
	제374공수비행단	다치카와(立川)	C-124
	제403공수비행단	아시야(蘆屋)	C-119/46

〈미국 해병대 참전 부대〉

부대명	참전 및 주둔 기간	지휘관
제1임시해병여단	1950. 7. 7~9. 13	Edward A. Craig(준장)
제1해병사단	1950. 7. 25~1953. 7. 27	Oliver P. Smith(1950. 7), Lewis B. Pullar(1951. 2), Oliver P. Smith(1951. 3), Gerald C. Thomas(1951. 4), John T. Seldon(1952. 1), Edwin A. Pollock(1952. 8), Randolph McC. Pate(1953. 6)
제1해병비행단	1950. 7. 7~1953. 7. 27	Thomas J. Cushman(1950. 7) Field Harris(1950. 9) Thomas J. Cushman(1951. 5) Christian F. Schilt(1951. 7) Clayton C. Jerome(1952. 4) Vernon E. Megee(1953. 1)

8. 공산군 전력 현황(북한군·중공군·소련군)

■ 북한군 전력

〈북한 육군(1950. 6. 25)〉

주요 부대	주요 장비	화포 제원
• 보병사단: 10개 　제1·2·3·4·5·6·10·12·13·15사단 • 경비여단: 4개 　제1·3·7여단, 제5철도여단 • 전차여단: 1개 • 포병연대: 1개 • 고사포연대: 1개 • 모터사이클연대: 1개 • 공병연대: 1개 • 통신연대: 1개 • 경비연대: 1개	• 야포: 565문 • 대전차포: 552문 • 고사포: 72문 • 박격포: 875문 • T-34 전차: 242대 • SU-76자주포: 186문 • 장갑차: 59대 • 모터사이클: 500대	• 122mm 곡사포: 11,710m • 76mm 곡사포: 9,000m • 76mm 자주포: 11,260m • 76.2mm 평사포: 13,090m • 45mm 대전차포 　* 최대사거리: 5km 　* 관통능력: 500m 　　거리에서 66mm • 82mm 박격포: 3,041m • 120mm 중박격포: 5,700m

〈북한 해군(1950. 6. 25)〉

함정 유형	소형 경비정	T-5급 어뢰정	미 YMC급 예인선	구 일본 예인선
보유수(척)	3	5	2	1

함정 유형	250~800t급 함정	2,000t급 수송선	기타	계
보유수(척)	7	1	96	115

〈북한 공군(1950. 6. 25)〉

항공기(대)			
추격기	저공습격기	기타	계
84	113	29	226

〈북한군 전력 변화(1950. 10~1953. 7)〉

구 분	1950. 10월 말	1950. 12월 초	1951. 7. 10	1953. 6. 15	1953. 7. 27
사단/여단	4	17	23 / 4	18 / 7	18 / 7
병력	32,840	103,000	393,014	394,121	383,384
야포 (76mm 이상)	35	117	731	1,066	1,060
대전차포 (45·57·75mm)	20	67	537	682	720
고사포 (37mm 이상)	5	27	278	729	736
박격포 (60mm)	–	–	1,248	3,471	3,527
박격포 (81mm 이상)	60	230			
전차 및 자주포	41	67	243	396	382
항공기	?	30	136	492	412

■ 중공군 전력

〈중공군 병력 및 주요 무기(1950. 10. 28~1953. 7. 27)〉

구 분	1950. 10. 28	1950. 12월 초	1951. 7. 10	1953. 7. 27
사단	18	31	51	58
병력	203,640	531,500	948,299	1,221,058
야포(76mm이상)	835	1,097	1,249	2,018
대전차포(45·57·75mm)	81	141	498	2,843
고사포(37mm 이상)	42	128	750	1,135
박격포(60mm)	1,512	2,487	1,737	5,184
박격포(81mm 이상)	702	1,048		
전차 및 자주포	–	–	118	391
항공기	–	120	452	480

◼ 소련군 전력

〈소련 공군 참전 현황〉

구 분		보유량 / 항공기종 및 장비	중국 내 주둔기지	활동 기간
비행군단 (1)	제64전투비행군단	–	선양(瀋陽)	1950. 11~?
비행사단 (12)	제151전투비행사단 (제28·72연대)	60/MIG–15	선양, 안둥(安東)	1950. 11~1951. 9
	제28전투비행사단 (제67·139연대)	60/MIG–15	랴오위안(遼源)	1950. 11~1950. 12
	제50전투비행사단 (제29·177연대)	60/MIG–15	안산(鞍山)	1950. 12~1951. 2
	제303전투비행사단 (제17·18연대)	90/MIG–15	안둥	1951. 5~1952. 2
	제324전투비행사단 (제176·196연대)	60/MIG–15	안둥	1951. 4~1952. 1
	제97전투비행사단 (제16·148연대)	116/MIG–15bis	안둥, 선양	1952. 1~1952. 8
	제190전투비행사단 (제256·494·821연대)	120/MIG–15bis	안둥	1952. 1~1952. 8
	제32전투비행사단 (제224·535·913연대)	120/MIG–15bis	안둥	1952. 9~1953. 7
	제133전투비행사단 (제147·415·726연대)	120/MIG–15bis	선양	1952. 4~1953. 8
	제216전투비행사단 (제518·676·878연대)	120/MIG–15bis	안둥	1952. 7~1953. 8
	제37전투비행사단 (제236·282·940연대)	120/MIG–15bis	안둥	1953. 7~1954. 12
	제100전투비행사단 (제9·731·735연대)	120/MIG–15bis	선양	1953. 7~1954. 12

구 분		보유량 / 항공기종 및 장비	중국 내 주둔기지	활동 기간
야간전투 비행연대 (2)	제351야간전투 비행연대	10/La-11 10/MIG-15bis	안둥	1951. 6~1953. 1
	제298야간전투 비행연대	10/La-11 10/MIG-15bis	안둥	1953. 1~1954. 7
해군 비행연대 (2)	해군 제578비행연대	-	안둥	1952. 7~1953. 4
	해군 제781비행연대	24/MIG-15bis	안둥	1953. 1~1953. 7
비행기술사단 (2)	제18비행기술사단	독립차량대대 7개 독립비행기술대대 2개	안둥	1951. 6~1953. 8
	제16비행기술사단	-	-	1953. 6~1954. 12
고사포병사단 (4)	제87고사포병사단 (제151·1777연대)	각 연대별 37mm 고사포 28문 85mm 고사포 32문	안둥	1951. 6~1953. 1
	제92고사포병사단 (제661·666·667연대)		안둥	1951. 6~1953. 1
	제28고사포병사단 (제503·505·507연대)		안둥	1953. 1~1954. 11
	제35고사포병사단 (제513·508연대)		안둥	1953. 1~1954. 12
고사탐조연대 (2)	제10고사탐조연대	연대별 레이더 72기 전방위탐지기 1기	안둥	1951. 6~1953. 1
	제20고사탐조연대		안둥	1953. 1~1954. 12

❖ 부록 현황은 『한미군사관계사』, 『통계로 본 6·25전쟁』(국방부 군사편찬연구소) 참조.

찾아보기

한국국방안보포럼(KODEF)은 21세기 국방정론을 발전시키고 국가안보에 대한 미래 전략적 대안을 제
시하기 위해 뜻있는 군·정치·언론·법조·경제·문화 마니아 집단이 만든 사단법인입니다. 온·오프라인
을 통해 국방정책을 논의하고, 국방정책에 관한 조사·연구·자문·지원 활동을 하고 있으며, 국방 관련
단체 및 기관과 공조하여 국방 교육 자료를 개발하고 안보의식을 고양하는 사업을 하고 있습니다.
http://www.kodef.net

초판 1쇄 인쇄 | 2017년 6월 12일
초판 1쇄 발행 | 2017년 6월 16일

지은이 | 김철수
펴낸이 | 김세영

펴낸곳 | 도서출판 플래닛미디어
주소 | 04035 서울시 마포구 월드컵로8길 40-9 3층
전화 | 02-3143-3366
팩스 | 02-3143-3360
블로그 | http://blog.naver.com/planetmedia7
이메일 | webmaster@planetmedia.co.kr
출판등록 | 2005년 9월 12일 제313-2005-000197호

ISBN | 979-11-87822-05-9 03910